Geschlechterpolitik im Unternehmen

Studienreihe des Instituts für Sozialforschung
Frankfurt am Main

Wilhelm Schumm, Dr. rer. pol., ist Professor für Soziologie an der Johann Wolfgang Goethe-Universität, Frankfurt am Main, und Mitglied des Kollegiums des Instituts für Sozialforschung.

Wilhelm Schumm

Geschlechterpolitik im Unternehmen

Analysen zur betrieblichen Frauenförderung in der Bundesrepublik

Campus Verlag
Frankfurt/New York

Die Forschung des Instituts für Sozialforschung wird durch die institutionelle Förderung der Stadt Frankfurt am Main und des Landes Hessen ermöglicht. Diese Untersuchung ist durch die Deutsche Forschungsgemeinschaft finanziell gefördert worden.

Die Deutsche Bibliothek – CIP-Einheitsaufnahme

Ein Titeldatensatz für diese Publikation ist bei
Der Deutschen Bibliothek erhältlich
ISBN 3-593-36589-8

Druck und Bindung: KM-Druck, Groß-Umstadt
Gedruckt auf säurefreiem und chlorfrei gebleichtem Papier.
Printed in Germany

Inhalt

Vorbemerkung

Im folgenden wird über die Entstehung und Umsetzung betrieblicher Frauenförderung in deutschen Großunternehmen berichtet. Fragestellung und Untersuchungsansatz dieser empirischen Studie zur Geschlechterpolitik hat Eva Brumlop im Institut für Sozialforschung angeregt und ausgearbeitet. Den Schwerpunkt bilden Fallanalysen zur betrieblichen Frauenförderung in drei Unternehmen; sie werden ergänzt durch eine Gesamterhebung der in Betriebsvereinbarungen fixierten Maßnahmen zur Frauenförderung von Unternehmen in sieben ausgewählten Branchen in der Bundesrepublik.

Eva Brumlop und Ursula Hornung, die im Projekt von 1990 bis 1994 als wissenschaftliche Mitarbeiterin tätig war, haben gemeinsam das empirische Feld erschlossen, Unternehmensunterlagen zur betrieblichen Frauenförderung in den einbezogenen Branchen ausgewertet und die Fragestellung für die Fallstudien operationalisiert. Die Studie in einem Unternehmen der Automobilindustrie (Fall A) hat Eva Brumlop 1993 bis 1995 durchgeführt, analysiert und in einem Bericht dargestellt, der Kapitel 5 dieses Buches bildet. Eva Brumlop hat an der abschließenden Interpretation aller Untersuchungsergebnisse nicht mehr mitwirken können, sie starb nach längerer schwerer Krankheit im September 1997. Bei der Überarbeitung des Textes von Eva Brumlop habe ich mich auf redaktionelle Veränderungen beschränkt.

Ursula Hornung führte 1992 und 1993 die Haupterhebungen zu den beiden anderen Fallstudien, einem Unternehmen der Genußmittelindustrie (Fall B) und einem Chemieunternehmen (Fall C), durch und schrieb einen Entwurf des Berichtes zum Fall B. Auf der Grundlage des Entwurfs und weiterer Expertengespräche im Jahre 1997 habe ich die Ergebnisse zum Fall B in Kapitel 6 dargestellt. Auf Basis des vorliegenden Materials, insbesondere der Experteninterviews und einer Nacherhebung 1997, habe ich die

Fallanalyse der Frauenförderung in einem Chemieunternehmen in Kapitel 7 geschrieben.

Die drei Fallstudien kennzeichnet ein gewisses Maß an Heterogenität; sie ist einerseits das Ergebnis der jeweiligen unternehmensspezifischen Bedingungen für Frauenförderung und des daraus resultierenden eigensinnigen Verlaufs der Umsetzungsprozesse. Andererseits haben die Brüche im Projektverlauf ihre Spuren in den Berichten hinterlassen.

Ingrid Zierold hat die Projektarbeit von Beginn bis zur Einrichtung des Buchmanuskripts durch ihre kontinuierliche sachkundige, umsichtige und engagierte Mitarbeit sehr gefördert. Sie hat die Recherchen und die Dokumentation zur Gesamterhebung von Frauenfördermaßnahmen bis 1996 fortgeführt. Uwe Vormbusch hat die Erstfassung des Buchmanuskripts konstruktiv kommentiert und viele produktive Anregungen gegeben.

Mein Dank gilt insbesondere den Expertinnen und Experten in den Unternehmen, Gewerkschaften und Arbeitgeberverbänden, mit denen die Interviews geführt wurden oder die mit Informationen und Materialien die Recherchen unterstützt haben. Danken möchte ich auch der Deutschen Forschungsgemeinschaft, die diese Studie finanziell gefördert hat.

Frankfurt am Main — Wilhelm Schumm
August 2000

1. Einleitung

Geschlechterpolitik spielt in Unternehmensstrategien und in den mehr oder weniger konflikthaften Auseinandersetzungen um die Gestaltung, Organisation und Kontrolle von Arbeit immer schon eine wichtige Rolle. Sie läßt sich bezeichnen als das Spektrum der Unternehmensaktivitäten, die die innerbetriebliche Arbeitsteilung und Tätigkeitsstruktur ausgehend von Vorstellungen über typisch männliche und weibliche Qualifikationen, Orientierungen und Verhaltensweisen im Beruf gestalten. Dazu gehören jedoch auch soziokulturelle Routinen in der alltäglichen Interaktion von Männern und Frauen in Betrieben, die das Geschlechterverhältnis in der Gesellschaft widerspiegeln, die sich insbesondere im Zusammenhang mit Berufskulturen entwickelt haben und die gegen Veränderungen resistent sind. Diese Geschlechterpolitik hat entscheidend dazu beigetragen, daß es in den Unternehmen zu Formen geschlechtshierarchischer Arbeitsteilung mit der Folge weitreichender Diskriminierung von Frauen gekommen ist.

Nachdem vor allem in den USA, Großbritannien und Schweden die Diskriminierung von Frauen in der Erwerbsarbeit in den sechziger Jahren verstärkt thematisiert worden war, begann vor dem Hintergrund wachsender Ansprüche von Frauen an Arbeit und größerer Sensibilität in der Wahrnehmung diskriminierender Praktiken diese Diskussion mit einer Verzögerung von fast einem Jahrzehnt auch in der Bundesrepublik.

Hatten Ende der siebziger Jahre die Initiative der Bundesregierung und entsprechende Länderprogramme zur Öffnung gewerblich-technischer Berufe für Mädchen und Modellversuche zur beruflichen Wiedereingliederung von Frauen versucht, die beruflichen Chancen von Frauen zu verbessern, folgten Anfang der achtziger Jahre erste Unternehmen mit freiwilligen Frauenfördermaßnahmen. Eine wissenschaftliche Begleituntersuchung zu diesen „Pionierunternehmen“ ergab, daß es sich in der Mehrzahl um Großunternehmen aus den Branchen Banken und Versicherungen, chemische und Mineralölindustrie, Elektroindustrie und Bergbau handelte. Diese Maßnahmen konzentrierten sich jeweils auf einzelne Regelungsbereiche wie zum Beispiel Ausbildung, Weiterbildung und Neueinstellungen, umfassende Frauenförderpläne wurden nicht initiiert (Krebsbach-Gnath/Schmid-Jörg 1985). In der zweiten Hälfte der achtziger Jahre erreichen die Diskussionen über mehr Chancengleicheit für Frauen im Beruf ihren Höhepunkt; die Bundesvereinigung der Deutschen Arbeitgeberverbände beschließt gemeinsam mit dem Deutschen Gewerkschaftsbund eine Empfehlung „Herstellung der Chancengleichheit junger Frauen auf dem Arbeitsmarkt", und es beginnt eine Welle von Vereinbarungen in Privatunternehmen, die vor allem Müttern Rückkehrgarantien in den Beruf sowie Teilzeitangebote zur besseren Vereinbarung von Familien- und Berufsarbeit ermöglichen sollen.

In ersten sozialwissenschaftlichen Interpretationsansätzen werden divergierende Erklärungen zur Ausgangssituation, der Benachteiligung von Frauen in der Ausbildung, auf dem Arbeitsmarkt und im Beruf, herangezogen. Gehen die einen davon aus, daß die Ursachen für die ungleiche Teilhabe von Frauen an Erwerbsarbeit und beruflicher Karriere vor allem in ihrer Familienorientierung und ihrem begrenzten beruflichen Interessenspektrum und damit in spezifisch weiblichen Orientierungen zu suchen seien, sehen andere die Erklärung für die geschlechtsspezifische Diskriminierung von Frauen in der Erwerbsarbeit stärker in strukturellen Bedingungen des Arbeitsmarktes, den Beschäftigungsstrategien der Betriebe sowie in der Struktur der Arbeitsteilung in der Reproduktion. Allerdings gibt es Ende der achtziger Jahre noch keine Evaluierungen zur praktischen Umsetzung betrieblicher Vereinbarungen in der relativ kleinen Zahl von Unternehmen, die bereits Erfahrungen mit verschiedenen Maßnahmen gemacht hatten.

In dieser Situation wird 1989 das empirische Forschungsvorhaben konzipiert, über dessen Ergebnisse hier berichtet wird; es wird in den Jahren 1991 bis 1995 durchgeführt und mit Nacherhebungen 1997 ergänzt. Die Untersuchungsfragen sind sehr stark vom Forschungsstand Ende der achtziger Jahre beeinflußt, der durch eine erste Phase der Rezeption, empirischen Bearbeitung und Interpretation dieses Themas durch die sozialwissenschaftliche Frauenforschung gekennzeichnet ist. Sie hatte sich des Themas angenommen, nachdem das wachsende öffentliche und politische Interesse zur Diskussion einer Vielzahl von Programmen und Aktivitäten geführt hatte und erste Maßnahmen in der öffentlichen Verwaltung und in Privatunternehmen eingeführt worden waren. In dieser Diskussion gehen die Vorstellungen darüber, welche Ziele Frauenförderung haben sollte, welche konkreten Maßnahmen sie einschließen und welche Zielgruppen sie vorrangig einbeziehen sollte, zwischen den beteiligten Akteuren erheblich auseinander. Die einen setzen darauf, die Strukturen des Ausbildungs- und Arbeitsmarktes zu verändern, andere wollen einen Wandel der Orientierungen und Motivationen von Frauen herbeiführen, wieder andere sehen vor allem die Notwendigkeit, daß sich die Einstellungsmuster gegenüber der Verbindung von Familien- und Erwerbsarbeit bei Männern verändern.

Vor diesem Hintergrund konzentriert sich die Studie auf die Frage, wo die Hindernisse einer auf Fraueninteressen bezogenen, nicht-diskriminierenden Verteilung von Erwerbsarbeit, Arbeitszeit und Arbeitseinkommen zwischen den Geschlechtern liegen. Mit der empirischen Erforschung der Verbreitung von Frauenfördermaßnahmen, ihrer Umsetzung und ihres Erfolgs ist die Intention verbunden, den handlungsleitenden Motiven wie Strategien auf seiten der Unternehmen und ihrem Verhältnis zu den Perspektiven und Veränderungswünschen der betroffenen Frauen nachzugehen und damit über ein pragmatisch auf das organisatorisch Umsetzbare verkürztes Verständnis von Gleichberechtigung und Gleichstellung hinauszukommen. Vereinbarungen werden vor allem in großen Unternehmen und von der Managementspitze angestoßen, dabei wird häufig direkt oder indirekt der Eindruck einer Interessenkongruenz erweckt: die unternehmerische Strategie einer Effektivierung bisher ungenutzter weiblicher Personalressourcen auf dem Wege der Frauenförderung decke sich mit den Wünschen und Vorstellungen der Frauen von einer veränderten Situation in der Erwerbsarbeit. Demgegenüber macht die normative Ebene im Untersuchungsansatz auch die Erfahrungen und Orientierungen der Frauen, die gefördert werden, zu einem Maßstab der Bewertung der Frauenförderpraxis.

Die empirischen Analysen des Forschungsvorhabens sollten angesichts dieser Programmatik insbesondere die Umsetzung und die in den Unternehmen sich einspielende Praxis von Frauenförderung untersuchen und danach fragen, ob und wie die Ziele der Gleichstellung angesichts hierachischer Arbeits- und Organisationsstrukturen durchgesetzt werden. Um Frauenfördermaßnahmen zu beurteilen, erschien es weiterhin wichtig, empirisch zu klären, auf welche Gruppen weiblicher Beschäftigter sich diese Förderung konzentriert, ob eher Segmente gering qualifizierter und vergleichsweise schlecht bezahlter Frauenbeschäftigung einbezogen oder primär die Chancen von jüngeren, besser qualifizierten und aufstiegsmotivierten Frauen erhöht werden sollten.

Diese Fragestellung gewinnt an Schärfe, wenn man einen Blick auf die Entwicklung der Frauenarbeit in der Bundesrepublik und auf die beruflichen Orientierungen, Interessen und Entscheidungen von Frauen wirft, wie sie sich in einschlägigen sozialwissenschaftlichen Studien Ende der achtziger Jahre darstellen. Die Vermutung, mit einer besseren schulischen und beruflichen Qualifizierung von Frauen wie mit dem fortschreitenden Einsatz neuer Technologien werde die geschlechtsspezifische Diskriminierung in der Erwerbsarbeit zurückgehen, hat sich generell nicht bestätigt. So drohen sich die Chancen von Frauen in den Bereichen von Industriearbeit, in denen es bisher typische, relativ gering qualifizierte Frauenarbeitsplätze gab, mit verstärkter Automatisierung zu verschlechtern: die Zahl solcher Arbeitsplätze wird geringer, neu entstehende Tätigkeiten werden zu höher qualifizierten zusammengefaßt mit der Wirkung, daß sie eher mit Männern besetzt werden; dies kann zum arbeitsmarktpolitischen Kahlschlag für Frauen führen (Lappe 1986). In anderen typischen Frauenberufen, etwa im Angestelltenbereich, sieht die Situation teilweise günstiger aus. Der verstärkte Einsatz von Computertechnologien in Büro und Verwaltung kann zwar die verstärkte Beschäftigung von Frauen ermöglichen, führt jedoch auch zu einer Differenzierung der Arbeitsstrukturen. Unter wachsendem „Professionalisierungsdruck" werden Vorgesetztenaufgaben, aber auch anspruchsvollere, auf die Nutzung von Informations- und Kommunikationstechnologien zugeschnittene Fachaufgaben in stärkerem Maße Männern zugetraut, so daß sich Frauen auch in diesen Bereichen einem wachsenden männlichen Konkurrenzdruck gegenübersehen (Gottschall 1989). Allerdings werden in empirischen Studien auch gegenläufige Tendenzen konstatiert, insbesondere dann, wenn entweder wirtschaftliche Krisensituationen oder eine expansive Geschäftspolitik eine Veränderung eingefahrener Arbeits- und Personalstrukturen und eine weitgehende Ausschöpfung des Qualifikationspotentials aller verfügbaren Arbeitskräfte, auch der weiblichen, erforderlich machen. Frauen sind als „change masters" in einer wirtschaftlichen und technologischen Umbruchsituation gefragt, in der verstärkt „weiche Führungstechniken" in Teamarbeit, Motivation von Mitarbeitern und dezentrale Entscheidungen in kleineren Gruppen verlangt werden (Kanter 1983; Volst 1989).

Was die Situation berufstätiger Frauen, insbesondere von Müttern angeht, die mit der Erziehung eines oder mehrerer Kinder ein erhebliches Maß an Erziehungsarbeit zu leisten haben, so zeigen Untersuchungen Ende der achtziger Jahre, daß sich die lebensgeschichtliche Perspektive dieser Frauen ausdifferenziert hat. Anders als die weitgehend standardisierte berufliche

„Normalbiographie“ für Männer beobachtet die Forschung bei den Frauen eine Ausdifferenzierung der Lebensentwürfe, die mit je verschiedenen typischen Lebenslagen und den Möglichkeiten zusammenhängt, jenseits des „Normalarbeitsverhältnisses“ berufstätig zu sein (Beck 1986). Neben einem traditionellen Typus und einem modernen Typus familienzentrierter Lebensplanung gewinnen nach jüngeren Forschungsergebnissen Varianten einer auf Beruf und Familie bezogenen doppelten Lebensplanung und Formen individualisierter Lebensplanung an Gewicht (Geissler/Oechsle 1996). Die Vorstellung der Doppelrolle, der Vereinbarung von Beruf und Familie über Teilzeitarbeit oder über das Nacheinander des Dreiphasenmodells, Vorstellungen einer eigenständigen Existenzsicherung ohne oder mit Kindern bilden den Bezugspunkt für je eigene Lebensentwürfe. Die Vielfalt dieser Lebensmodelle, die die Frauen unter den jeweiligen Bedingungen von Beruf, Branche und Betrieb realisieren müssen, macht verschiedene Strategien zur Vereinbarung von Beruf und Familienarbeit beziehungsweise außerberuflicher Existenz erforderlich und impliziert entsprechend variierende Ansprüche an Tätigkeit, berufliches Fortkommen und Verteilung der Arbeitszeit. In den Studien zeichnet sich ab, daß die wachsende Bedeutung von Berufsarbeit für Frauen nicht in Form einer Angleichung an männliche Lebensmuster und Berufswegmodelle erfolgt. Gerade weil für die Mehrzahl der erwerbstätigen Frauen offensichtlich immer noch die Doppelorientierung auf Beruf und Familie verbindliches Leitbild ist, fallen ihre Ansprüche an Arbeit, an die Verbindung von Beruf und Familie beziehungsweise außerberufliches Leben anders aus als die der Männer. Statt sich an die allgemeine Egalitätsvorstellung einer gleichen Lage aller Beschäftigten anzuschließen, in deren Rahmen das Geschlechterverhältnis nicht thematisiert wird, stellen in den achtziger Jahren Frauen in den Gewerkschaften und in den Parteien die traditionell männliche Kultur in diesen Bereichen in immer stärkerem Maße in Frage (Kurz-Scherf 1988).

Zum Zeitpunkt des Projektbeginns hat in der sozialwissenschaftlichen Diskussion schon eine Reihe von Erklärungsansätzen zur strukturellen Diskriminierung von Frauen in der Erwerbsarbeit und zur weiblichen Subjektivität Anerkennung gefunden. Organisationssoziologische Untersuchungen zur alltäglichen Reproduktion des Geschlechterverhältnisses in Arbeit und Beruf führen Überlegungen zum Geschlechterverhältnis weiter und analysieren den Einfluß technologischer Rationalisierung, von Organisationspraktiken und hierarchischer Macht auf das Geschlechterverhältnis im Betrieb. Diese Erklärungsansätze sind für die vorliegende Analyse zur Entstehung und Praxis der betrieblichen Frauenförderung deshalb von Bedeutung, weil über konkrete Maßnahmen im Kontext betrieblicher Strukturen und der in Unternehmen dominierenden Leitbilder von Arbeitsteilung, Arbeitsanforderungen, Kooperation und Kontrolle und den mit ihnen verbundenen Handlungsformen verhandelt und entschieden wird. Die Praxis betrieblicher Frauenförderung ist in diesem Sinne als Mikropolitik im Unternehmen zu verstehen, in dem jede beabsichtigte Umverteilung von Arbeit und Arbeitszeit vor dem Hintergrund von bisherigen Erfahrungen, eingespielten Routinen und Leitbildern zur Aufgabenverteilung zwischen Männern und Frauen ausgehandelt wird.

In den Jahren bis zum Abschluß der Studie 1999 ist die theoretische Debatte zum Verhältnis von Geschlecht und Arbeit weitergegangen; insbesondere hat das Wissen um den Zusammenhang von Geschlecht und Organisation sowie um den Wandel der Orientierungen von Frauen gegenüber den doppelten Anforderungen in Beruf und Familie erheblich zugenommen. Die Analyse der empirischen Daten bezieht sich insoweit auf diese Diskussionen, als die beobachteten Entwicklungen im Zusammenhang geschlechtshierarchischer Arbeitsteilung interpretiert werden. Betriebliche Frauenförderung, so die These, kann angemessen nur unter dem Blickwinkel analysiert werden, ob und inwieweit diese Arbeitsteilung verändert wird.

2. Geschlechterverhältnis, Arbeit und Organisation: theoretische Überlegungen

Zur Erklärung der Benachteiligung von Frauen im Beruf: geschlechtshierarchische Arbeitsteilung und Arbeitsmarktsegregation

Die seit den achtziger Jahren wachsende Nachfrage gut ausgebildeter Frauen nach Arbeit bei einem gleichzeitig stagnierenden beziehungsweise schrumpfenden Angebot an entsprechenden Arbeitsplätzen hat die Aufmerksamkeit der Forschung verstärkt auf Formen beruflicher Arbeitsteilung und auf die Frage gelenkt, ob und wie sich in dieser Arbeitsteilung das Geschlechterverhältnis reproduziert. In der Entstehung wie im Wandel von Berufen schlägt sich die Dynamik der Entwicklung der Arbeitsteilung nieder, die von den gesellschaftlichen Bedingungen der Produktion abhängig ist: von der „Warenform" (Marx) der Arbeitskraft wie von Formen organisatorischer und technischer Rationalisierung als Mitteln zur Steigerung von Produktivität und Rentabilität. Die berufliche Arbeitsteilung ist vor diesem Hintergrund nicht als Ergebnis zunehmender funktionaler Ausdifferenzierung, sondern als Ausdruck eines gesellschaftlichen und politischen Prozesses zu verstehen, in dem Berufe in interessen- wie machtbestimmten Prozessen „gemacht" oder „konstruiert" werden. Entstehung und Entwicklung der Berufe sind auch Ausdruck gesellschaftlicher Ungleichheiten, weil in Prozessen von Berufskonstitution die Ungleichheit der Ressourcen, vor allem im Besitz von Produktionsmitteln und von Qualifikationen, Ungleichheiten der Interessenlagen sowie ungleiche Milieu- und Lernbedingungen wirksam werden (Beck/Brater/Daheim 1980, S. 42 ff.). Für die Entstehung dieser Ungleichheiten sind langfristige historische Prozesse der interessen- und machtbestimmten „Berufsschneidung" verantwortlich, die bis ins ausgehende Mittelalter zurückreichen und die nach der Durchsetzung des Lohnverhältnisses an die Entwicklungs- und Rationalisierungsdynamik des Kapitalismus gebunden werden.

Im Verlauf des historischen Prozesses der Berufsentwicklung kommt es zur gegenseitigen Abschottung, zur Spezialisierung und Standardisierung von Qualifikationen. Es entstehen für die einzelnen Berufe je spezifische Konkurrenzbedingungen und, um den Begriff Max Webers aufzunehmen, berufliche Schließungsprozesse, weil sich je besondere Voraussetzungen für den Eintritt in einen Beruf ausbilden. In den historischen Prozessen beruflicher Arbeitsteilung wie in den ihnen korrespondierenden je besonderen Konkurrenzbedingungen und Schließungen auf dem Arbeitsmarkt werden als Ausdruck von männlich dominierten gesellschaftlichen Verhältnissen auch Differenzen zwischen den Geschlechtern im Zugang und in der Ausübung von Berufen hergestellt.

Die Frauenforschung hat in den siebziger Jahren auf entscheidende Differenzen zwischen der Berufsarbeit von Männern und Frauen aufmerksam gemacht; bestimmte tätigkeitsrelevante Eigenschaften werden gesellschaftlich als typisch männlich oder weiblich definiert. Diese Zuschreibung wird im Zusammenhang mit dem weiterreichenden Ergebnis gesellschaftlicher Arbeitsteilung gesehen, daß Frauen den weitaus überwiegenden Teil der unbezahlten Haus- und Familienarbeit verrichten. Ihre Möglichkeiten, kontinuierlich einer Erwerbsarbeit nachzugehen, bewußt eine berufliche Biographie zu planen und im Lebensverlauf aufzubauen, werden durch diese Aufgabenverteilung eng begrenzt, wenn nicht unmöglich gemacht. Die Zuschreibung von Haus- und Familienarbeit als wichtigster Teil des „weiblichen Arbeitsvermögens" ist in der Geschichte der Berufe immer als wesentliches Moment wirksam gewesen und hat gesamtgesellschaftlich zur Segregation der Berufe nach Geschlechtern beigetragen. Betrachtet man die historische Entwicklung der Bedingungen für Frauenarbeit, läßt sich ein Bogen von der systematischen Trennung zwischen Familie und Erwerbsleben zu Beginn der Industrialisierung über die Entstehung verschiedener klassenspezifischer Familienformen, ihre Transformation und zunehmende Standardisierung in einem „Normalitätsmuster" in der Frühzeit der Bundesrepublik bis hin zur Aufkündigung der auf die Familie konzentrierten Lebensperspektive durch eine wachsende Zahl von Frauen beobachten.

Theoretisch geht es um die Erklärung der gesellschaftlichen Institutionalisierung der Reproduktionsarbeit, insbesondere der Reproduktion der Arbeitskraft. Beck-Gernsheim (1976, 1980) und Ostner (1978) haben herausgearbeitet, daß sowohl die Arbeit zur Gewährleistung der alltäglichen Lebensbedingungen und zur Erhaltung der Arbeitskraft als auch die biologische Reproduktion gesellschaftlich den Frauen als marktextern organisierte unbezahlte Arbeit zugewiesen werden. Dies habe erhebliche Folgen sowohl für die soziale wie für die ökonomische Bewertung von Männer- und Frauenarbeit als auch für die subjektiven

Entwürfe von Erwerbsbiographien. Die „Normaldefinition“ von Berufsarbeit orientiere das gesamte Leben auf den Beruf und die mit ihm verbundenen Prinzipien instrumenteller und ökonomischer Rationalität, für die weiteren Bedürfnisse und Beziehungen, Tätigkeiten und Verpflichtungen bleibe kein Platz. Das Normalarbeitsverhältnis werde immer noch auf den Typus des männlichen Familienernährers bezogen und schließe die unentgeltliche weibliche Familienarbeit in der auf geschlechtsspezifischer Arbeitsteilung basierenden Kleinfamilie mit ein (Beck-Gernsheim 1980, S. 64). Diese Gegenüberstellung von männlicher Normalarbeit und weiblichem Arbeitsvermögen wird vor allem unter zwei Gesichtspunkten kritisiert. Erstens könne mit dieser These die historische Entstehung geschlechtsspezifischer beruflicher Arbeitsteilung nicht erklärt werden, insbesondere auch nicht die Entscheidung von Frauen für bestimmte Frauenberufe. An die Stelle dieser „eindimensionalen Optik“ ist seit einiger Zeit die Perspektive der „doppelten Vergesellschaftung“ getreten, die von einer Sozialisation und Orientierung der Frauen auf Familie und Beruf ausgeht (Heintz u.a. 1997, S. 27 f.). Zweitens betonen neuere feministische Konzepte die Folgen der Existenz zweier Ökonomien in kapitalistischen Gesellschaften, einer Marktökonomie und einer Versorgungsökonomie, für Frauen. In dieser strukturtheoretischen Sichtweise sind die je besonderen Konkurrenzbedingungen und insbesondere die geschlechtsspezifischen Berufsschneidungen auf dem Arbeitsmarkt die Folge der Aufgaben der Frauen im Funktionszusammenhang gesellschaftlicher Reproduktion. Im Rahmen dieser Überlegungen wird die These eines „Sekundärpatriarchalismus“ vertreten (Beer 1990), durch den die Frauen in der Markt- und in der Versorgungsökonomie in eine Lage geraten, in der sie den Männern gegenüber benachteiligt und von ihnen abhängig werden; ihre Lage sei durch eine doppelte soziale Ungleichheit gekennzeichnet. Dieses Konzept unterstellt eine unmittelbar sich durchsetzende kapitalistische Rationalität und blendet die Frage nach den konkreten historischen Prozessen der Entstehung, Stabilisierung und Veränderung geschlechtsspezifischer gesellschaftlicher Arbeitsteilung aus. Es ist kaum geeignet, die Wirksamkeit männlich dominierter Berufsstrukturen oder die Rolle der Frauen als Akteurinnen bei der soziokulturellen Reproduktion gesellschaftlicher Arbeitsteilung zu erklären.

Folgt man der Überlegung, daß die Ungleichheiten in der gesellschaftlichen Arbeitsteilung in einem langen historischen Prozeß machtbestimmter Interessendurchsetzung entstanden sind, dann spricht vieles dafür, auch die Geschlechterdifferenz als Ergebnis gesellschaftlicher Arbeitsteilung und den in ihr sich ausdrückenden strukturellen Gegensätzen kapitalistischer Gesellschaften anzusehen. Ungeachtet der Triftigkeit dieses systematisch-theoretischen Arguments ist die Verteilung von Berufs- und Hausarbeit jedoch bis heute weitgehend an die Geschlechterdifferenz gebunden, wie Kreckel in einer Analyse der unternehmensinternen Tätigkeitsverteilungen und Teilarbeitsmärkte in der Bundesrepublik zu Beginn der neunziger Jahre nachweist (Kreckel 1992, S. 240 ff.). Er geht von der Überlegung aus, daß es keinen einheitlichen, für alle zugänglichen externen Arbeitsmarkt gibt, auf dem auch Frauen mit Männern konkurrieren, sondern daß Marktkonkurrenz und marktvermittelte Diskriminierung innerhalb begrenzter und spezifisch strukturierter Teilarbeitsmärkte stattfinden. Im einzelnen sieht die ungleiche Verteilung von Frauen und Männern in den unternehmensinternen Teilarbeitsmärkten nach Kreckel wie folgt aus:

- In bestimmten Industrie- und Dienstleistungsbranchen gibt es in einer Reihe von Berufen eine sehr starke Konzentration von Frauen, insbesondere von un- und angelernten Arbeiterinnen; von Tätigkeiten und Berufen in anderen Branchen sind Frauen nahezu ausgeschlossen.
- In „gemischten“ Branchen, so wird im Anschluß an Pfau-Effinger (1990) argumentiert, seien auf der Basis beruflicher Arbeitsteilung Frauen- und Männerarbeitsplätze relativ strikt voneinander getrennt, so daß es kaum Überschneidungen gebe und auch hier nur selten eine direkte Konkurrenz zwischen Männern und Frauen auftrete. Es handelt sich hier nach Kreckel nicht um direkte, sondern um strukturelle Diskriminierung.
- Demgegenüber sind die primären Teilarbeitsmärkte, für die in stärkerem Umfang höhere Bildungsabschlüsse und eine berufliche Ausbildung die Zugangsvoraussetzungen bilden, durch *Qualifikationssegregation* in dem Sinne geprägt, daß Frauen mehrheitlich in „Frauenberufen“ arbeiten, die im Hinblick auf Einkommen und berufliche Position zu einer ungünstigeren Plazierung als vergleichbar qualifizierte „Männerberufe“ führen – auch hier handelt es sich um strukturelle Diskriminierung.
- Schließlich versucht Kreckel zu zeigen, daß auch in den Feldern direkter Konkurrenz, dort, wo die Mehrheit der Frauen in einem „weiblichen Umfeld“ arbeitet, sie in besonderer Weise benachteiligt werden. Trotz insgesamt deutlicher zahlenmäßiger Überlegenheit bleiben sie in den oberen hierarchischen Rängen in der Minderheit, wie an den Beispielen Bürokauffrau und Lehrerin verdeutlicht werden kann.

Als Fazit dieser Interpretation von empirischen Daten kann festgehalten werden, daß es eine starke Segregation der Tätigkeiten von Frauen und Männern aufgrund der *strukturellen Diskriminierung* von Frauen gibt. Diese Diskriminierung hat ihre Ursache in der gesellschaftlich den Frauen zugewiesenen, marktextern organisierten Haus- und Familienarbeit und der damit verbundenen *doppelten Vergesellschaftung* der Frauen. Die Segregation beruflicher Tätigkeiten zwischen Frauen und Männern wird als hierarchische Segregation wie als horizontale Abgrenzung in separaten Berufsfeldern wirksam. Beide Formen zusammengenommen haben eine sehr starke Hierarchisierung von Frauen- und Männerarbeit zur Folge: Viele „frauenspezifische" Tätigkeiten sind auf den unteren Stufen der Berufshierarchie angesiedelt, und dort, wo Tätigkeitsbereiche den Aufstieg in höhere Positionen eröffnen, gelangen nur vergleichsweise wenige Frauen in solche Positionen; in vielen Frauenberufen wird auch bei qualifizierter Tätigkeit vergleichsweise weniger verdient. Insofern läßt sich zu Recht von einer *geschlechtshierarchischen Arbeitsteilung* sprechen.

Die Reproduktion geschlechtshierarchischer Arbeitsteilung in der Organisation

Die geschlechtshierarchische Arbeitsteilung in den Unternehmen ist Ergebnis eines langen historischen Prozesses und hat insoweit eine stabile Struktur. Sie wird im Rahmen aktueller Unternehmensstrategien, insbesondere durch Rationalisierung und Restrukturierung, kontinuierlich reproduziert und kann sich im Verlauf dieser Reproduktion mehr oder weniger stark verändern. Die Stabilisierung der geschlechtshierarchischen Arbeitsteilung wie ihre Transformation erfolgen durch formelle Regulierung, faktische Machtausübung und organisationale Alltagspraktiken auf verschiedenen Ebenen, die sich als analytische Dimensionen der Organisation dieser Arbeitsteilung verstehen lassen. Um ihre Wirkungsweise erfassen zu können, werden konzeptionelle Überlegungen von Ortmann u.a. (1990) aufgenommen, die im Anschluß an Giddens auf der einen Seite den strukturell verfestigten dauerhaften Rahmen der Organisation in Rechnung stellen, zugleich jedoch die Veränderbarkeit dieser Strukturen durch Mikropolitik in den Blick nehmen. Im folgenden geht es zunächst darum, verschiedene Ebenen zu unterscheiden, auf denen die strukturelle Verfestigung geschlechtshierarchischer Arbeitsteilung sichtbar gemacht werden kann.

Bei der *ökonomischen* Dimension der Machtausübung in Unternehmen geht es um die Möglichkeiten des Managements, die materielle Situation der Beschäftigten durch verschiedenste Maßnahmen der Leistungsbewertung und -überprüfung zu beeinflussen und zu kontrollieren, sie durch betrieblichen Aufstieg besser zu stellen oder durch Entlassung ökonomisch massiv zu bedrohen. Diese Macht kann von den Unternehmen nur in wenigen Bereichen unmittelbar ausgeübt werden, ihre Befugnisse sind vielmehr im Rahmen arbeits- und tarifrechtlicher Regelungen festgelegt.

In der volks- und betriebswirtschaftlichen Literatur wird versucht, die häufig feststellbaren Entgeltunterschiede zwischen Frauen und Männern zu erklären und zu fragen, ob sie auf Leistungsdefiziten beruhen, die sich aus Einsatzbeschränkungen bei der Beschäftigung von Frauen oder aus Zusatzkosten ergeben, und damit gerade nicht auf die Folgen der geschlechtshierarchischen Arbeitsteilung zurückzuführen sind. Nach einer Analyse einschlägiger empirischer Daten, die Knapp (1996) vorgenommen hat, verursachen Frauen durch Fehlzeiten infolge von Mutterschaftsurlaub oder familienbedingte Freistellungen auf der gesamtwirtschaftlichen Ebene betrachtet – und etwa an Daten der gesetzlichen Krankenversicherung gemessen – keine höheren Kosten als Männer. Darüber hinaus seien verschiedene Qualifikationen und Unstetigkeit der Berufsbiographie für die Erklärung von Verdienstunterschieden zwar von Bedeutung, sie würden jedoch nur 20 bis 40 Prozent dieser Differenz erklären. „Insgesamt ist folglich ein wesentlicher Teil der gesamtwirtschaftlich feststellbaren Verdienstdifferenz zwischen Männern und Frauen Ausdruck von Diskriminierung auf der einzelbetrieblichen wie auf der beruflichen bzw. Branchenebene" (Knapp 1996, S. 353). Diese Diskriminierung hat keine direkten ökonomischen Ursachen, sondern ist die ökonomisch sichtbare Folge von gesellschaftlichen und betrieblichen Machtverhältnissen, die sich in der geschlechtshierarchischen Arbeitsteilung manifestieren. Daß Frauen auf diese Weise diskriminiert werden, ist im Rahmen dieser Interpretation Ergebnis der Bewertung der Leistungsfähigkeit von Männern und Frauen. Neben den Unternehmen spielen vor allem die Tarifverbände und staatliche Institutionen eine Rolle, die für die berufliche Ausbildung verantwortlich sind. In vielen Versuchen, besondere Regelungen von Beschäftigung und Verdiensten für Frauen zu legitimieren, werden neben der Bewertung der Leistungsfähigkeit weitere Argumente mit einem Leitbild weiblicher Berufsbiographie begründet, das sich auf kulturelle Vorstellungen der Frauenrolle in Beruf und Familie bezieht. Es bleibt die Frage zu klären, ob in aktuellen betrieblichen Überlegungen zur Beschäftigung jüngerer qualifizierter Frauen noch die Behauptung eines relativ geringeren Wertes der Frauenarbeit aufrechterhalten wird, für den nicht nur Zusatzkosten verantwortlich gemacht werden, die die Beschäftigung junger Frauen erfordere, sondern auch die nach wie vor bestehende Differenz der Geschlechter in der Eignung für bestimmte Tätigkeiten.

Die *technische* Dimension der Unternehmensabläufe und die Frage nach der mit ihr verbundenen Kontrolle der Arbeit sind in der Industriesoziologie im Rahmen von Analysen industrieller Rationalisierung schon immer thematisiert worden. Jüngere Konzeptualisierungen der Entwicklung komplexer Produktionstechnologien wie neuer Informations- und Kommunikationstechnologien verstehen den Entstehungsprozeß solcher Technologien zunehmend als sozialen Prozeß – eine Formel, die ein Spektrum von Forschungsansätzen für sich in Anspruch nimmt, die sich mehr oder weniger in der Nähe zum Sozialkonstruktivismus sehen. Im Entstehungsprozeß neuer Technologien spielen die Orientierungen und Interessen professioneller Akteure, die auf die Gestaltung von Technologien Einfluß nehmen, ebenso eine Rolle wie die eigenständige – und möglicherweise die geplante Funktion einer Technik verändernde – Aneigung durch diejenigen, die sie handhaben müssen. Im Rahmen dieses theoretischen Kontextes wäre es problematisch, in instrumentalistischer Weise von der „Macht der Technik" zu reden. Es sind nicht technische „Sachgesetzlichkeiten", durch die Technologien Macht über Menschen und Institutionen gewinnen, sondern Technologien sind Produkte jeweils wirksamer gesellschaftlicher Kräfte; insofern sind gesellschaftliche Machtverhältnisse in Technologien „eingelassen" und werden über neue Technologien wiederum auf neue Weise wirksam. Auch die gesellschaftlich wirksamen Geschlechterverhältnisse finden auf dem Weg über Leitbilder und konkrete Schritte der Technikgestaltung, die in der Hand einer eindeutig männlichen Profession liegen, Eingang in technische Anlagen und den mit ihnen verbundenen „Zuschnitt" von Arbeitsaufgaben.

Die theoretischen Überlegungen und historischen Forschungen zur Rolle der Geschlechterdifferenz und der Geschlechterpolitik für die Technologieentwicklung stellen inzwischen ein breites Forschungsfeld dar und haben sich kontinuierlich mit den *main streams* der sozialwissenschaftlichen Technikforschung auseinandergesetzt. So gehen die frühen Arbeiten Cynthia Cockburns und Judy Wajcmans relativ stark von einem historischen und materialistischen Ansatz aus. Die Technologieentwicklung sehen sie durch historische Produktionsverhältnisse, die ungleiche Machtverteilung zwischen Kapital und Arbeit sowie durch die Ungleichheit zwischen den Geschlechtern geprägt. Die Zuweisung der Reproduktionsarbeit an Frauen und der Wissens-, Innovations- und der technisch vermittelten Arbeit an Männer führt danach zu einer Technologie, die „als Ergebnis der strukturellen Begünstigung des männlichen und der weitgehenden Ausgrenzung des weiblichen Anteils an technologischer Entwicklung interpretiert werden" kann (Aulenbacher 1993, S. 23).

Wie diese Ausgrenzungsprozesse im Verlauf der Technologieentwicklung und mit ihr verbundener beruflicher Diskriminierung zustande kommen, ist Thema verschiedener Ansätze der *gender*-Forschung, unter denen die sozialkonstruktivistische Sichtweise inzwischen einen relativ prominenten, wenn auch nicht unumstrittenen Platz einnimmt: Der Haupteinwand gegen Studien, die in empirischen Analysen von den Orientierungen und Interessen der Akteure im Rahmen von Interaktionen beziehungsweise Aushandlungsprozessen ausgehen, behauptet, daß in solchen Situationen die *gender*-Dimension häufig unsichtbar und unzugänglich bleibe, obwohl sie für die in Rede stehenden sozialen Prozesse sehr relevant sei. Einer solchen Kritik könnte dadurch Rechnung getragen werden, daß in die Analyse des Einflusses von Akteuren die Ebenen von Leitbildern, Symbolen und Arbeitsteilung, die mit Technologien verbunden sind, konsequent einbezogen werden.

Man wird davon ausgehen können, daß Maßnahmen der betrieblichen Frauenförderung in Situationen verhandelt werden, in denen entweder bestimmte Produktions- wie Informations- und Kommunikationstechnologien als Rahmen für Arbeitsplätze oder für das Arrangement von Arbeitszeiten relativ weitgehend fixiert sind oder – und dies ist vielleicht sogar häufiger der Fall – in denen die Frage der Förderung von Frauen in unmittelbarem Zusammenhang mit Rationalisierungsmaßnahmen, das heißt mit Veränderungen des Technologieeinsatzes, steht. In beiden Fällen kann die durch eine bestimmte Technologie verfestigte geschlechtshierarchische Arbeitsteilung bewußt oder unbewußt eingesetzt werden, um der Frauenförderung Grenzen zu setzen. Diese Grenze führt etwa in der Ingenieur- oder Laborarbeit von Forschung und Entwicklung wie in der hochautomatisierten Produktion zum Ausschluß von Frauen oder zu einer klaren Segregation von Tätigkeiten für Frauen und Männer. Umgekehrt führen Annahmen darüber, welche sensumotorischen Tätigkeiten von Frauen aufgrund angeblicher spezifischer Fähigkeiten und Fertigkeiten effektiver ausgeübt werden können oder welche Arten von Arbeitsbelastungen sie leichter ertragen, zu einer Zuweisung bestimmter Tätigkeiten an Frauen. So entwickelten sich seit Beginn der Industrialisierung in der Textilbearbeitung, in der Produktion elektrotechnischer Geräte und in der Nahrungs- und Genußmittelproduktion Bereiche von Frauenarbeit, deren Grenzen sich zwar mit der stetigen Rationalisierung im Verlaufe der Entwicklung verschoben haben, die im Effekt aber eine starke Segregation mit relativ niedrig qualifizierter Frauenarbeit als Maschinen- und Montagearbeit zur Folge hatten.

Mit der *autoritativ-administrativen* Dimension wird die Machtausübung durch den bürokratischen Herrschafts- und Verwaltungsapparat und die Arbeitsorganisation bezeichnet, sie gilt seit Max Weber als die zentrale Dimension von Herrschaft in Unternehmen und Verwaltung. Diese Ebene hierarchischer Macht und Kontrolle wird nicht nur durch Rechtsnormen und Organisationsregeln gestützt, die die Beschäftigten mit dem Arbeitsvertrag formal anerkannt haben. „Auch Expertenwissen, die Chancen bei den ‚politics of reality‘, Definitionsmacht, die Kontrolle über Informations- und Kommunikationskanäle und selbst die sinnlich-ästhetischen Elemente der Herrschaftsordnung sind hierarchisch ungleichgewichtig verteilt, – und das dürfte in praxi wichtiger sein als das hierarchische Aussehen formaler Organisationsstrukturen“ (Ortmann u.a. 1990, S. 35). Auch kulturelle Momente sind der hierarchischen Verteilung von Machtressourcen zuzurechnen – ein Ausdruck der relativ großen Interdependenz der verschiedenen Dimensionen von Macht.

Die theoretische Diskussion wurde durch die gut begründete These weitergeführt, daß Macht auch auf Konsens gestützt sein kann; diese These verweist auf die normative beziehungsweise politische Ebene der Entstehung und Stabilisierung von Machtausübung. In diesem Sinne ist administrative Machtausübung in Hierarchien auch an das Verhalten und die Orientierungen der Akteure in der Organisation zurückgebunden, die in der Regel nicht allein zweckrationalen, sondern auch mikropolitischen oder praktischen Gesichtspunkten folgen, wie Ortmann u.a. im Anschluß an die Diskussion zur *labour process*-Debatte herausarbeiten.

Um eine bestimmte Position in der hierarchischen Rangordnung zu erreichen und auf autoritativ-administrativem Wege Macht ausüben zu können, sind bestimmte subjektive Kompetenzen notwendig. Administrativ-hierarchische Ordnung und geschlechtshierarchische Arbeitsteilung sind insofern eng miteinander verwoben, als die Fähigkeit, sich „durchzusetzen“, Macht und Kontrolle etwa im Rahmen einer Vorgesetztenfunktion auszuüben, mit bestimmten männlichen Eigenschaften verbunden wird. Weibliche Fähigkeiten wie Kommunikation, Kooperation und Vermittlungsbereitschaft gelten dagegen als wichtige Voraussetzungen, um „komplementäre“ Aufgaben erfüllen zu können. So wird mit der geschlechtsgebundenen Verteilung von Aufgaben zugleich immer ein bestimmtes Moment der Machtausübung stabilisiert. In diesem Sinne bezeichnet Tancred-Sheriff (1989, S. 46 ff.) Frauen in der Verwaltung oder im Management als wichtiges zusätzliches Element („adjunct“) betrieblicher Kontrolle, soweit sie zur „regulierenden Hand“ des modernen Managements gehören und an seinen Kontrollaufgaben – auch gegenüber Klienten und Konsumenten – partizipieren. Nach ihrer Meinung lassen sich zwei Drittel der Arbeitskräfte, deren Hauptaufgabe die Sammlung und Kategorisierung von Informationen oder die Sozialisation der „group-in-contact“ sind, zu dieser Kategorie von Beschäftigten rechnen, deren Qualifikation und Tätigkeit in geschlechtsspezifischer Weise zur Stabilisierung von Machtausübung beitragen.

In einem Teil der Managementliteratur werden seit den achtziger Jahren die genannten weiblichen Eigenschaften im Zusammenhang veränderter Aufgaben des Managements als wichtige Voraussetzung für eine verstärkte Beschäftigung von Frauen in Führungspositionen gesehen. Je mehr Integration, Motivation und die Organisation von Kommunikation sich zum Kern der Aufgaben des Managements entwickelten, um so wichtiger würden weibliche Fähigkeiten, denen im Rahmen des Modells rational-bürokratischen Handelns keine Bedeutung zugemessen wurde. Mit Recht warnt jedoch Eva Brumlop (1992) davor, solche Qualifikationsanforderungen unabhängig von ihrer Nutzung als Flexibilitäts- und Produktivitätsressource und von den Machtverhältnissen, Interessenwahrnehmungen und Ausgrenzungsmechanismen im Geschlechterverhältnis zu bewerten.

Der Hinweis auf die Funktion männlicher und weiblicher Fähigkeiten im geschlechtshierarchischen Arrangement auf der Ebene hierarchischer Beziehungen und Kontrolle verdeutlicht, daß Machtausübung in der Organisation auf Motivationen, Kommunikationsformen, Handlungsroutinen und Arrangements informeller Art angewiesen ist. Die besondere Wirksamkeit des Geschlechterverhältnisses in der Organisation erschließt sich erst mit Hilfe von Dimensionen, die relativ unmittelbar mit der subjektiven Erfahrung von Arbeit zusammenhängen: der *normativen Dimension*, der *Dimension von Leitbildern und Symbolen* und der *sinnlich-ästhetischen Dimension*. So wird mit rechtlichen Normen und organisatorischen Regeln das Geschlechterverhältnis auf formeller Ebene reguliert, soweit besondere Vorschriften für die Beschäftigung und für Tätigkeiten von Frauen bestehen. Da es in vielen Fällen Interpretationsspielräume für Normen und Regeln gibt und darüber hinaus ergänzende informelle Praktiken erst die erfolgreiche Anwendung ermöglichen, ergibt sich meist ein Spektrum von Praktiken, in denen Momente der Geschlechtshierarchie reproduziert werden. Leitbilder, Symbole und die sinnlich-ästhetische Dimension beziehen sich auf Ebenen betrieblicher Realität, in denen ästhetische und symbolische Repräsentationen geschlechtshierarchischer Arbeitsteilung sichtbar werden und die für die Ausübung von Macht und Kontrolle wie für Kommunikation und Entscheidungsverhalten unmittelbar relevant sind. Diese ästhetischen und symbolischen Repräsentationen können besonders wirksam werden, weil sowohl die Wahrnehmung von Arbeit und Kontrolle wie die eigenen Handlungen sehr stark von subjektiven Voraussetzungen abhängen und daher weiblich und männlich geprägte Wahrnehmungs-, Verarbeitungs- und Handlungsmuster auf diesen Ebenen eine große Rolle spielen.

Das „Arrangement" der Geschlechter im Betrieb bildet allerdings keine „informelle" Ebene, sondern einen genuinen Bestandteil organisatorischer Abläufe, sozialer Beziehungen und Kommunikationsformen. Im Verlauf der historischen Entwicklung der Unternehmens- und Arbeitsorganisation haben sich diese Praktiken organisationalen Handelns unter dem Einfluß administrativ-hierarchisch durchgesetzter Normen zur Regulierung des Geschlechterverhältnisses verändert. In dem Zweig der jüngeren Organisationsforschung, der das *gender*-Verhältnis berücksichtigt sehen will, wird die Frage diskutiert, ob wir es im Verlauf der Geschichte industrieller Arbeit mit einer „De-Sexualisierung" der Organisation zu tun haben oder nicht. Viel spricht für die These von Gibson Burrell, daß die Unterdrückung sexueller Beziehungen ein wichtiges Anliegen der Arbeitgeber zu Beginn der Industrialisierung war und auch heute Organisationen über erfolgreiche Mechanismen zur Kontrolle von Sexualität verfügen (Burrell 1992, S. 124). Zugleich leben auch heute in jeder Organisation Elemente des Geschlechterarrangements in offener oder in verdeckter Weise fort. Konkrete Handlungsstrategien werden von den Akteuren – häufig in nicht explizierter Weise – in den Kontext dieses Geschlechterarrangements eingeordnet und im Hinblick auf die erwartete Veränderung eines bestehenden Arrangements bewertet.

Neuere theoretische Überlegungen stellen eine Verbindung von männlicher Herrschaft in Organisationen und doppelter Vergesellschaftung her (vgl. Lange 1998, S. 58 ff.). Ein wesentliches Moment dieses Verhältnisses ist die Reproduktion von „hegemonialer Männlichkeit", wie Müller (1993, S. 107) im Anschluß an eine Reihe von Autoren hervorhebt. Damit „ist die Dominanz eines bestimmten Typs sozial konstruierter Männlichkeit gemeint, die sich ausgrenzend gegenüber Frauen, aber auch gegenüber andersartigen Männlichkeiten verhält". Diese Charakteristik dürfte ihrer Grundstruktur nach für Männer im Management und auch für die unmittelbaren Vorgesetzten auf der Mikroebene von Verhandlungsprozessen um die Förderung von Frauen zutreffen. Hierarchisch gestützte männliche Dominanz wird im jeweils spezifischen Kontext dieses Geschlechterarrangements wirksam, wie es sich im Rahmen geschlechtshierarchischer Arbeitsteilung entwickelt. Es ist insbesondere die jeweilige tätigkeits- oder berufsspezifische Organisationskultur, die den Alltag des Geschlechterverhältnisses bestimmt und in der mehr oder weniger offen diskriminierende Verhaltensweisen gegenüber Frauen praktiziert werden. Wenn auch die in der älteren Literatur, etwa bei Collinson/Collinson (1989), berichteten männlichen Praktiken sexueller Ausbeutung, offener Rüpeleien oder sexueller Belästigung heute vielleicht durch subtilere Formen abgelöst worden sind, hat die

Frage nach der Wirksamkeit von Leitbildern, Kommunikationsformen und Handlungsroutinen männlicher Dominanz nichts von ihrer Aktualität verloren.

Betriebliche Frauenförderung im mikropolitischen Kräftefeld

Die geschlechtshierarchische Arbeitsteilung innerhalb von Unternehmen ist zwar durch eine relativ stabile Struktur in den genannten Dimensionen gekennzeichnet. Längerfristig betrachtet kann sie sich allerdings durch neue Arbeitsfelder und Qualifikationsanforderungen oder neue Gruppen von Frauen auf dem Arbeitsmarkt verändern. Betriebliche Frauenförderung, die auf eine grundlegende Revision dieser Arbeitsteilung zielen will, kann nur dann wirksam werden, wenn sie sich auf die Umsetzung konkreter Maßnahmen in jedem einzelnen Tätigkeitsbereich konzentriert.

Ziele betrieblicher Frauenförderung umzusetzen bedeutet, durch Aktivitäten auf den verschiedenen relevanten Entscheidungsebenen des Unternehmens auf die Veränderung der Situation bestimmter Gruppen oder einzelner Frauen Einfluß zu nehmen. Solche Entscheidungen werden auf allen Instanzen der Unternehmenshierarchie getroffen, die über „Zuschnitt" und Besetzung von Arbeitsplätzen entscheiden, das heißt vor allem von der Personalentwicklung und den unmittelbaren Vorgesetzten. Institutionen, die der Regulierung der industriellen Beziehungen dienen, wie etwa der Betriebsrat oder gemeinsame Ausschüsse von Management und Betriebsrat, müssen sich in der Regel mit dem wirksamen Einfluß dieser Instanzen auseinandersetzen.

Für die Analyse frauenpolitischer Aktivitäten erhalten damit die Verhandlungsebenen innerhalb des Unternehmens Bedeutung, auf denen über Einzelmaßnahmen entschieden wird. Der Blick auf die Mikropolitik rückt damit zur zentralen Untersuchungsperspektive zur Erklärung von Erfolg oder Mißerfolg betrieblicher Frauenförderung auf (Jüngling 1992; Riegraf 1996), weil Maßnahmen nicht mit hierarchisch abgesicherten Anweisungen dekretiert werden können, sondern in Feldern knapper Ressourcen, gegensätzlicher Interessen und ungleicher Durchsetzungschancen umgesetzt werden müssen. Der Begriff der Mikropolitik ist, wie Ortmann u.a. (1990) darstellen, als Ansatz zur Organisationsanalyse entstanden und sieht Organisationen als kooperative soziale Systeme, die sich durch politische Mechanismen reproduzieren und verändern; die Funktionsfähigkeit dieser Mechanismen beruht darauf, daß individuelle oder kollektive Akteure für sich Nutzen aus der Mobilisierung von Ressourcen verschiedenster Art ziehen können. Einflußreiche theoretische Überlegungen zur

Erklärung kollektiven Handelns in Organisationen, an die in den theoretischen Diskussionen in der Regel angeknüpft wird, haben Crozier und Friedberg (1979) sowie Friedberg (1988) vorgelegt. Gegenüber dem Weberschen Modell der bürokratisch-hierarchischen Organisation, in der sich das Prinzip formaler Rationalität durchsetze und die als Idealtypus legaler Herrschaft gelten könne, wird von diesen Autoren die nicht-hintergehbare Kontingenz und die politische Natur kollektiven Verhaltens hervorgehoben. Organisationsmitglieder würden erstens sich immer nur in begrenztem Maße rational verhalten, zweitens eigene Freiräume gegenüber dem Organisationszusammenhang verteidigen und möglichst ausweiten und drittens durch ihr Handeln nach Partialinteressen und -zielen bewirken, daß für gemeinsame Organisationsziele nur begrenzt Legitimität mobilisiert werden könne. Die Funktionsweise von Organisationen ist danach weniger von strukturellen Gegebenheiten als vielmehr vom Handeln der Akteure abhängig, die mit je spezifischen Ressourcen wie Fähigkeiten ausgestattet sind und relativ eigenständige Ziele verfolgen können. Nur auf diesem Wege, so eine grundlegende Annahme, sei es möglich, angesichts widersprüchlicher oder gegenläufiger Interessen ein Maß an Abstimmung und Kooperation herzustellen, das es möglich macht, Organisationsziele zu erreichen. Abläufe in Organisationen können nach diesem Ansatz nicht als Ausdruck eines bestimmten Strukturtypus und damit verbundener allgemeiner Rationalitätskriterien erklärt werden. Für eine Analyse der Organisation sei vielmehr entscheidend, „*wie* sie funktioniert, d.h. durch *welche* immer spezifischen *Mechanismen* sie ihre Existenz sichert und was deren Folgen sind" (Friedberg 1988, S. 40; Hervorheb. im Orig.).

Das Erkenntnisinteresse dieser Organisationsanalyse ist es, den Einfluß von Macht und Kontrolle auf Entscheidungen in Akteurskonstellationen zu klären, die in der Regel asymmetrisch strukturiert sind, oder, anders formuliert, herauszufinden, wie Akteure ihr Eigeninteresse in solchen Handlungskontexten wahren können. Macht wird in diesen Konzepten nicht primär als Attribut von Akteuren, sondern als Beziehung zwischen Akteuren definiert. „Macht ist also ein Kräfteverhältnis, aus dem einer immer mehr als die anderen herausholen kann, in dem aber keiner den anderen völlig ausgeliefert ist" (Friedberg 1988, S. 42).

An dieser Konzeption kritisieren Ortmann u.a., sie neige dazu, die Grundlagen der Macht im Sinne der Möglichkeiten des Managements zur Entlohnung, Beförderung und Entlassung „in die Sprache einer formalen Organisationsanalyse zu übersetzen, in der dieses materielle Fundament nur noch bei sehr genauem Hinsehen durchschimmert" (Ortmann u.a. 1990, S. 18). Im Rahmen des Konzepts der „Dualität der Struktur" von Anthony Giddens – Strukturen als

Produkte wie als Medium menschlichen Handelns zu sehen – und mit Hilfe von dessen Unterscheidung zwischen allokativen und autoritativen Machtressourcen lasse sich jedoch die Schwäche einer strategischen Organisationsanalyse beheben, die den allokativen beziehungsweise materiellen Quellen der Macht in Organisationen zu wenig Aufmerksamkeit widme. Die einzelnen Schritte der Argumentation sollen an dieser Stelle nicht nachgezeichnet werden; das Ergebnis der Überlegungen ist ein Strukturbegriff, der es erlaubt, einerseits „harte“ materielle, ökonomische, organisatorische und technische Gegebenheiten zu thematisieren, und der andererseits mit einem Begriff „konsensgestützter Macht“ kommunikative und normative Dimensionen von Macht, insbesondere Konsens, Aushandlung und Vertrauen, berücksichtigen kann.

Diese Dimensionen reflektieren den Prozeßcharakter der Abläufe in der Organisation: das Beharrungsvermögen überkommener Strukturen und Orientierungen ebenso wie den Einfluß von Motiven und Interessen individueller wie kollektiver Akteure auf Entscheidungen. An diese Ausdifferenzierung von Dimensionen kann angeknüpft werden, wenn es im Rahmen von Analysen machtbestimmter Auseinandersetzungen um die geschlechtshierarchische Arbeitsteilung in Betrieben darum geht, die Auswirkungen sowohl der genannten „harten“ Gegebenheiten wie den Einfluß von Konsens, Aushandlung und Vertrauen beziehungsweise Mißtrauen auf die Entscheidungen relevanter Akteure genauer zu ermitteln. Dieser analytische Rahmen ermöglicht es auch, wichtige Ergebnisse neuerer theoretischer Diskussionen zum Verhältnis von Organisation und Geschlecht (Hearn u.a. 1989; Cockburn 1993; Riegraf 1996) aufzunehmen. Mit diesem analytischen Vorgehen wird unterstellt, daß die Mikropolitik der Frauenförderung alle Momente der geschlechtshierarchischen Arbeitsteilung berührt. Insbesondere wird davon ausgegangen, daß die materiellen, ökonomischen, organisatorischen und technischen Gegebenheiten von Unternehmensabläufen von den Beteiligten im Kontext ihrer subjektiven und normativen Sicht der Aufgabenverteilung für Männer und Frauen wahrgenommen und interpretiert werden. Diese Differenzen zwischen Männern und Frauen in der Wahrnehmung, Interpretation und Interessenartikulation prägen die mikropolitischen Verhandlungskonstellationen. Unter dem Gesichtspunkt von Interessenwahrnehmung muß Frauenförderung insoweit als eine Arena redistributiver Politik gelten, als es in der Regel um eine „bewußte Umlenkung und Verlagerung von finanziellen Mitteln, Rechten oder anderen Werten“ zwischen Männern und Frauen geht und es zwangsläufig Gewinner und Verlierer gibt (Riegraf 1996, S. 84).

Die Analyse des in den Fallstudien erhobenen Materials versucht, die in den Aushandlungen um Frauenfördermaßnahmen von den verschiedenen Akteuren vorgebrachten Argumente auf die geschlechtshierarchische Arbeitsteilung in den jeweiligen Tätigkeitsfeldern zu beziehen, auch wenn diese Arbeitsteilung selten direkt thematisiert wird. In den verwendeten Argumentationen werden sowohl Begründungen für Veränderungen der inhaltlichen und zeitlichen Strukturierung von Tätigkeiten wie auch Spuren ökonomischer, technisch-organisatorischer oder soziokultureller Legitimationen bestehender Tätigkeitszuschnitte gesucht. Eine langfristig wirksame Verschiebung der Arbeitsteilung mit dem Ergebnis größerer Gleichheit zwischen Frauen und Männern, so lautet die These, ist an einen Wandel sowohl der Tätigkeiten selbst wie der verschiedenen Ebenen ihrer Legitimation gebunden. Als Motor dieses Wandels kann die Interessenwahrnehmung von Frauen in den Aushandlungsprozessen auf verschiedenen Ebenen gesehen werden, wobei sich als Problem erweist, daß das allgemeine Gleichstellungspostulat jeweils im Kontext von Aufgabenverteilung und Arbeitsorganisation konkretisiert werden muß.

3. Anlage, Methoden und Durchführung der empirischen Erhebungen

3.1 Zur Organisationsanalyse betrieblicher Frauenförderung

Programme und Maßnahmen betrieblicher Frauenförderung werden im Kontext von Organisations- und Entscheidungsstrukturen der Unternehmen entwickelt und unterscheiden sich im einzelnen erheblich voneinander. Seit den ersten Modellen war es daher das Ziel frauenpolitischer Akteure, die Umsetzungsproblematik zu verdeutlichen und „harte" Kriterien für den Erfolg von Frauenfördermaßnahmen zu gewinnen. So wurden Mitte der achtziger Jahre die Ergebnisse einer vom Bundesministerium für Jugend, Familie, Frauen und Gesundheit in Auftrag gegebenen Studie (Krebsbach-Gnath/Schmid-Jörg 1985) für die Praxis relativ einflußreich. Auf der Basis einer Expertenbefragung in 26 Unternehmen und Behörden stellte sie wesentliche organisatorische Voraussetzungen für das Gelingen betrieblicher Frauenförderung dar und entwickelte einen Katalog der verschiedenen relevanten Einzelaspekte, der in einem für die Akteurinnen und Akteure gedachten Leitfaden für eine Ist-Analyse und deren Überprüfung zusammengefaßt wurde. Wurde damit der Blick auf das Spektrum möglicher Maßnahmen gelenkt, rückte später der Prozeß der Institutionalisierung und Umsetzung immer mehr in den Vordergrund. Im Anschluß an organisationstheoretische Überlegungen, insbesondere an den mikropolitischen Ansatz, hat Christiane Jüngling (1992) im Sinne einer „organisationspolitischen Systematisierung" vorgeschlagen, „die *Konzipierung und Umsetzung von Frauenfördermaßnahmen als mehrstufigen und iterativen organisationspolitischen Prozeß* zu betrachten" (S. 186; Hervorheb. im Orig.). Sie hat dazu ein Phasenmodell politischer Prozesse in Organisationen (vgl. Abbildung 1) und einen schematischen Aktionsplan zur Umsetzung von Frauenfördermaßnahmen vorgestellt, der fünf Schritte unterscheidet: Zielsetzung, Analyse, Planung, Umsetzung und Kontrolle.

ABBILDUNG 1: POLITISCHE PROZESSE IN ORGANISATIONEN

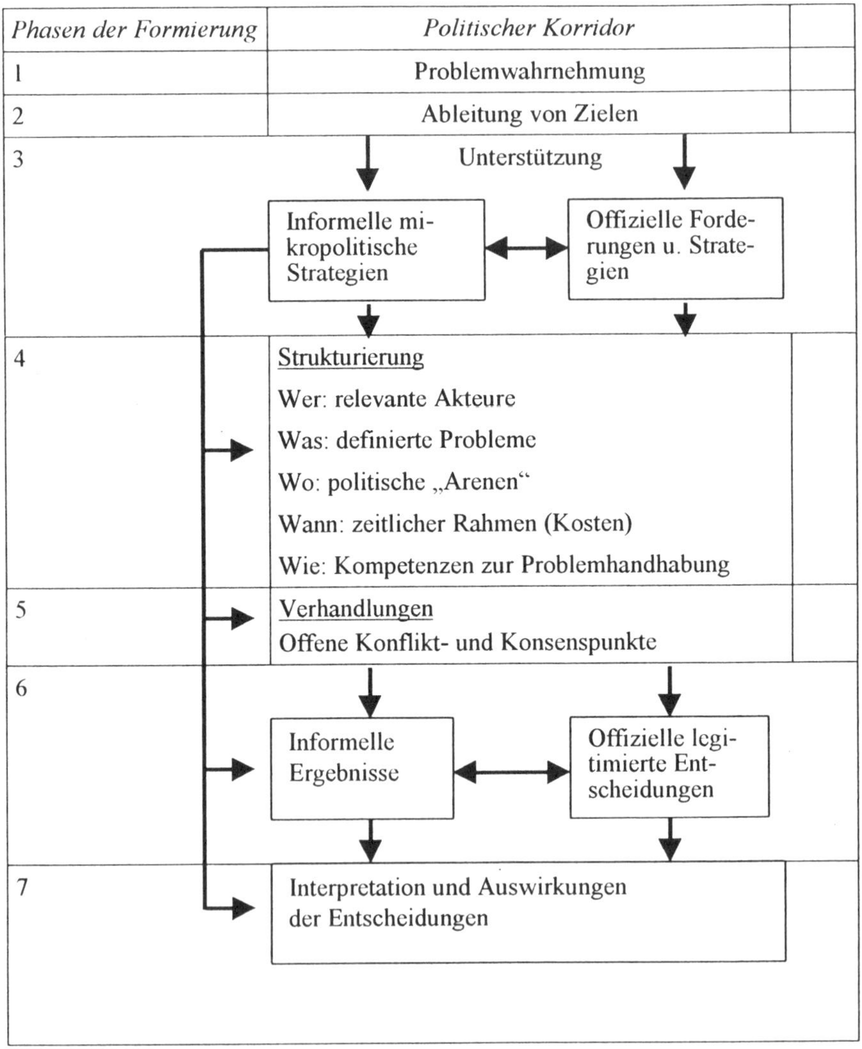

Quelle: Jüngling 1992, S. 185

Die Idee des Aktionsplans beabsichtigt, über die Messung des Resultats von Frauenförderung anhand von Ergebnissen, etwa des Frauenanteils in bestimmten Beschäftigtengruppen oder der Zunahme von Teilzeitarbeitsplätzen, hinauszukommen und Aussagen über den Verlauf der letztlich entscheidenden konkreten Umsetzungsprozesse zu ermöglichen. Vom Gegenstand her erscheint der Versuch besonders sinnvoll, mikropolitische Arenen, die dort vertretenen Interessen und das Zustandekommen von Entscheidungen sichtbar zu machen.

Ausgehend von der Gleichstellungsgesetzgebung für den öffentlichen Sektor und von Betriebsvereinbarungen in privaten Unternehmen tritt mit der Institutionalisierung der Frauenförderung ein neuer Bereich arbeitspolitischer Aktivität neben bisherige Felder der Regulation von Arbeitsverhältnissen und der Personalentwicklung; er verändert das überkommene Arrangement von Interessen und eingespielten Routinen und muß erst seinen Platz neben den bisher dominierenden Feldern finden. Frauenpolitische Regulierungen treffen dabei in der Regel auf Machtasymmetrien in der Unternehmensorganisation, in denen die historisch gewachsene „mehrfache geschlechtshierarchische Vorstrukturierung" (Jüngling 1992, S. 179) in vielfältiger Weise fortwirkt und die Möglichkeiten der Förderpolitik weitreichend beeinflußt. Der mikropolitische Ansatz als handlungsorientiertes Konzept ermöglicht es, nicht nur die Organisationsstrukturen und die mit ihnen verbundenen Handlungspraktiken zu sehen, sondern auch deren Widerständigkeit wie ihre Veränderbarkeit durch das Handeln einflußreicher individueller und kollektiver Akteure.

Für die Analyse der Frauenförderung in den Unternehmen, die in diese Untersuchung einbezogen wurden, werden neben den einzelnen zeitlichen Phasen von der Initiierung bis zur konkreten Umsetzung zusätzlich die Einfluß- und Verhandlungsebenen unterschieden, auf denen die mikropolitischen Aushandlungsprozesse stattfinden. Dieses methodische Vorgehen erscheint besonders sinnvoll, um die Eigendynamik der Umsetzungsprozesse differenziert analysieren und sichtbar machen zu können, daß beim Wechsel der mikropolitischen Arenen wesentliche Veränderungen ursprünglicher Ziele der Frauenförderpolitik stattfinden, die für die Resultate ausschlaggebend sein können.

Für Analysen betrieblicher Frauenförderung können mehrere organisatorische Ebenen mit entsprechenden Handlungsräumen unterschieden werden: die *Makroebene* rechtlicher und politischer Regulierung der Unternehmensaktivitäten, die *Mesoebene* der strategisch planenden und entscheidenden

ABBILDUNG 2: EBENEN UND DIMENSIONEN DER ANALYSE BETRIEBLICHER FRAUENFÖRDERUNG

Dimensionen der Analyse	Unternehmens-externe Makroebene	Unternehmensinterne Ebenen	
		Zentrales Management und betriebliche Interessenvertretung (Mesoebene)	Abteilungen (Mikroebene)
Akteurinnen und Akteure	Parlamente, Ministerien, Unternehmerverbände, Gewerkschaften →	Vorstände, insbes. Personalvorstand, leitende Angestellte, Mitglieder des Betriebsrats	Abteilungsleiter, weitere unmittelbare Vorgesetzte, Beschäftigte
Regelungsinhalte	Gesetzliche Normen Zielsetzungen in Vereinbarungen von Tarifparteien →	Gesamtbetriebsvereinbarungen mit Maßnahmenkatalog Regelung von Umsetzung und Kontrolle ↔	Vereinbarungen für einzelne Beschäftigte unter Bedingungen jeweiliger Arbeitsorganisation (einschließlich geschlechtshierarchischer Arbeitsteilungen)
Institutionalisierung	–	Frauenbeauftragte, Personalentwicklung, gemeinsame Ausschüsse ↔	Einzelfallverhandlungen über individuelle Fördermaßnahme

Akteure des Unternehmens, vor allem das Management und die betriebliche Interessenvertretung, und die *Mikroebene* der Abteilungen mit den jeweiligen besonderen Ausformungen der Arbeitsorganisation und der geschlechtshierarchischen Arbeitsteilung, auf die sich die Abteilungsleiter und unmittelbaren Vorgesetzten bei ihren Entscheidungen über Einzelmaßnahmen der Frauenförderung beziehen. Auf der Makroebene werden allgemeine gesellschafts- und arbeitspolitische Zielsetzungen für die Frauenförderung festgelegt; die vom Unternehmen angestrebten Ziele werden auf der Mesoebene im Rahmen von Managementstrategien im einzelnen operationalisiert, wodurch der potentielle Handlungsrahmen für die einzelnen Maßnahmen festgelegt wird. Ausgefüllt wird dieser mehr oder weniger große Handlungsrahmen durch Einzelfallentscheidungen auf der Mikroebene. Dies hat seine Ursache darin, daß der Rahmen für diese Einzelmaßnahmen der Frauenförderung in der Regel zwar durch die zentralen Instanzen gesetzt wird, im Einzelfall jedoch eine Konsens- oder Kompromißbildung mit den für den Arbeitseinsatz von Mitarbeitern verantwortlichen Vorgesetzten erfolgen muß.

Die gesellschaftspolitische Diskussion um die Gleichstellung der Frau seit den siebziger Jahren war der Ausgangspunkt für politische Prozesse, die zu Normierungen mit dem Ziel, die Situation der Frauen zu verbessern, führten. In verschiedenen Gewerkschaften wurden seit dieser Zeit frauenpolitische Zielsetzungen verabschiedet, die über Vereinbarungen mit Arbeitgeberverbänden oder Einzelunternehmen weitere Rahmenbedingungen für das Handeln auf der Mesoebene der Unternehmen schufen. Gesellschaftspolitische Initiativen und Vereinbarungen oder rechtliche Regulierungen bleiben jedoch unwirksam, wenn sie nicht von den Unternehmen aufgenommen werden und Eingang in personalpolitische Strategien finden. Die Übernahme gesellschaftspolitischer Initiativen in Unternehmen bedeutet einen ersten potentiellen Bruchpunkt, weil die extern entwickelten allgemeinen Normen in diesem Prozeß interpretiert werden und damit auch transformiert werden können. In der Regel sind es angebbare einzelne Akteure wie Vorstandsmitglieder oder Vertreter des Betriebsrats, die das allgemeine Ziel der Gleichstellung für das Unternehmen konkretisieren. Wie in anderen Handlungsfeldern können informelle Prozesse im Vorfeld offizieller Schritte bereits entscheidende Weichen für den Inhalt von Maßnahmen stellen. Bereits auf der zentralen Ebene der Formulierung von Managementstrategien kann es zu machtbestimmten Konflikten um Ziele, Handlungsfelder und konkrete Maßnahmen von Frauenförderung kommen, die sich inhaltlichen Vorbehalten, Bereichs- oder persönlichen Karriereinteressen verdanken und Frauenförderung blockieren (Riegraf 1996, S. 169 ff.).

Mit der Institutionalisierung betrieblicher Frauenförderung auf der Mesoebene ist der Übergang in routinisierte Aushandlungswege verbunden, etwa mit der Einrichtung der Frauenbeauftragten oder von neuen Kompetenzen des zentralen Personalmanagements. Das System industrieller Beziehungen in der Bundesrepublik wirkt sich in einer Beteiligung des Betriebsrats an der Frauenförderung aus. Mit dem Übergang auf die Mesoebene und die sukzessive Institutionalisierung der Zielsetzungen in konkreten Umsetzungsmaßnahmen kommen die innerbetrieblichen Kräfteverhältnisse sowohl innerhalb des Managements wie auch zwischen Management und betrieblicher Interessenvertretung ins Spiel, jetzt werden entscheidende Spezifizierungen oder Einengungen ursprünglich umfassenderer Ziele vorgenommen.

Für den Erfolg der Maßnahmen, die auf der zentralen Ebene von Unternehmen geplant werden und dort auch kontrolliert werden sollen, ist entscheidend, wie sie in die Einzelfallentscheidungen auf der Mikroebene umgesetzt werden. Aushandlungs- und Entscheidungsprozesse auf zentraler Ebene und auf der Mikroebene von Abteilungen stehen in einem spannungsreichen Wechselverhältnis. Zwar gibt es durch Gesamtbetriebsvereinbarungen und daran anschließende Konkretisierungen wie durch Rahmenbedingungen der Arbeitsorganisation wie etwa Arbeitszeitmodelle erhebliche Einschränkungen für eigenständige Entscheidungen auf der Ebene der einzelnen Abteilung. Diese kann jedoch insbesondere deshalb über Einfluß verfügen, weil letztlich auf der Mikroebene darüber befunden wird, ob und in welcher Weise Maßnahmen der Frauenförderung mit betrieblichen Zielen in Einklang gebracht werden können. Mit wachsender Distanz zum zentralen Management können sich Vorbehalte gegenüber einer Veränderung bisheriger Tätigkeitsmuster und typischer Berufswegmuster von Frauen stärker Geltung verschaffen. In den Verhandlungen auf der Mikroebene kann es aber auch dazu kommen, daß bisher eher als selbstverständlich angesehene Organisationsroutinen hinterfragt werden, die dazu dienen, die Geschlechterhierarchie im Arbeitsalltag zu stabilisieren.

Bei der Analyse des Verlaufs frauenpolitischer Prozesse in Unternehmen kommt es vor allem darauf an, die beiden vorgestellten „Übergangspunkte“ zwischen Makro- und Mesoebene auf der einen, Meso- und Mikroebene auf der anderen Seite im Auge zu behalten. Der Verlauf von Entscheidungsprozessen ist weit von einem linearen Umsetzungsprozeß entfernt, der sich ungebrochen an frauenpolitischen Normen orientieren würde; an beiden Übergangspunkten dürften vielmehr aufgrund der großen Eigenständigkeit jeder Ebene die Maßnahmenziele durch mikropolitisches Handeln in erheblichem Maße modifiziert werden.

3.2 Anlage und Durchführung der Studie

Erhebung der Frauenfördermaßnahmen von privaten Unternehmen in der Bundesrepublik

Um Informationen über die betrieblichen Frauenfördermaßnahmen in der Bundesrepublik, ihre quantitative Verteilung nach Branchen und Betrieben sowie ihre Inhalte zu erhalten, wurde in den Jahren 1990 bis 1992 eine Bestandsaufnahme der in den sieben Branchen Handel, Banken, Versicherungen, Bergbau und Energiewirtschaft, Chemie, Metall sowie Nahrungs- und Genußmittelindustrie vereinbarten Frauenförderprogramme vorgenommen. Zu diesem Zweck wurden entsprechende Unterlagen sowohl von den Einzelgewerkschaften, vom Deutschen Gewerkschaftsbund und von 40 Arbeitgeberverbänden erbeten; zusätzlich wurden sieben Expertengespräche mit Vertreterinnen der Frauenabteilungen in den Gewerkschaften geführt. Auf Basis der so gewonnenen Informationen wurden 220 Großunternehmen schriftlich nach ihren Aktivitäten zur betrieblichen Frauenförderung befragt. Mit entsprechenden Nacherhebungen bis 1996 konnten die Antworten von insgesamt 133 Unternehmen in die Auswertung einbezogen werden.

Die Informationen geben Aufschluß darüber, welche Bereiche überhaupt zum Gegenstand von Regelungen auf zentraler Unternehmensebene geworden sind, sie sind also begrenzt auf den wichtigen „Übergangspunkt" zwischen Gesellschaftspolitik und zentraler Unternehmensebene und enthalten zur Institutionalisierung wie Umsetzung der Maßnahmen nur die vereinbarten Zielsetzungen. Die Analyse zielt auf einen systematischen Überblick über die verschiedenen Maßnahmen, die Regelungsinhalte und -modi sowie die Adressatinnen; ihre Ergebnisse werden in Kapitel 4 dargestellt.

Drei Fallstudien

Die Fallstudien in drei Unternehmen hatten zum Ziel, den Prozeß der Initiierung der Frauenförderung, ihre Institutionalisierung und ihre Umsetzung genauer zu analysieren. Zu diesem Zweck wurden die Vereinbarungen, Darstellungen der Frauenfördermaßnahmen in firmeneigenen Materialien und weiteres zugängliche Material wie auch Unterlagen der Gewerkschaften und Arbeitgeberverbände ausgewertet. Es zeigte sich, daß es auch in dem Unternehmen mit weitreichender Institutionalisierung der Frauenförderung kaum aufbereitete und ohne weiteres verwendbare Daten gibt, die eine Bewertung von Frauenförderung ermöglichen. So kam den Gesprächen mit den Expertinnen und Experten sehr hohe Bedeutung sowohl für die Rekonstruktion des Verlaufs der Frauenförderung im Unternehmen wie insbesondere der Bewertung der Umsetzung zu.

Der Leitfaden für die Expertengespräche wurde so angelegt, daß er es ermöglichen sollte, den Einführungsprozeß der Frauenförderung, den Verlauf der Aushandlungsprozesse auf den verschiedenen Ebenen und die sich herausbildende Praxis möglichst genau zu ermitteln. Dabei galt die Aufmerksamkeit in gleicher Weise der Klärung der externen Rahmenbedingungen wie der unternehmensinternen Faktoren, die das Zustandekommen der Vereinbarungen beeinflußt haben und sich auch auf den Implementations- und Umsetzungsprozeß auswirken. Auf der Mesoebene des Unternehmens standen die Motive, Interessen und Ziele der beteiligten Akteursgruppen im Mittelpunkt; die Fragen konzentrierten sich auf den Einfluß der Beteiligten in Management und Betriebsrat und auf die Beteiligung von Frauen an den relevanten Entscheidungen. Um die Erfahrung mit der Umsetzung von Maßnahmen rekonstruieren zu können, war es wichtig, die verschiedenen in Frage kommenden Gruppen im Unternehmen genau zu beschreiben und den Prozessen selbst an einer Reihe von Beispielen nachgehen zu können. In zwei Unternehmen wurden Gruppendiskussionen mit Frauen durchgeführt, die Erfahrungen mit der Umsetzung von Frauenfördermaßnahmen gemacht hatten und die insbesondere nach Veränderungen ihrer Situation gefragt wurden.

Insgesamt wurden im Rahmen der Fallstudien 50 Experteninterviews und sechs Gruppendiskussionen durchgeführt. Vier Expertengespräche wurden mit Gewerkschafts- und Verbandsvertretern außerhalb der Unternehmen geführt, 30 Experteninterviews auf der Ebene von zentralem Management und Betriebsrat und 16 Gespräche mit Abteilungsleitern und unmittelbaren Vorgesetzten.

4. Frauenfördermaßnahmen in der Bundesrepublik

Die umfassende schriftliche Erhebung der Frauenfördermaßnahmen von großen Unternehmen in sieben ausgewählten Branchen der Bundesrepublik bis 1996 erbrachte eine Fülle verschiedenartigen Materials. In die Inhaltsanalyse wurden Betriebsvereinbarungen, Rahmenvereinbarungen und Tarifverträge zur Frauenförderung sowie allgemeine Absichts- und Grundsatzerklärungen, die meist in Form von Vorstandsbeschlüssen vorliegen, einbezogen. Nicht berücksichtigt wurde hingegen die Vielzahl personalpolitischer Einzelmaßnahmen, wie zum Beispiel Arbeitskreise zur Förderung des weiblichen Führungskräftenachwuchses, die zwar häufig auch als „Frauenförderpolitik" deklariert werden, jedoch in der Regel nicht zu verbindlichen Vereinbarungen oder Grundsatzerklärungen geführt haben. Ausgeklammert wurden auch diverse Projekte etwa zur Strukturierung von Frauenarbeitsplätzen, die im weiteren Sinne den Charakter von Frauenförderung beanspruchen können, jedoch offiziell nicht als solche deklariert wurden.

Um eine Analyse zu ermöglichen, die die Reichweite der Programme erkennen läßt, wurden die einbezogenen Vereinbarungen im Hinblick darauf ausgewertet, ob sie verbindliche Regelungen enthalten und ob Handlungsfelder, Zielgruppen und Formen der Institutionalisierung genannt werden. Die zentralen Ergebnisse gibt Tabelle 1 wieder; die Liste aller einbezogenen Unternehmen mit einer Kurzcharakteristik der Vereinbarungen findet sich, nach Branchen getrennt, im Anhang. Erste Analysen aus der Studie zu diesem Bereich stellen Brumlop/Hornung 1994 und Hornung 1993 dar.

TABELLE 1: ÜBERBLICK ÜBER BETRIEBLICHE VEREINBARUNGEN ZUR FRAUENFÖRDERUNG IN DER PRIVATWIRTSCHAFT DER BUNDESREPUBLIK DEUTSCHLAND (1996)

Branche	Unternehmen mit Frauen-förder-programmen	davon mit BV/Rahmen-vereinbarung/ Haustarif-vertrag	davon mit Eltern-urlaub/ Teilzeit	davon mit umfassenden Frauen-förderpro-grammen	davon mit Berichts-pflicht	davon mit Frauen-beauf-tragten	davon mit Kom-missionen/ Arbeits-ausschüssen/ regelmäßigen Beratungen
Chemie	63	61	44	8	4	4	15
Metall	20	20	18	10	3	3	6
Banken	11	10	10	-	-	1	-
Nahrung/Genuß	9	9	9	8	5	1	8
Handel	13	12	13	1	1	1	-
Bergbau/Energie	8	8	8	3	1	-	3
Versicherungen	9	9	9	2	3	2	2
Gesamt: absolut	133	129	111	32	17	12	34
Gesamt: Prozent	100	97	83	24	13	9	26

Betriebliche Frauenförderung konzentriert sich in wenigen Branchen

Gab es Mitte der achtziger Jahre schätzungsweise 40 bis 50 Unternehmen mit Programmen zur Frauenförderung (Weg 1986), so ist die Zahl nach den Erhebungen bis 1996 auf 133 angewachsen. Bei dieser Aussage ist allerdings zu berücksichtigen, daß Branchen mit einem geringen Anteil an Unternehmen mit Frauenförderung nicht in die Erhebung einbezogen worden waren. Die Aussagekraft der Daten wird dadurch etwas eingeschränkt, daß sich in der zweiten Hälfte der neunziger Jahre durch Fusionen, Aufkäufe und Zerlegungen einige Unternehmen und die Branchenstrukturen verändert haben.

An der Konzentration der in Sachen Frauenförderung aktiven Unternehmen auf wenige Branchen hat sich im Vergleich zu den frühen achtziger Jahren wenig geändert. „Spitzenreiter“ ist die chemische Industrie mit insgesamt 63 Unternehmen, darunter den großen der Branche, gefolgt von der Metallindustrie mit 20 Unternehmen, darunter den vier großen Automobilkonzernen (Opel, VW, Daimler-Benz und BMW) und einigen großen Elektro- und Maschinenbaukonzernen. Im Mittelfeld befindet sich mit 13 Unternehmen der Handel, zu dem unter anderen Hertie und Karstadt gehören. Mit 11 Unternehmen, unter denen die Großbanken vertreten sind, gibt es im Bereich der Banken, mit 9 Unternehmen unter den Versicherungen jeweils eine nennenswerte Zahl von Förderprogrammen. Auch unter den 9 Unternehmen der Nahrungs- und Genußmittelindustrie finden sich Branchenführer wie Reemtsma oder Nestlé; diese Liste schließt mit den 8 Unternehmen im Bereich Bergbau und Energie. Vereinzelt existieren Vereinbarungen auch in anderen Bereichen der privaten Wirtschaft, etwa der Druckindustrie.

Vereinbarungen zur Frauenförderung werden von Anfang an primär in Großunternehmen geschlossen, während Klein- und Mittelbetriebe sich nicht in nennenswertem Umfang an solchen Programmen beteiligen. Damit geht die betriebliche Frauenförderpolitik auch an jenen Klein- und Mittelbetrieben in „Frauenbranchen“ wie der Textil-, Bekleidungs- und Lederindustrie vorbei, in denen vorwiegend Frauen beschäftigt sind und häufig im Hinblick auf Entgelt, Arbeitseinsatz und Arbeitsbedingungen benachteiligt werden. Nur wenige Vereinbarungen zur Frauenförderung gibt es schließlich auch in zahlreichen Dienstleistungsbereichen, in denen der Anteil der an- und ungelernten Frauen ebenfalls sehr hoch ist – wie im Hotel- und Gaststättengewerbe oder in Reinigungsbetrieben.

Verbindliche Regelungen für die Institutionalisierung nur in einer Minderheit der Vereinbarungen

Betrachtet man die in die Übersicht aufgenommenen Unternehmen, dann ist hinsichtlich der Regelungsmodi die Tendenz zu rechtlich verbindlichen Vereinbarungen eindeutig. Nahezu alle Programme sind in Form einer Betriebsvereinbarung, einer Rahmenvereinbarung oder eines Haustarifvertrags abgeschlossen worden. Dagegen hatten Initiativen zur betrieblichen Frauenförderung bis gegen Ende der achtziger Jahre häufiger die mehr oder weniger unverbindliche Form von Vorstandsbeschlüssen. Unter diesen Vereinbarungen ist allerdings der Anteil relativ klein, die verbindliche Regelungen zur Institutionalisierung und Durchführung der Frauenförderprogramme vorsehen. 24 Prozent der Vereinbarungen enthalten umfassende Frauenförderprogramme, 26 Prozent sehen Kommissionen und regelmäßige Beratungen vor, jedoch nur 13 Prozent eine Berichtspflicht, und nur in 9 Prozent der Unternehmen wird die Position einer Frauenbeauftragten vorgesehen. Bei der Vorbereitung und Aushandlung solcher Vereinbarungen scheint das Themenfeld Beruf und Familie am ehesten konsensfähig zu sein. Die große Mehrheit von 83 Prozent der Unternehmen verabschiedet Regelungen dazu und zum eng damit verbundenen Feld der Teilzeitarbeit.

Die Tatsache, daß nicht einmal jedes zehnte Unternehmen die Position einer Frauenbeauftragten einrichten will, ist ein deutliches Indiz dafür, Maßnahmen zur Frauenförderung in der Regel in Unternehmensmanagement und Personalentwicklung eingliedern zu wollen. Aber auch wenn die Frauenbeauftragte in rudimentärer Form als eigenständige Institutionalisierung der Frauenförderung auf Unternehmensebene geplant wird, ist sie in der Regel beim Vorstand angesiedelt, verfügt nur über geringe materielle und personelle Ressourcen und hat keine wirklichen Entscheidungskompetenzen, sondern meist nur ein Beratungs- und Initiativrecht. Welche Konflikte zwischen personalpolitischen und gleichstellungspolitischen Zielen entstehen und was die Institution der Frauenbeauftragten zu leisten imstande ist, könnte erst aufgrund genauer Kenntnis ihrer Arbeit über langere Zeit im einzelnen Unternehmen beurteilt werden. Auch die relativ geringe Zahl von Vereinbarungen, die eine Berichtspflicht oder die Bildung von Kommissionen, Arbeitsausschüssen beziehungsweise regelmäßige Beratungen vorsehen, kann als sehr deutliches Indiz dafür gewertet werden, daß nur vergleichsweise wenige Unternehmen daran interessiert sind, eigenständige Akteurinnen und Akteure an der Umsetzung der vereinbarten Programme zu beteiligen, sondern die Frauenförderung in der Hand des Personalmanagements belassen wollen.

Regelungsfeld Familie und Beruf als Schwerpunkt der Vereinbarungen

Bei der Auswertung der Regelungsinhalte ergibt sich, daß die Vereinbarkeit von Familie und Beruf sowie die Flexibilisierung der Arbeitszeit, meist in Form von Teilzeit, die herausragenden und am weitaus häufigsten kodifizierten Regelungsinhalte sind. Damit zeichnet sich eine deutliche Tendenz zur Abkehr vom Leitbild umfassender systematischer Frauenförderpläne ab, das Mitte der achtziger Jahre, in der Initiierungsphase betrieblicher Frauenförderprogramme, in der öffentlichen Diskussion eine große Rolle gespielt hatte. Programme zur Aus-, Fort- und Weiterbildung stellen nicht nur zahlenmäßig weniger relevante Handlungsfelder dar. In ihrer rechtlichen und inhaltlichen Unverbindlichkeit beiben sie symbolhafte Absichtserklärungen.

Programme zur Vereinbarkeit von Familie und Beruf enthalten meist eine Regelung für die Beurlaubung der Beschäftigten im Anschluß an den gesetzlichen Erziehungsurlaub, der mit dem Gesetz über die Gewährung von Erziehungsgeld und Erziehungsurlaub von 1986 eingeführt und in der Neufassung des Gesetzes 1994 erweitert wurde. In der Neufassung wurde der Erziehungsurlaub von 18 auf 36 Monate ausgedehnt; dies führte zu einer entsprechenden Veränderung der betrieblichen Förderpolitik, die sich nun auf Frauen konzentriert, die an einer über drei Jahre hinausgehenden Unterbrechung interessiert sind. Im Gegensatz zur gesetzlichen Regelung des Erziehungsurlaubs, der von einem während dieser Zeit ruhenden Arbeitsverhältnis ausgeht, setzt der tarifliche Elternurlaub in der Regel voraus, daß das Arbeitsverhältnis zuvor beendet wurde, und gewährt in der Regel nach der zeitlich begrenzten Unterbrechung einen Wiedereinstellungsanspruch auf einen gleichwertigen Arbeitsplatz. Diese Unterbrechung kann bis zum vollendeten siebten Lebensjahr des Kindes – oftmals beschränkt auf das erste Kind – reichen. Bei einzelnen Unternehmen kann diese Freistellung bei mehreren Geburten bis auf zehn Jahre ausgedehnt werden. Mit dem tariflichen Erziehungsurlaub wird häufig die Möglichkeit oder die Verpflichtung vorgesehen, an Fort- und Weiterbildungsveranstaltungen teilzunehmen.

Wie oft eine Freistellung erfolgen kann und ob die anspruchsberechtigten Eltern sich den Erziehungsurlaub teilen können, ist in den Unternehmen nicht einheitlich geregelt. Meist wird festgeschrieben, daß der betriebliche Erziehungsurlaub einmal in Anspruch genommen werden kann; dies bedeutet, daß die Erwerbstätigkeit an einem Stück unterbrochen werden muß und nicht in Form individuell verfügbarer Zeitkonten, wie zum Beispiel in Schweden, abgerufen werden kann. Damit stärken die Programme eher traditionelle familiale Formen der Elternschaft: mehrjährige zusammenhängende Berufsunterbrechungen bei einem Elternteil, in der Regel dem schlechter verdienenden weiblichen, bei gleichzeitiger kontinuierlicher Vollerwerbstätigkeit des anderen. Einen gewissen Fortschritt stellen daher solche Vereinbarungen dar, die es erlauben, die betriebliche Freistellung zwischen Müttern und Vätern zu teilen, wenn beide im gleichen Unternehmen beschäftigt sind.

Normalerweise richten sich die Programme zur Vereinbarkeit von Familie und Beruf an Frauen und Männer in einem unbefristeten Beschäftigungsverhältnis, die schon eine bestimmte Mindestzeit im Unternehmen tätig sind. In der Metall- und in der Chemieindustrie wie auch bei Banken und Versicherungen sind die Vereinbarungen zum Teil explizit an Beschäftigte adressiert, in deren Ausbildung der Betrieb erheblich investiert hat und die schon länger im Unternehmen arbeiten. Dieses explizite personalpolitische Ziel wird von den Unternehmen häufig damit begründet, erfahrene Mitarbeiterinnen an das Unternehmen binden zu wollen. Diese Unternehmen befürchten eine Arbeitskräfteverknappung auf bestimmten Teilarbeitsmärkten und einen verstärkten Wettbewerb um qualifiziertes Personal. Das allgemeine Ziel der Gleichstellung durch Maßnahmen der Frauenförderung tritt in solchen Programmen hinter personalpolitische Unternehmensstrategien zurück.

Die Programme gelten allerdings nicht immer für alle Gruppen von Beschäftigten; Auszubildende sowie leitende und außertarifliche Angestellte können sie häufig nicht in Anspruch nehmen. Oft heißt es, für hochqualifizierte Beschäftigte käme eine längere Unterbrechung ohnehin nicht in Frage. Mit anderen Worten: die Tätigkeit in Führungspositionen ist mit familiären Verpflichtungen nicht in Einklang zu bringen. Daran wollen die vereinbarten Programme offensichtlich nichts ändern, denn dies würde bedeuten, die für diese Tätigkeiten geltende Verpflichtung einer umfassenden zeitlichen Verfügbarkeit und eines unbegrenzten Engagements aufzugeben, das sich gegenüber Frauen bisher als wirksames Ausgrenzungsinstrument erwiesen hat.

Betrieblicher Erziehungsurlaub ist meist mit einer Kündigung und der gleichzeitig gegebenen Wiedereinstellungsgarantie verbunden. Eine Rückkehrgarantie auf der Basis eines ruhenden Arbeitsverhältnisses bildet die Ausnahme. Hierzu gehören Vereinbarungen im Einzelhandel und von zwei Unternehmen der Metallindustrie, die nicht nur ein ruhendes Arbeitsverhältnis, sondern auch Arbeitszeitverkürzungen während der Familienphase alternativ zur vollen Unterbrechung vorsehen. Aus dieser Bilanz kann geschlossen werden, daß Unternehmen vermeiden wollen, daß durch Programme zur Frauenförderung ihr Spielraum für eine flexible Personalpolitik eingeschränkt wird. Für die Betroffenen kann dies bedeuten, daß im Falle einer krisenhaften Entwicklung des Unternehmens oder von Rationalisierungsmaßnahmen die Wiedereinstellungszusage widerrufen werden kann.

Eine Wiedereinstellungsgarantie begründet in der Regel allerdings keinen Anspruch, auf den früheren Arbeitsplatz zurückkehren zu können. Wenn zum Zeitpunkt der Rückkehr das Unternehmen keinen Arbeitsplatz anbieten kann, der dem früheren „gleichwertig“ ist, müssen andere „zumutbare“ Tätigkeiten mit der Folge einer verschlechterten Arbeits- und Einkommenssituation akzeptiert werden. Solche Risiken lassen befürchten, daß in erster Linie nur Frauen diese Programme in Anspruch nehmen werden und hier wiederum nur diejenigen, die weder gravierende Qualifikationseinbußen befürchten müssen noch auf ein kontinuierliches eigenes Einkommen angewiesen sind. Für alleinerziehende Frauen oder solche mit dezidierten Karriereplänen kommt eine längere Unterbrechung in der Regel nicht in Frage. So droht ein vielversprechendes Konzept, das Frauen und Männern gleichermaßen neue Perspektiven der Vereinbarkeit von Familie und Beruf zu versprechen scheint, zu einem Programm für eine Minderheit von jungen Müttern mit Kindern zu werden. Den Unternehmen hingegen wächst potentiell cin zusätzliches Regulierungsinstrument der Personalpolitik zu, mit dessen Hilfe je nach Situation des Unternehmens die Rückkehr aus dem Programm gesteuert werden kann.

Teilzeitarbeit im Rahmen betrieblicher Arbeitszeitpolitik

In vielen Programmen finden sich Formulierungen, mit denen individuellen Optionen von Beschäftigten auf Verkürzung ihrer Arbeitszeit Rechnung getragen werden soll, sei es, daß Teilzeitarbeit nach der Familienphase bei Geburt eines Kindes, während dieser Zeit oder aus anderen Gründen angeboten wird. In den meisten Fällen wird die Reichweite dieser Absichtserklärungen allerdings durch den Zusatz eingeschänkt, der den Anspruch auf Teilzeitarbeit nur im Rahmen der „gegebenen betrieblichen Möglichkeiten" einräumt. Dieser Hinweis auf die Vereinbarkeit mit der betrieblichen Arbeitszeitpolitik kann sich als Fußangel für die Rückkehrwilligen erweisen, die im Anschluß an den betrieblichen Erziehungsurlaub wegen fehlender Kinderbetreuung auf eine Teilzeittätigkeit angewiesen sind. Die Einrichtung von Teilzeitarbeitsplätzen als Instrument des flexiblen Personaleinsatzes kann sich in weitreichender Weise auf die Möglichkeiten auswirken, Frauenförderprogramme umzusetzen.

Zwar ist die Gleichstellung von teilzeit- und vollzeitarbeitenden Beschäftigten inzwischen fester Bestandteil fast aller Programme, doch bleiben die Möglichkeiten zur Teilzeitarbeit häufig auf ein enges Berufsspektrum und vor allem auf die gering qualifizierten Tätigkeiten am unteren Ende der beruflichen Hierarchie beschränkt. Teilzeitarbeit für qualifizierte Tätigkeiten sehen explizit nur wenige Unternehmen vor. Solange Teilzeitarbeit nicht allen Berufsgruppen offensteht und Weiterbildung sowie beruflicher Aufstieg in Teilzeit eher eingeschränkt sind, setzt diese Arbeitsform Familiensubsidiarität voraus und droht der Entschluß, Teilzeit zu arbeiten, immer auch eine Entscheidung gegen berufliches Fortkommen und Karriere zu werden. Diese eingegrenzten Möglichkeiten von Teilzeitarbeit geben nur sehr begrenzt Raum für neue Muster der Vereinbarkeit von Familie, insbesondere Kindererziehung, und Beruf; sie drohen eher, traditionelle Rollenmuster zu verfestigen. Hinzu kommt, daß Unternehmen im Rahmen ihrer neuen Arbeitszeitpolitik zur Flexibilisierung des Personaleinsatzes eine Vielzahl variabler Formen der Tages-, Wochen-, Monats- oder Jahresarbeitszeit einführen, die ihrer Struktur nach primär an betrieblichen Interessen orientiert sind und häufig den Flexibilisierungsinteressen von Beschäftigten, die auf eine Vereinbarkeit individueller Zeitplanungen mit der Arbeitszeit zielen, entgegenlaufen.

5. Fallstudie A: Automobilunternehmen

von Eva Brumlop[1]

5.1 Struktur und Inhalte der Rahmenvereinbarung „Grundsätze zur Frauenförderung“ von 1989

Bei der Vereinbarung „Grundsätze zur Frauenförderung“ handelt es sich um eine Rahmenvereinbarung auf Unternehmensebene, die allgemeine Grundsätze, Zielgrößen und Rahmenbedingungen für betriebliche Frauenförderung definiert. Sie gilt für die sechs Werke des Unternehmens in den alten Bundesländern. Für das neu erbaute Werk in den neuen Bundesländern galt die Betriebsvereinbarung bei Abschluß der Erhebungen 1995 noch nicht. Zielgruppen der Rahmenvereinbarung sind sowohl Lohnempfängerinnen wie auch weibliche Angestellte. Die Betriebsvereinbarung ist rechtlich verbindlich und zwischen dem Vorstand des Unternehmens und dem Gesamtbetriebsrat abgeschlossen.

Explizites Ziel der Vereinbarung ist es, den Frauenanteil qualitativ, quantitativ und strukturell zu erhöhen, und zwar an der Belegschaft insgesamt, in qualifizierten Tätigkeiten und auf allen Leitungs- und Führungsebenen. Diese Zielbestimmung soll durch „entsprechende Personalplanungen – übergreifend und projektbezogen – jährlich durch Planungsgrößen konkretisiert“ werden, die sich aus der Beschäftigtenstruktur sowie den technologischen und arbeitsorganisatorischen Veränderungen ergeben sollen.

Zur Realisierung dieser Zielbestimmungen wird eine „aktive Personalpolitik mit konkreten und überprüfbaren Maßnahmen zur Förderung von Frauen“ für erforderlich gehalten. Im einzelnen sind folgende Maßnahmen vorgesehen:

---

1 Dieser von Eva Brumlop geschriebene Text wurde für die Publikation lediglich redaktionell überarbeitet.

- eine qualitative Personalentwicklungsplanung für Frauen, die auf der Basis einer umfassenden Bestandsaufnahme der Situation der Frauen im Unternehmen insbesondere Maßnahmen zur Aus-, Fort- und Weiterbildung einleiten beziehungsweise begründen soll;
- Qualifizierungsmaßnahmen für Frauen im Falle technologischer und arbeitsorganisatorischer Rationalisierungs- und Umstrukturierungsmaßnahmen beziehungsweise Verlagerungen und/oder Versetzungen;
- Maßnahmen zur Steigerung des weiblichen Anteils an spezifischen Zielgruppen – Auszubildende (insbesondere in gewerblichen Berufen), Studiengeförderte, Volontärinnen – durch Hinweise auf Ausbildungsmöglichkeiten, spezielle Informationsveranstaltungen für Schulabgängerinnen und Hochschulabsolventinnen sowie gezieltes Personalmarketing an Universitäten, Hochschulen, *business schools*;
- Maßnahmen zur Steigerung des Anteils der Absolventinnen betrieblicher Erstausbildung, die in ihrem im Unternehmen erlernten Beruf eingesetzt werden;
- vorrangige Berücksichtigung von Frauen bei der Besetzung von Stellen;
- verstärkte Öffnung von Führungspositionen für Frauen im Rahmen der Personalentwicklung.

Zur Erarbeitung eines umfassenden Konzepts „Frauenförderung" und dessen Umsetzung (Konzipierung der Personalentwicklungsplanung, Konzipierung und Koordination von Frauenfördermaßnahmen, Bewertung der Umsetzung et cetera) soll eine Frauenbeauftragte, hier: Funktion „Frauenförderung", eingerichtet werden, die dem Vorstandsbereich Personalwesen zugeordnet wird. Darüber hinaus wird eine „Kommission zur Frauenförderung" eingerichtet, die alle Aktivitäten zur Frauenförderung beraten soll.

Innerhalb der Minderheit von Vereinbarungen, die Ende der achtziger Jahre explizit das Thema geschlechtsspezifischer Segregation aufgreifen, stellt sich die Rahmenvereinbarung „Grundsätze zur Frauenförderung" aus zwei Gründen als vergleichsweise innovativ dar: zum einen wird das Thema „berufliche Förderung von Frauen" als systematischer Bestandteil von Personalpolitik und Personalentwicklungsplanung definiert; zum anderen sind zur Realisierung dieser Zielvorstellung die Institutionalisierung einer ausschließlich für Fragen betrieblicher Gleichstellungspolitik zuständigen, im Vorstandsbereich des Unternehmens angesiedelten Stabsstelle „Frauenförderung" sowie die Ernennung von Frauenbeauftragten in den einzelnen Werken vorgesehen. Zwar hat zur damaligen Zeit auch eine Reihe anderer Großunternehmen Frauenbeauftragte institutionalisiert, ohne deren Zuständigkeiten jedoch durch eine Betriebsvereinbarung zu regeln und ohne sie mit vergleichbaren Ressourcen und Zuständigkeiten auszustatten. Darüber hinaus sind im Unternehmen weitere organisatorische Strukturen zur Konzipierung und Umsetzung konkreter Maßnahmen zur Frauenförderung vorgesehen, wie die paritätisch besetzte „Kommission zur Frauenförderung" und Ausschüsse zur Gleichstellung der Frauen auf Unternehmens- und Werksebene.

Da es sich bei den „Grundsätzen zur Frauenförderung" um eine Rahmenvereinbarung handelt, die allgemeine Grundsätze und Zielgrößen für eine betriebliche Frauenförderung formuliert, wird über die Konkretisierung und Umsetzung der Vereinbarung auf Werks- beziehungsweise auf betrieblicher Ebene entschieden. Angesichts des Fehlens verbindlicher Zielvorgaben, in welchen Bereichen und in welchen Zeiträumen wieviele Frauen ausgebildet, eingestellt und befördert werden sollen, hängt die Frage, wie die Vereinbarung in der Praxis umgesetzt wird, im wesentlichen davon ab,

- wie erfolgreich die internen organisatorischen Strukturen für die Konzipierung und Umsetzung konkreter Maßnahmen implementiert werden (Personalentwicklungsplanung, Frauenbeauftragte, Kommission zur Frauenförderung und andere);
- welche Kompetenzen und Gestaltungsspielräume der für die Konzipierung und Umsetzung von Frauenfördermaßnahmen primär zuständigen Frauenbeauftragten zugebilligt werden;
- inwieweit es gelingt, zwischen Frauenbeauftragter, betrieblichen Personalleitern und Betriebsrat auf Konzern-, Werks- und auf Abteilungsebene gemeinsame, übergreifende oder projektbezogene Zielgrößen zu vereinbaren.

5.2 Zur Genese der Rahmenvereinbarung seit 1987: externe Rahmenbedingungen, interne Faktoren, Akteure und Akteurinnen, deren Motive und Zielsetzungen

Strukturmerkmale des Unternehmens und der industriellen Beziehungen im Unternehmen

Im folgenden sollen Strukturmerkmale des Unternehmens und der industriellen Beziehungen skizziert werden, die wichtige Erklärungsfaktoren für das Zustandekommen von innovativen Vereinbarungen allgemein, aber auch für die im Zentrum der Fallanalyse stehende Frage nach der Genese der Rahmenvereinbarung „Grundsätze zur Frauenförderung" abgeben.

Unternehmenspolitik wie auch industrielle Beziehungen fußen auf einer besonderen historischen Entwicklung, die dadurch geprägt ist, daß das Unternehmen nach 1945 gewissermaßen als Staatsunternehmen einen Weg beschreiten konnte, der von den Interessen privater Kapitaleigner unabhängig war. Aufgrund der Unabhängigkeit von Renditeansprüchen privater Kapitaleigner existierte eine relativ starke Orientierung des Managements auf eine struktur-, regional- und beschäftigungspolitische Verpflichtung des Unternehmens.

Zugleich konnte sich aufgrund dieser besonderen historischen Entstehungsgeschichte bereits in den fünfziger und sechziger Jahren ein starker gewerkschaftlicher Einfluß herausbilden. Er spiegelt sich in einem im Vergleich zu anderen Unternehmen der Metallindustrie hohen gewerkschaftlichen Organisationsgrad sowie einer außerordentlich starken Stellung des Betriebsrates und der gewerkschaftlichen Vertrauensleute wider. Betriebsrat und Vertrauensleute verfügen über einen weit über den Durchschnitt anderer Unternehmen hinausreichenden Mitbestimmungsanspruch sowie über Mitgestaltungsmöglichkeiten in grundlegenden Unternehmensentscheidungen, insbesondere auch personalpolitischen Fragen. Dazu zählen zum Beispiel die Rekrutierung von Führungskräften und die Gestaltung der Berufsausbildung (Ausbildung, Qualifizierung, Weiterbildung) sowie Mitspracherechte bei der Personalauswahl und dem Personaleinsatz, Dimensionen der Personalpolitik, die für das Thema „berufliche Förderung von Frauen" eine zentrale Rolle spielen.

Tarifpolitisch stellen die Vereinbarungen, die im Unternehmen abgeschlossen werden, eher die Ausnahme als die Regel in der tarifpolitischen Landschaft der Bundesrepublik dar: statt des für die Mehrzahl der Unternehmen geltenden Branchen- oder Flächentarifvertrags ist hier der Haustarifvertrag die entscheidende tarifpolitische Gestaltungsbedingung. Dieser leitet sich aus der Tatsache ab, daß das Unternehmen bis heute zu keinem Zeitpunkt Mitglied in einem Arbeitgeberverband gewesen ist. Tarifliche wie betriebliche Vereinbarungen werden zwischen dem Vorstand und dem Gesamtbetriebsrat als Industriegewerkschaft Metall, unter Einbeziehung der örtlichen Vertretung der IG Metall, abgeschlossen.

Aufgrund dieser relativen Autonomie hat das Unternehmen in der Vergangenheit immer wieder zukunftsweisende, innovative Vereinbarungen, zum Beispiel auf dem Gebiet des Rationalisierungsschutzes, der Entgeltpolitik oder in jüngster Zeit der Arbeitszeitpolitik, abschließen können, die im Rahmen von Branchen- oder Flächentarifverträgen zu diesem Zeitpunkt so nicht durchsetzbar gewesen wären. Sie haben jedoch die Diskussion zwischen den Sozialpartnern in entscheidender Weise stimuliert und Maßstäbe für andere Tarifbereiche gesetzt.

Als Folge dieser besonderen Bedingungen, die bis heute mit einer Marktführerposition des Unternehmens auf dem inländischen Markt einhergehen, hat sich ein bestimmter Typus industrieller Beziehungen herausgebildet, der als ein konsensorientierter, kooperativer Stil der Zusammenarbeit, aber auch der Konfliktbewältigung zwischen Management und Betriebsrat beschrieben werden kann. Dieser hat seinen Niederschlag vor allem auch im Ausbau einer fortschrittlichen betrieblichen Sozialpolitik gefunden.

Erst in den letzten Jahren – vor dem Hintergrund einer sich verschlechternden Marktposition, einschneidender Rationalisierungsmaßnahmen und eines Wandels des Unternehmens- und Managementstils – scheint dieser „kooperative Grundkonsens" in zunehmendem Maße gefährdet zu sein.

Die Beschäftigtenstruktur: eine „männliche Wagenburg"

Bezogen auf die Struktur der Beschäftigten präsentierte sich das Unternehmen beim Abschluß der Vereinbarung im Jahr 1989 als eine klassische „Männerdomäne": von den Ende 1989 128.305 Beschäftigten in den sechs inländischen Werken waren nur 13,1 Prozent (= 16.832) Frauen. Die genauere Betrachtung dieser Beschäftigtenstruktur unter geschlechtsspezifischen Gesichtspunkten zeigt eine ausgeprägte horizontale Segregation. Von den 16.832 Frauen waren Ende 1989 circa 75 Prozent (= 12.509) als Lohnempfängerinnen und hier wiederum überproportional viele als An- und Ungelernte in der Produktion in den Bereichen Näherei, Kabelstrang und Montagen beschäftigt. Sie verfügen im Vergleich zu den männlichen Beschäftigten weniger häufig über eine Berufsausbildung; ist eine solche vorhanden, handelt es sich häufig um eine betriebs- oder branchenfremde Berufsausbildung (zum Beispiel Schneiderin, Friseuse, Verkäuferin). Diese horizontale Segregation spiegelt sich auch in der Entgeltstruktur wider: die Mehrzahl der Lohnempfängerinnen ist in den untersten fünf Lohngruppen unterhalb der Facharbeiterlohngruppe eingruppiert. Dem korrespondiert eine ähnliche Verteilung im Angestelltenbereich: von den damals insgesamt 18,4 Prozent (= 4.323) Frauen im Angestelltenverhältnis, die überwiegend als Schreibkräfte oder Sachbearbeiterinnen beschäftigt waren, findet sich die Mehrzahl in den unteren und mittleren Gehaltsgruppen wieder.

Zwar lag Ende 1989 der Frauenanteil an den Auszubildenden bei immerhin 24,3 Prozent (= 1.175 Frauen von 4.828), allerdings konzentriert sich circa die Hälfte der Frauen auf die als „typisch weiblich" angesehenen kaufmännischen Berufe (= 546 Frauen von 709 Auszubildenden insgesamt); dagegen lag der Frauenanteil an den gewerblich-technischen Auszubildenden in derselben Zeit nur bei 14,9 Prozent (= 612 Frauen von 4.119 Auszubildenden insgesamt). Dem entspricht eine extreme Unterrepräsentanz von Frauen in qualifizierten technischen Berufen: so betrug ihr Anteil unter den Ingenieuren 1989 nur 0,7 Prozent (= 23 Frauen bei insgesamt 3.253 Stellen).

Diese horizontale Segregation wird ergänzt durch eine ausgeprägte vertikale Segregation, das heißt, der Frauenanteil verringert sich dramatisch, je mehr es sich um statushohe oder um Führungspositionen handelt. Der Anteil der Frauen an der damals noch existierenden untersten Führungskräfteebene, den sogenannten Vizemeistern, lag 1989 bei nur 1 Prozent (= 26 von insgesamt 2.638). Von den insgesamt 1.349 Meisterpositionen waren 1989 nur 0,3 Prozent (= 4) mit Frauen besetzt. Bei den Volontären (den Anwärtern auf Führungsnachwuchspositionen) betrug der Frauenanteil 1989 3,0 Prozent (das heißt 1 von insgesamt 33). Im mittleren Führungskräftebereich waren Frauen auf der untersten Ebene (sogenannte Unterabteilungsleiterinnen) 1989 noch mit 0,7 Prozent (= 12 von 1.591) vertreten. In den darüber liegenden Hierarchiestufen wird die Luft für Frauen sehr dünn: von insgesamt 716 Abteilungsleiterpositionen waren 1989 zwei mit Frauen besetzt; in den oberen und höchsten Führungsetagen (Hauptabteilungsleiter, Bereichsleiter, Werkleiter, Markenvorstand, Vorstand) waren die Männer 1989 unter sich.

Dieser Unterrepräsentanz von Frauen auf wichtigen Hierarchieebenen korrespondiert ihr geringes Gewicht in den Gremien der betrieblichen Interessenvertretung auf den verschiedenen Ebenen des Unternehmens (vgl. Anhang, Tabellen 2 und 3): So waren die Frauen im Stammwerk im Jahr 1987 bei einem Beschäftigtenanteil von 17,3 Prozent nur mit 9 Prozent im Betriebsrat vertreten, was zahlenmäßig bedeutet, daß pro Ausschuß ein weibliches Betriebsratsmitglied vertreten ist bei einer männlichen Mehrheit von circa 80 bis 90 Prozent, in einzelnen Fällen (zum Beispiel Entgeltkommission) ist gar kein weibliches Mitglied vorhanden. Nur im Gleichstellungsausschuß waren die Frauen zu 100 Prozent vertreten. Analog den Führungsebenen im Unternehmen waren 1987 auch die Führungsebenen im Gesamt-, Konzern- und Eurokonzernbetriebsrat reine Männerrunden, was faktisch bedeutet, daß Fraueninteressen auf Konzern- oder Europaebene – zumindest von Frauen – nicht vertreten werden können.

Angesichts dieser eindeutigen männlichen Vormachtstellung im Unternehmen, in dem Frauen eher die Rolle einer Randbelegschaft zukommt, ohne nennenswerte Beteiligung an den innerbetrieblichen Machtpositionen und Entscheidungsprozessen, drängt sich die Frage geradezu auf, wie es in einem so „männlich" strukturierten Unternehmen zum Abschluß einer relativ innovativen Betriebsvereinbarung zur „Frauenförderung" kommen konnte.

Welche Rolle spielten neben den skizzierten Strukturmerkmalen des Unternehmens und der industriellen Beziehungen, der starken sozial- und beschäftigungspolitischen Verpflichtung des Unternehmens die damaligen ökonomischen und gesellschaftspolitischen Rahmenbedingungen? Welcher Einfluß kam einzelnen externen und internen Akteuren und Akteurinnen zu, und welche Zusammenhänge gab es zwischen dem Inhalt der Betriebsvereinbarung und bestimmten frauenspezifischen Forderungen im Unternehmen oder aus der Industriegewerkschaft Metall?

Ökonomische und gesellschaftspolitische Rahmenbedingungen

Die Diskussionen über die Entwicklung eines Konzepts für einen „Frauenförderplan" im Unternehmen begannen 1987, in einer Zeit, in der sich das Thema „Frauenförderung" in Gewerkschaften und Parteien, aber auch bei Unternehmen und Arbeitgeberverbänden mehr und mehr zu einem gesellschaftspolitisch relevanten Thema zu entwickeln schien und einzelne Großunternehmen (zum Beispiel IBM 1976, MBB 1976, Bosch 1988) bereits erste Vereinbarungen zur Frauenförderung abgeschlossen hatten.

Entscheidend für die Bereitschaft vieler Großunternehmen in bislang prosperierenden Branchen, wie zum Beispiel der Chemie- und Metallindustrie, dem Handel, den Banken und Versicherungen, waren Prognosen über einen zukünftigen Fach- und Führungskräftemangel in den neunziger Jahren. Diese Prognosen veranlaßten viele Unternehmen, über neue personalpolitische Konzepte nachzudenken, mit denen zusätzliche qualifizierte Arbeitskräfte für das Unternehmen gewonnen beziehungsweise vorhandene, in deren Ausbildung Unternehmen investiert hatten, an das Unternehmen gebunden werden konnten. In dieser Situation besannen sich viele Unternehmen auf die „Personalressource Frau". Sie wurden darin auch durch Initiativen der damaligen Frauenministerin Rita Süßmuth bestärkt, mit denen unter dem Motto „Frauen als wertvolle Humankapitalressource" einzelne Unternehmen gezielt auf das Thema „betriebliche Chancengleichheit" angesprochen und Vorschläge für die Gestaltung betrieblicher Frauenförderpläne entwickelt wurden (vgl. Krebsbach-Gnath/Schmid-Jörg 1985).

Parallel zu diesem eher ökonomisch begründeten Interesse an dem Thema „Frauenförderung" gab es jedoch bereits seit Beginn der achtziger Jahre von seiten frauenpolitisch engagierter Frauen in den Gewerkschaften Bemühungen, das Thema „Frauenförderung", vor allem im Sinne einer beruflichen Gleichstellung von Frauen, innergewerkschaftlich wie innerbetrieblich auf die Tagesordnung zu bringen.

Insbesondere die Industriegewerkschaft Metall – obwohl klassische Industriearbeitergewerkschaft – hat in dieser Frage eine Vorreiterrolle übernommen: Bereits Ende der siebziger Jahre wurde gewerkschaftsintern – auf Antrag der 9. Frauenkonferenz der IG Metall (1976) – ein Frauenförderplan erstellt, dessen Ziel es war, die berufliche Qualifikation von Frauen zu verbessern. Auf der 12. Frauenkonferenz wurde 1985 – vor dem Hintergrund sich verfestigender Massenarbeitslosigkeit und der Befürchtung, daß vor allem Frauen die zukünftigen Verliererinnen der Rationalisierung in Büros und Fabriken sein würden – gemeinsam mit Expertinnen aus dem Arbeitsrecht eine breite Diskussion über betriebliche Frauenförderpläne und -maßnahmen geführt. Ziel der Diskussion war es vor allem, Betriebsräte und Vertrauensleute dazu zu bewegen, in Zusammenarbeit mit den Ortsverwaltungen und Ortsfrauenausschüssen betriebliche Frauenförderpläne zu initiieren und in einigen Großunternehmen pilotartig und modellhaft die Durchsetzbarkeit von Frauenfördermaßnahmen nachzuweisen. Hierzu sollten Handlungsanleitungen in Form von Arbeitshilfen und Betriebsvereinbarungsentwürfen erstellt werden, die Betriebsräte in die Lage versetzen, dieses Aufgabenfeld systematisch anzugehen (vgl. Industriegewerkschaft Metall 1985). Diese Überlegungen wurden im darauffolgenden Jahr in Form von drei Anträgen dem Gewerkschaftstag der IG Metall vorgelegt und von diesem verabschiedet (vgl. Industriegewerkschaft Metall 1986). Ein von der IG Metall in Auftrag gegebenes Gutachten der Arbeitsrechtlerin Heide Pfarr über die verfassungsrechtliche Zulässigkeit von betrieblichen Frauenfördermaßnahmen ergab, daß solche Maßnahmen nicht nur zulässig, sondern auch verfassungsrechtlich geboten seien. Die gewerkschaftsinternen Bemühungen, das Thema „Frauenförderung" betrieblich zu verankern, mündeten in die Formulierung sogenannter „Eckpunkte der IG Metall zur betrieblichen Frauenförderung", die am 13. März 1989 vom Vorstand der IG Metall beschlossen wurden. Ziel des

Vorstandsbeschlusses war es, die „Eckpunkte zur Frauenförderung“ in Betriebsvereinbarungen einfließen zu lassen. Die Eckpunkte enthielten – neben einem grundsätzlichen Diskriminierungsverbot bei der Gestaltung von Arbeit und Arbeitsbedingungen – ausdifferenzierte Bestimmungen zur Ausbildung, zur Übernahme nach der Ausbildung, zur Stellenausschreibung und Einstellung, zur betrieblichen Weiterbildung, zur Beförderung, zur Arbeitsorganisation und Arbeitsgestaltung, zum Entgelt, zur Teilzeitarbeit, zur Erziehungszeit und Wiedereingliederung sowie zur Kündigung (vgl. Industriegewerkschaft Metall 1989). Wie im weiteren zu zeigen sein wird, haben diese „Eckpunkte“ und die ihnen vorausgegangenen Debatten in der IG Metall einen wesentlichen Einfluß auf das Zustandekommen und die Ausgestaltung der Rahmenvereinbarung „Grundsätze zur Frauenförderung“ gehabt.

Zusammenfassend läßt sich sagen, daß sowohl die ökonomischen und gesellschaftspolitischen Rahmenbedingungen als auch der von der innergewerkschaftlichen Diskussion über Frauenförderung ausgehende Druck einen Erklärungshintergrund bilden für die Bereitschaft des Gesamtbetriebsrates und Vorstandes, das Thema aufzugreifen und unternehmensintern auf die Tagesordnung zu setzen. Die Genese der Rahmenvereinbarung „Grundsätze zur Frauenförderung“ stellt sich somit als ein Prozeß dar, der durch eine Vielzahl externer und interner Faktoren begünstigt wurde, in dessen Zentrum jedoch auch deutlich der Einfluß einzelner betrieblicher Akteure steht.

Betriebliche Akteure und Akteurinnen und deren Motive und Zielsetzungen

So wird von Betriebsratsseite vor allem auf das besondere Verdienst des damaligen Betriebsratsvorsitzenden und späteren Landessozialministers hingewiesen, der die Initiative zur Entwicklung eines betrieblichen Frauenförderplans im Unternehmen ergriffen habe. Er sei außerordentlich engagiert gewesen in sozialen Fragen, aber auch in Frauenfragen. Entscheidend für seine positive Haltung sei jedoch die Diskussion in der Industriegewerkschaft Metall über Frauenförderung gewesen, die er in seiner Funktion als Vorstandsmitglied der Industriegewerkschaft Metall aus erster Hand miterlebte. Dieser aus der Frauenabteilung der Industriegewerkschaft Metall kommende Druck auf die Gewerkschaftsspitze und den Gewerkschaftstag und damit auch auf die – meist männlichen – Betriebsratsvorsitzenden von Unternehmen der Metallindustrie wurde ergänzt durch internen Druck von seiten der örtlichen Frauenausschüsse der Industriegewerkschaft Metall, in denen auch Betriebsrätinnen und Vertrauensfrauen des Unternehmens mitarbeiteten. In diesen örtlichen Frauenausschüssen, wie zum Beispiel am Sitz des Stammwerkes, die das Bindeglied zwischen der Frauenabteilung der Industriegewerkschaft Metall und den weiblichen Mitgliedern und Funktionärinnen in den Werken des Unternehmens darstellen, wurden bereits lange vor den zentralen Beschlüssen des Gewerkschaftstages zur Frauenförderung (1986) und der Verabschiedung der „Eckpunkte zur Frauenförderung" (1989) Diskussionen über die Notwendigkeit betrieblicher Frauenförderung geführt.

Diese machten sich innerbetrieblich über den Einfluß einzelner Betriebsrätinnen im Stammwerk sowie in den einzelnen Werken geltend. Diese Funktionärinnen hatten nach eigenem Bekunden bereits über einen längeren Zeitraum „Druck von innen" in Richtung „Frauenförderung" ausgeübt und sich vor allem für Verbesserungen der Situation der großen Zahl der an- und ungelernten Frauen in der Produktion eingesetzt, die bereits in zurückliegenden Krisenphasen – zum Beispiel 1974/75 – in besonderem Maße vom Personalabbau betroffen gewesen waren.

Für die Bereitschaft der Unternehmensseite, sich auf das Thema „Frauenförderung" einzulassen, werden verschiedene Beweggründe genannt. So seien auch hier entscheidende Impulse von außen, nämlich von der damaligen Bundesfrauenministerin Rita Süßmuth gekommen. Sie soll das Unternehmen als damals noch halb-öffentlichen Arbeitgeber über ein Vorstandsmitglied angeregt haben, eine Vorreiterrolle beim Abschluß einer Vereinbarung zur Frauenförderung zu übernehmen.

Neben diesem „Außendruck", dem sich ein so bedeutsamer regionaler Arbeitgeber wie das untersuchte Unternehmen mit der Tradition eines Vorreiters auf dem Gebiet fortschrittlicher sozialpolitischer Lösungen kaum entziehen konnte, waren für die Bereitschaft des Unternehmens, das Thema „Frauenförderung" aufzunehmen, auch die zum damaligen Zeitpunkt prognostizierte demographische Entwicklung („demographische Zeitbombe") sowie der für die neunziger Jahre prognostizierte Fach- und Führungskräftemangel ausschlaggebend.

Darüber hinaus spricht einiges dafür, daß das Unternehmen sich von einem Bekenntnis zur Frauenförderung auch einen Imagegewinn versprach, der sowohl auf arbeitsmarktbezogene Effekte („frauenfreundlicher Arbeitgeber") als auch auf externe, produktbezogene Wirkungen („weibliche Kundin") abzielte.

Zusammenfassend läßt sich sagen, daß sowohl die externen Bedingungen – breite öffentliche Diskussion über Frauenförderung, starkes Engagement der damaligen Frauenministerin Rita Süßmuth, Prognosen über einen zukünftigen Fach- und Führungskräftemangel, gewerkschaftliche Diskussion und Beschlußfassung über betriebliche Frauenförderung – als auch die internen Bedingungen – Existenz eines starken sozialpolitisch engagierten Betriebsratsvorsitzenden und artikulierte Interessen und Forderungen einzelner Betriebsrätinnen – die Voraussetzungen dafür waren, daß Vertreter des Gesamtbetriebsrates sowie des Unternehmensvorstandes Ende 1987 auf Initiative des damaligen Betriebsratsvorsitzenden in einer Art *joint venture* gemeinsam an die Ausarbeitung und Aushandlung eines Konzepts für einen Frauenförderplan gingen.

5.3 Die Aushandlung der „Grundsätze zur Frauenförderung"

Die Konzipierung und Aushandlung der „Grundsätze zur Frauenförderung" stellt sich als ein mehrstufiger Prozeß dar, der von Ende 1987 bis Juni 1989 dauerte. Den Ausgangspunkt dieses Prozesses bildete ein zentraler Entwurf des Betriebsrates im Stammwerk, der in Zusammenarbeit mit dem 1987 gegründeten „Gleichstellungsausschuß" des Betriebsrates erarbeitet worden war. Dieser Entwurf wurde in einem mehrstufigen Verfahren mit einer Verhandlungskommission von Betriebsrätinnen aus den einzelnen Werken, mit dem Gesamtbetriebsrat sowie mit den Vertretern der Unternehmensseite diskutiert. Es wurden Stellungnahmen und Abänderungsvorschläge vorgelegt und Änderungen vorgenommen. Diese Verhandlungen fanden in drei Runden mit einigen Zwischengesprächen statt. Abschließend wurde das Ergebnis dieser Verhandlungen in den Gesamtbetriebsrat zurückgegeben beziehungsweise an die Betriebsräte der einzelnen Werke und dort verabschiedet.

Trotz der Beteiligung von Betriebsrätinnen aus dem Stammwerk und den einzelnen Werken waren die Hauptakteure bei der Konzipierung und Ausarbeitung der späteren „Grundsätze zur Frauenförderung" die für personal- und tarifpolitische Fragen zuständigen Vertreter des Gesamtbetriebsrates und des Unternehmens – in der Regel Männer: Auf Betriebsratsseite waren an dem Konzipierungs- und Aushandlungsprozeß vor allem der damalige Betriebsratsvorsitzende, der Referent des Gesamtbetriebsrates, Betriebsrätinnen aus den einzelnen Werken sowie Vertreter des Betriebsausschusses des Gesamtbetriebsrates beteiligt.

Von seiten der örtlichen Industriegewerkschaft Metall war die Frauensekretärin der Verwaltungsstelle beteiligt. Darüber hinaus gab es Beratungsgespräche zwischen dem Gesamtbetriebsrat sowie dem für Frauen zuständigen Vorstandsmitglied der Industriegewerkschaft Metall. Direkte Verbindungen zur Industriegewerkschaft Metall bestanden darüber hinaus über den Vorsitzenden der Industriegewerkschaft Metall, der stellvertretendes Aufsichtsratsmitglied ist.

Auf Unternehmensseite waren als Verhandlungsführer der damalige Leiter der Personalentwicklung sowie ein Vertreter der Rechtsabteilung und des Tarifwesens beteiligt, in der abschließenden Verhandlungsrunde zusätzlich der damalige Arbeitsdirektor.

Traditionellerweise werden Verhandlungen im Unternehmen in einem Klima „kooperativer Konfliktbereitschaft" geführt, das heißt, es werden Positionen nicht bis ins letzte Detail ausgearbeitet und dann gegenübergestellt, sondern man ist um Konsensfindung bemüht. Dies heißt jedoch nicht, daß ein solcher Aushandlungsprozeß völlig konfliktfrei verläuft, sondern daß es an einzelnen Punkten, die nachfolgend dargestellt werden, durchaus zu unterschiedlichen Positionen sowohl innerhalb der einzelnen Verhandlungsparteien, aber vor allem auch zwischen den Sozialpartnern kommen kann. Im einzelnen lief der Verhandlungsprozeß folgendermaßen ab:

Nachdem Ende 1987 und Anfang 1988 die ersten Entwürfe beraten worden waren, wurde bereits im März 1988 ein Entwurf für eine Betriebsvereinbarung vorgelegt, der schon wesentliche Punkte der späteren „Grundsätze zur Frauenförderung" enthielt. Dies betraf vor allem die Einrichtung einer „Stelle für Chancengleichheit", die im Geschäftsbereich Personal- und Sozialwesen angesiedelt werden sollte. In weiteren Beratungen zwischen Gesamtbetriebsrat und Vertretern des Managements auf der einen, Gesamtbetriebsrat und Vertreterinnen der Abteilung Frauen im Vorstand der Industriegewerkschaft Metall auf der anderen Seite, die in beratender Funktion gegenüber dem Gesamtbetriebsrat am Konzipierungs- und Aushandlungsprozeß beteiligt waren, schälten sich folgende Konfliktpunkte heraus:

Umstritten war zwischen den Vertretern des Gesamtbetriebsrates und den beteiligten Unternehmensvertretern die Frage der Rechtsverbindlichkeit der Vereinbarung. Während der Gesamtbetriebsrat einen Frauenförderplan in Gestalt einer rechtsverbindlichen und auch einklagbaren Betriebsvereinbarung anstrebte, wehrten sich die Vertreter des Unternehmens, insbesondere auch der damals amtierende Arbeitsdirektor, fast bis zur Einigung gegen eine

„Verrechtlichung". Sie wollten vielmehr eine „Grundsatzerklärung" ohne rechtlich verbindlichen Charakter.

Wenn auch die „Grundsätze zur Frauenförderung" letztlich den gleichen rechtlichen Status erhalten haben wie eine normale Betriebsvereinbarung, spiegelt sich in der Kontroverse über den Rechtscharakter beziehungsweise die Rechtsverbindlichkeit doch ein für die gesamte Debatte über betriebliche Frauenförderung in der Privatwirtschaft typischer Konflikt wider. Während Positionen der Unternehmensseite eher auf freiwillige, nicht einklagbare Vereinbarungen zur beruflichen Förderung von Frauen abzielen, fordern die Gewerkschaften eine stärkere Verrechtlichung und Verbindlichkeit der Gleichstellungspolitik in der Privatwirtschaft.

Auch die weiteren Einwände von Arbeitgeberseite betrafen Punkte, die in der öffentlichen Diskussion über betriebliche Gleichstellungspolitik wie in der Diskussion zwischen den Sozialpartnern bis heute noch kontrovers sind. Es handelte sich um die Fragen, auf welche Zielgruppen sich die Betriebsvereinbarung vorrangig richten soll, ob sie mit Quoten präzise, einklagbare Zielvorgaben darüber enthalten soll, in welchen Bereichen und in welchem Zeitraum wieviele Frauen ausgebildet, eingestellt, weiterqualifiziert und befördert werden sollen, ob es wirksame Umsetzungs- und Erfolgskontrollen, gegebenenfalls auch Sanktionsmaßnahmen für den Fall geben soll, daß Maßnahmen nicht oder nur unzureichend umgesetzt werden, und mit welchen Kompetenzen die Instanzen ausgestattet werden sollen, die für die Umsetzung und Kontrolle der beabsichtigten Frauenförderaktivitäten zuständig sind (vgl. Brumlop 1994; Brumlop/Hornung 1994; v. Friesen 1994).

Differenzen bezüglich der Ausformulierung einzelner Regelungsbereiche in der Betriebsvereinbarung gab es jedoch nicht nur zwischen Gesamtbetriebsrat und Vertretern der Unternehmensleitung, sondern auch zwischen Gesamtbetriebsrat und der Abteilung Frauen der Vorstandsverwaltung der Industriegewerkschaft Metall. Zwischen diesen Akteuren und Akteurinnen waren die Institutionalisierung einer „offiziellen", im Management angesiedelten Frauenbeauftragten, verbindliche Zielvorgaben oder Quoten und die Spezifizierung von Zielgruppen, auf die sich betriebliche Frauenförderung richten sollte, umstritten.

Kontrovers war vor allem die geplante Institutionalisierung einer im Management angesiedelten Frauenbeauftragten, deren Funktion die Entwicklung konkreter Maßnahmen und Projekte und die Koordination frauenfördernder Aktivitäten sein sollte. Nach Auffassung des für Frauen zuständigen Vorstandsmitglieds der Industriegewerkschaft Metall sollten die Aufgaben, die für die Frauenbeauftragte im Personalwesen vorgesehen waren, einem Gleichstellungsausschuß des Betriebsrates übertragen werden. Parallel dazu sollten die Aufgaben der Frauenförderung bestimmten Personen in der Personalabteilung übertragen werden. Von der Übernahme dieser Aufgaben durch eine Frauenbeauftragte im Management befürchtete die Vertreterin der Vorstandsverwaltung der IG Metall eher einen Ausverkauf von Kompetenzen und Befugnissen, die in den Zuständigkeitsbereich des Betriebsrates gehören, sowie Interessenkollisionen zwischen Frauenbeauftragter und der gewählten Interessenvertretung im Unternehmen. Eine Befürchtung, die auch in der gewerkschaftsinternen und -übergreifenden Diskussion über das Für und Wider von Frauenbeauftragten in der Privatwirtschaft immer wieder artikuliert wird.

Eine solche, an ihn adressierte Aufgabenzuweisung lehnte der Betriebsrat nach internen Diskussionen über dieses Thema mehrheitlich mit dem Argument ab, daß bei einer solchen Lösung das Thema „Frauenförderung" primär am Betriebsrat hängen bleibe, was angesichts einer Beschäftigtenzahl von damals 130.000 eine Überforderung sei. Frauenförderung, wenn sie als Bestandteil von Personalentwicklung begriffen werde, müsse in irgendeiner Form – von der Zuweisung der Verantwortung wie auch von der Systematik her – beim Unternehmen angesiedelt werden, benötige Instrumente, Systeme bis hin zu Daten, die vernünftig aufbereitet werden müssen, und das könne nicht Aufgabe des Betriebsrates sein, sondern sei Unternehmensaufgabe. In der Institutionalisierung einer Frauenbeauftragten im Management sah der Betriebsrat nach eigenen Worten die einzige Gewähr dafür, daß die Vereinbarung auch mit Leben erfüllt und Frauenförderung zu einem systematischen Bestandteil betrieblicher Personalentwicklung und Personalarbeit werde.

Meinungsverschiedenheiten bestanden auch bezüglich der Frage, wie verbindlich die Zielvorgaben formuliert werden. Mehrheitlich lehnten die an den Verhandlungen beteiligten Vertreter und Vertreterinnen des Gesamtbetriebsrates generelle, verbindliche Zielvorgaben (Quoten) ab, weil sie politisch untauglich seien und den personalpolitischen Gestaltungsspielraum des Unternehmens insbesondere unter Krisenbedingungen in unzulässiger Weise einengen würden. Sie sprachen sich statt dessen für die Definition von Handlungsfeldern und Projekten aus, für die dann jeweils spezifische Zielgrößen definiert werden sollten. Dagegen richteten sich die Vorstellungen der Frauenabteilung der Industriegewerkschaft Metall entsprechend den „Eckpunkten zur Frauenförderung" auf die Festschreibung verbindlicher, je nach Produktions- und Beschäftigungsbereich zu definierender Zielgrößen.

Auf diese Weise sollten auch tatsächlich handlungsrelevante Vorgaben gewährleistet werden.

Dissens bestand schließlich in der Frage, wer für die Umsetzung frauenfördernder Maßnahmen im Unternehmen und wer für die Bewertung der Umsetzung zuständig sein sollte. Nach Auffassung der Abteilung Frauen sollte die Frauenbeauftragte für die Umsetzung der Vereinbarung zuständig sein, die Bewertung der Aktivitäten jedoch in den Zuständigkeitsbereich des Betriebsrates fallen. Demgegenüber sah der Formulierungsvorschlag des Betriebsrates vor, daß auch die Bewertung der Umsetzung Aufgabe der Frauenbeauftragten sein solle.

Vergleicht man die sehr weitgehenden gewerkschaftlichen „Eckpunkte zur betrieblichen Frauenförderung“ mit der Rahmenvereinbarung „Grundsätze zur Frauenförderung“, dann bleibt das zwischen den Betriebsparteien erzielte Verhandlungsergebnis sowohl im Hinblick auf Inhalte, aber auch auf Zielvorgaben, Zielgruppen und Rahmenbedingungen weit hinter den gewerkschaftlichen „Eckpunkten“ zurück. Gleichwohl stellt sich die ausgehandelte Vereinbarung auch aus der Sicht der Frauenabteilung der Vorstandsverwaltung der IG Metall als die weitreichendste und innovativste Vereinbarung zum Thema berufliche Gleichstellung von Frauen in der Metallindustrie dar.

Im Ergebnis hat die Vereinbarung zwar den Charakter einer Betriebsvereinbarung; sie gibt jedoch nur allgemeine Zielsetzungen und Rahmenbedingungen für die Durchführung frauenfördernder Maßnahmen an. Konkrete Richtwerte oder Quoten, die verbindlich vorgeben, in welchen Bereichen, etwa Abteilungen oder Funktionsstufen, und in welchem Zeitraum wieviele Frauen ausgebildet, weiterqualifiziert und befördert werden sollen, wer für entsprechende Maßnahmen zuständig sein und gegebenenfalls zur Verantwortung gezogen werden soll, falls sie nicht durchgeführt werden, sind ebensowenig vereinbart worden wie wirksame Umsetzungs- und Erfolgskontrollen.

Die Aufgabe der Konzipierung, Koordination und Bewertung der Umsetzung von Frauenfördermaßnahmen wird in erster Linie der Funktion „Frauenförderung“ als Stabsstelle im Personal- und Sozialwesen zugewiesen, die Bezeichnung „Frauenbeauftragte“ bürgert sich für die Funktionsträgerin ein. Hierbei bleibt offen, wer für die Umsetzung der von der Funktion „Frauenförderung“ zu entwickelnden Maßnahmen zuständig sein soll. Dem Gesamtbetriebsrat und den Betriebsräten der einzelnen Werke wird lediglich in allen grundsätzlichen und konkreten Maßnahmen zur Frauenförderung ein Beteiligungs- und Abstimmungsrecht, nicht jedoch eine Beteiligungspflicht zugewiesen.

Der paritätisch zu besetzenden „Kommission zur Frauenförderung", die auf Unternehmens- und Werksebene eingerichtet werden soll, wurde lediglich eine „beratende Funktion" zugedacht. Wie diese Kommission besetzt werden und welche Aufgaben sie übernehmen sollte, ist erst im Laufe des Implementationsprozesses festgelegt worden.

Da es keine explizite Verpflichtung zur Frauenförderung auf seiten des Betriebsrates oder des Unternehmens gibt, hängt die erfolgreiche Umsetzung und Konkretisierung der Rahmenvereinbarung davon ab, inwieweit es der „Funktion Frauenförderung" gelingt, auf Fraueninteressen bezogene Projekte zu entwickeln, und vor allem, welche Akzeptanz und Unterstützung diese Projekte bei den organisationspolitisch mit Macht ausgestatteten Akteuren und Akteurinnen finden oder ob sie mit ihrer Aufgabe allein gelassen oder sogar blockiert werden.

5.4 Implementationsprozeß: erste Phase 1990/91

Der Implementationsprozeß der Rahmenvereinbarung stellt sich als ein komplexer, mehrstufiger und an bestimmten Punkten auch konfliktreicher Prozeß dar, an dessen Anfang im Jahr 1990 die Einrichtung einer „Funktion Frauenförderung" im Vorstandsbereich Personal steht. Ihr folgt Ende 1991 – nach dem von Konflikten begleiteten Ausscheiden der ersten Frauenbeauftragten – eine Neudefinition und Neubesetzung der Stelle der Frauenbeauftragten, parallel dazu die Bildung von Gleichstellungsausschüssen des Betriebsrates und die Ernennung von Frauenbeauftragten in den Werken sowie die Einrichtung der „Kommission zur Frauenförderung". Erst seit Ende 1992 beginnt eine schrittweise Realisierung einzelner Projekte und Maßnahmen zur Frauenförderung vor dem Hintergrund sich dramatisch verschlechternder Absatzchancen und einschneidender Restrukturierungsmaßnahmen im Unternehmen, verbunden mit Einstellungsstopp und massivem Personalabbau.

Die einzelnen Verhandlungsrunden und Konflikte um die Besetzung der Abteilungsleiterinnenstelle „Frauenförderung" und um deren Programm zeigen, wie unterschiedlich die Vorstellungen und Interessen nicht nur zwischen Frauen und Männern im Unternehmen, sondern auch zwischen verschiedenen Gruppen von Frauen bezüglich der Frage sein können, was denn nun im einzelnen unter „Maßnahmen zur Verbesserung der beruflichen Chancen von Frauen“ zu verstehen sei, wo diese Maßnahmen ansetzen sollen, auf welche Zielgruppen sie sich richten sollen und welche institutionellen Voraussetzungen sie zu ihrer erfolgreichen Umsetzung benötigen. Sie werfen auch die Frage auf, wie eine auf die Verbesserung der beruflichen Chancen von Frauen in Großunternehmen gerichtete Gleichstellungspolitik praktisch gestaltet werden kann, damit sie nicht in den ersten Ansätzen oder in symbolischer Politik steckenbleibt, und welche Rolle in diesem Zusammenhang institutionalisierte Formen von Frauenpolitik in Gestalt von Frauenausschüssen und Frauenbeauftragten spielen beziehungsweise spielen könnten. Sind sie eher vorantreibende Elemente von Gleichstellungspolitik, oder droht mit der Institutionalisierung von Frauenpolitik – so wie sie sich im Unternehmen politisch als durchsetzbar erwiesen hat – möglicherweise auch eine Abdrängung von geschlechterbezogenen Strukturproblemen in die sogenannte „Frauenekke“?

Installierung der Stabsstelle „Frauenförderung“, Zuweisung von Verantwortlichkeiten und Auseinandersetzungen um die Ernennung der ersten Frauenbeauftragten

Wie unterschiedlich die Vorstellungen darüber sein können, was denn nun im einzelnen unter „Frauenförderung“ zu verstehen beziehungsweise wie die Betriebsvereinbarung praktisch umzusetzen sei, zeigte sich bereits in den Konflikten um die erste Besetzung der „Funktion Frauenförderung“. Schien die Einrichtung einer Funktion Frauenförderung und deren Ansiedlung als Stabsstelle beim Vorstand im Sinne einer eigenständigen, konzeptionell und koordinierend tätigen Stelle mit einem festen Mitarbeiterinnenstab, eingebettet in ein Netzwerk von Frauenbeauftragten in den einzelnen Werken, noch weitgehend Konsens zwischen den beteiligten Parteien (Personalvorstand, Arbeitsdirektor, gewerkschaftliche und betriebliche Funktionäre und Funktionärinnen sowie weibliche Angestellte), so brachen die Differenzen jedoch beim Auswahlverfahren für die Kandidatin aus, die die Stabsstelle zukünftig leiten sollte.

Obwohl es auch intern mehrere Bewerberinnen für die Leitung der Stabsstelle „Frauenförderung“ gab, sprachen sich die Vertreter und Vertreterinnen des Betriebsrates für eine externe Bewerberin aus. Dies überrascht um so mehr, als die Spitzenkandidatin aus dem Unternehmen, die zum Zeitpunkt der Stellenbesetzung als Abteilungsleiterin in der Systementwicklung arbeitete, eine lupenreine Unternehmensbiographie aufweisen konnte und sich von der Botengängerin und einfachen Schreibkraft zu einer oberen Führungskraft hochgearbeitet hatte. Es gibt eine Reihe von Vermutungen, weshalb diese Kandidatin von den Frauen im Gesamtbetriebsrat abgelehnt wurde.

Einiges läßt darauf schließen, daß schon allein die Tatsache, daß die Bewerberin aus einem Kreis außerhalb der etablierten gewerkschaftlichen Strukturen kam, bei den am Auswahlprozeß beteiligten Betriebsrätinnen, allen voran der späteren Vorsitzenden des Gleichstellungsausschusses, Mißtrauen und Ablehnung hervorrief. Die interne Bewerberin gehörte einem frauenpolitischen Arbeitskreis von circa 15 bis 20 Frauen, überwiegend weibliche Angestellte und Führungs- sowie Führungsnachwuchskräfte, an. Dieser versuchte, parallel zu den Initiativen von Betriebsrat und Unternehmen eigene Überlegungen zum Thema „Frauenförderung" zu entwickeln und die Frauenpolitik mit Blick auf die Frauenbeauftragte mitzubestimmen. Die Kandidatin war Spitzenkandidatin des damaligen Arbeitsdirektors und begründete ihr Engagement für die Bewerbung damit, daß sie und der Arbeitskreis der Auffassung seien, die zukünftige Frauenbeauftragte müsse notwendig aus dem Unternehmen kommen.

Die am Auswahlprozeß beteiligten Betriebsrätinnen begründeten die Ablehnung der engagierten Systementwicklerin dagegen mit dem Argument, diese habe ihre Bewerbung sowie ihr Konzept für eine Frauenförderung am Betriebsrat vorbei und ohne Absprache mit ihm betrieben. Ob allein dieser Verfahrensaspekt ausschlaggebend war, oder ob es auch inhaltliche Gründe gab, die in unterschiedlichen Auffassungen darüber lagen, was die Beteiligten nun im einzelnen unter „Frauenförderung" verstanden, ließ sich in den Interviews mit den beteiligten Frauen nicht klären. Es weist vieles darauf hin, daß diese Kandidatin sehr dezidierte Vorstellungen von Frauenförderung hatte, die nicht unbedingt mit denen des Betriebsrates und der Betriebsrätinnen korrespondierten. Während die Vertreterinnen des Betriebsrates – nicht zuletzt aufgrund ihres starken Bezugs auf den Produktionsbereich und damit auf die Gruppe an- und ungelernter Frauen – den Ansatzpunkt für eine Frauenförderung im Unternehmen eher in einer „präventiven Qualifizierung" und in arbeitsgestaltenden Maßnahmen sahen, zielte das Konzept dieser Kandidatin stärker darauf, Vorgesetzte dazu zu bewegen, das bereits vorhandene weibliche Potential, insbesondere im Führungsnachwuchsbereich, angemessen zu berücksichtigen.

Wie in allen Großunternehmen der privaten Wirtschaft hängen die Chancen für einen innerbetrieblichen Aufstieg auch im untersuchten Unternehmen von der Unterstützung und Förderung durch die jeweiligen Vorgesetzten ab. Erst aufgrund des Vorschlags des jeweiligen Vorgesetzten wird ein potentieller Interessent für ein Assessmentcenter vorgeschlagen, und erst nach der Begutachtung durch ein – in der Regel männlich besetztes – Auswahlgremium mündet ein Bewerber in den sogenannten Pool der Führungsnachwuchskräfte. Und auch danach ist es noch ein weiter, von der Förderungsbereitschaft einflußreicher Vorgesetzter abhängiger Weg, bis eine gute Führungsnachwuchskraft in eine gut bezahlte mittlere oder höhere Führungsposition aufsteigen darf.

Frauen haben bei diesen Auswahl- und Beförderungsverfahren – darf man der umfassenden, hierzu inzwischen publizierten Literatur Glauben schenken – erheblich mehr Mühe, in ihrem Qualifikations- und Führungspotential wahrgenommen zu werden. *The old boys networks* kommen hier ebenso zum Tragen wie die – jenseits jeder empirischen Haltbarkeit – immer wieder stereotyp geäußerten Vorurteile von Personalverantwortlichen gegenüber Bewerberinnen bis hin zur schlichten Ausrede, es gäbe „keine qualifizierten Bewerberinnen". Genau an diesem Punkt, der mangelnden Plausibilität gängiger Erklärungsansätze und Legitimationen für die Unterrepräsentanz von Frauen, wollte die interne Kandidatin ansetzen und die verantwortlichen Führungskräfte „in die Pflicht nehmen". Das von der Kandidatin vorgetragene und auf die Veränderung tradierter, Frauen benachteiligender Personalrekrutierungs- und Beförderungsstrategien gerichtete Konzept ist aus ihrer Sicht letztlich am Widerstand maßgeblicher Vertreterinnen des betrieblichen Funktionärsapparats gescheitert. Zu vermuten ist, daß sich hinter der ablehnenden Haltung der Frauen im Gesamtbetriebsrat gegenüber der Kandidatin aus dem Management auch Interessengegensätze und Konkurrenzen zwischen der Gruppe der weiblichen Fach- und Führungskräfte und vor allem den für die Frauen in der Produktion zuständigen Vertreterinnen des Gesamtbetriebsrates verbergen. Ein Konflikt, der sich mit der Wahl einer externen Kandidatin nicht entschärfen, sondern erst richtig zuspitzen sollte.

Aufstieg und Fall der ersten Frauenbeauftragten

Die Anfang 1990 in der Presse von Vorstand und Gesamtbetriebsrat gemeinsam als „Wunschkandidatin" präsentierte externe Kandidatin, eine feministisch orientierte Politikwissenschaftlerin, hatte sich zuvor bereits als konfliktbereite und konfliktträchtige Frauenbeauftragte in einer Großstadt einen Namen gemacht. Im Unterschied zur internen Kandidatin fehlten ihr deutlich Industrieerfahrungen sowie Kenntnisse der formellen und informellen Strukturen des Unternehmens. Weder Betriebsräte und Betriebsrätinnen noch die in die Befragung einbezogenen Vertreter des Unternehmens sprechen gerne über den „Fall" der ersten Frauenbeauftragten. Denn die als „Wunschkandidatin" gekürte Politikwissenschaftlerin hatte schon nach gut einem Jahr Amtszeit im Juni 1991 in gegenseitigem Einvernehmen die Segel gestrichen.

Ihre programmatischen Zielvorstellungen und inhaltlichen Schwerpunkte waren deutlich anders gesetzt als die von den Betriebsrätinnen favorisierten Ansätze zur Frauenförderung. Entsprechend ihrem politisch-theoretischen Hintergrund griff die erste Frauenbeauftragte „Frauenförderung" nicht nur als Frauenthema, sondern als ein beide Geschlechter betreffendes Thema auf, das sie in seiner gesellschaftspolitischen und unternehmenskulturellen Dimension sichtbar machen wollte. Statt arbeitsplatznaher Einzelmaßnahmen und Forcierung individueller Qualifizierung von Frauen wollte sie Frauenförderung in unternehmensübergreifenden Initiativen verankern und die Strukturen der Personalpolitik im Unternehmen verändern (vgl. Steckmeister 1995).

Damit die Förderung von Frauen nicht länger von der Freiwilligkeit und dem guten Willen der zu 99 Prozent männlichen Führungskräfte abhängt, schlug sie vor, Führungskräfte nach ihrem persönlichen Engagement in Sachen betrieblicher Gleichstellungspolitik zu beurteilen. Mit anderen Worten: Männer sollten für eine effiziente Frauenförderung belohnt und im Falle des Mißerfolgs gegebenenfalls bestraft werden. Ein Vorschlag, der inzwischen auch vom Deutschen Juristinnenbund insbesondere im Zusammenhang mit der Verknüpfung von öffentlicher Auftrags- und Subventionsvergabe mit Frauenförderung gemacht worden ist (vgl. v. Friesen 1994). Statt vager Zielvorgaben sollte der Anteil der Frauen bei Neueinstellungen, in der Ausbildung wie auch in der Aufstiegsförderung systematisch über Zielvorgaben erhöht werden. Darüber hinaus sollten Prüfungen und Tests, die in Personalauswahl- und Beförderungsverfahren angewendet wurden, auf mögliche geschlechtsdiskriminierende Wirkungen überprüft werden. Einen weiteren Schwerpunkt ihrer Arbeit sah die erste Frauenbeauftragte in der Bildung unternehmensinterner Netzwerke unter Frauen, wie zum Beispiel der Durchführung eines regelmäßigen, gewerkschaftsunabhängigen „Stammtisches" quer zu den sogenannten „Statusgruppen" (Arbeiterinnen, Sachbearbeiterinnen, Sekretärinnen, Führungskräfte) sowie der alljährlichen Veranstaltung einer Frauenvollversammlung.

In dem bereits erwähnten Beitrag versucht die ehemalige Frauenbeauftragte rückblickend Antworten auf die Frage zu finden, warum ihre konzeptionellen Vorschläge bei beiden Betriebsparteien überwiegend auf Ablehnung beziehungsweise Desinteresse stießen, weshalb schon die kleinsten Maßnahmen zumeist im Ansatz steckenblieben, wie überhaupt in großen Organisationen gleichstellungspolitisch relevante Veränderungsprozesse initiiert werden können und welche Rolle in derartigen Prozessen Frauen beziehungsweise institutionalisierte Formen von Frauenpolitik wie Frauenausschüsse und Frauenbeauftragte spielen oder spielen können.

Im Zentrum ihrer Argumentation steht die These von der „weiblichen Mittäterschaft", mit anderen Worten: Frauen werden in ihrer Funktion als „Komplizinnen der Männermacht" in Unternehmen betrachtet. Sie wirft die Frage auf, ob es immer nur die Männer sind, die Gleichstellungspolitik in Organisationen verhindern, oder ob Frauen in Organisationen – entgegen ihren erklärten Intentionen – nicht auch zu einer Verfestigung geschlechtshierarchischer Strukturen beitragen, indem sie sich als „Komplizinnen der Männermacht" verhalten.

Den Betriebsrätinnen im Unternehmen wirft sie konkret vor, eine systematische, über verbindliche Zielvorgaben gesteuerte Erhöhung des Frauenanteils im Ausbildungs- und Führungskräftebereich abgelehnt, die Auseinandersetzung mit den Männern im Betriebsrat gescheut und damit wichtige Chancen für eine Veränderung geschlechtshierarchischer Strukturen im Unternehmen verspielt zu haben. So seien auch andere, von ihr vorgetragene Konzepte zur Thematisierung und Veränderung geschlechterbezogener Probleme bei den Funktionärinnen auf wenig Gegenliebe gestoßen beziehungsweise schon im Vorfeld abgelehnt worden.

Im Gegenzug wird der ersten Frauenbeauftragten von seiten der interviewten Betriebsrätinnen, aber auch den an ihrer Auswahl beteiligten männlichen Akteuren im Betriebsrat und im Unternehmen ein schlechter Kooperations- und Führungsstil vorgeworfen. Fragen nach den inhaltlichen Konfliktlinien werden in erster Linie mit persönlichen Unverträglichkeiten beantwortet, aber auch mit dem Vorwurf, sie habe zu sehr auf die Zusammenarbeit mit externen Gruppen gesetzt und zuviel Medienarbeit gemacht. Die Probleme der Frauen im Unternehmen, insbesondere denen in der Produktion, seien ihr letztlich fremd geblieben, und ihre Zielgruppe seien mehr oder weniger die männlichen und weiblichen Führungskräfte gewesen.

5.5 Implementationsprozeß: zweite Phase ab 1991

Ernennung einer internen Kandidatin für die Stelle der Frauenbeauftragten

Die Konsequenzen, die aus der gescheiterten Zusammenarbeit mit der ersten Frauenbeauftragten gezogen wurden, liefen zum einen darauf hinaus, die „Frauenförderung" als Stabsstelle aufzulösen und als Abteilung in die Personalentwicklung zu integrieren. Diese faktische Beschneidung der Funktion „Frauenförderung" wurde von seiten des Betriebsrates mit dem Interessc an einer stärkeren „Einbindung" der Stelle in den betrieblichen Informations- und Entscheidungsfluß begründet. Von der zukünftigen Frauenbeauftragten wurde erwartet, daß sie sehr viel stärker „sichtbare Arbeit vor Ort" macht, ihre Arbeit mit dem Gleichstellungsausschuß des Gesamtbetriebsrates koordiniert und Konzepte für die Beschäftigungssicherung und Qualifizierung von Frauen, insbesondere denen in der Produktion, entwickelt.

Es überrascht nicht, daß nach den überwiegend negativ bewerteten Erfahrungen mit der externen Besetzung der Stelle Management und Gesamtbetriebsrat sich beim zweiten Versuch übereinstimmend zugunsten einer internen Kandidatin aussprachen, die eine hohe Integrationsfähigkeit erkennen ließ. Während sich die erste Frauenbeauftragte in ihrem theoretischen und politischen Selbstverständnis als „Feministin" definierte, bekennt die Nachfolgerin freimütig, daß sie mit Frauenthemen und Frauenbewegung vor ihrer Ernennung nichts Nennenswertes verbunden habe. Sie sei – auf der Suche nach einem anderen Betätigungsfeld – auf die Stelle angesprochen worden und habe sich dann schließlich beworben. Aufgrund mehrjähriger Forschungserfahrungen sowie praktischer Berufstätigkeit auf dem Gebiet der Organisationsentwicklung im Unternehmen verfügt die gelernte Arbeitspsychologin nicht nur über einschlägige Kenntnisse der Produktions- und Managementstrukturen, sondern auch der formellen und informellen Macht- und Kooperationsstrukturen im Unternehmen. Eine Qualifikation, die sich für ihre Tätigkeit als Frauenbeauftragte im Unternehmen als überaus vorteilhaft erweisen sollte.

Während der strategische Ansatz der ersten Frauenbeauftragten eher auf die Veränderung von Machtstrukturen und einen kulturellen Wandel des Geschlechterverhältnisses zielte, sieht die Nachfolgerin in der „präventiven Qualifizierung" von Frauen für zukünftige Arbeitsstrukturen im Rahmen einer qualitativen Personalentwicklungsplanung den entscheidenden Ansatzpunkt für eine betriebliche Gleichstellungspolitik. Mit einem solchen Ansatz stand sie den Vorstellungen von Betriebsräten und Betriebsrätinnen wesentlich näher als die erste Frauenbeauftragte.

Gestartet ist die zweite Frauenbeauftragte im November 1991, mehr als zwei Jahre nach der Unterzeichnung der Betriebsvereinbarung „Grundsätze zur Frauenförderung“, als Leiterin der Abteilung Frauenförderung im Personalwesen. War die bisherige Stabsstelle direkt unterhalb des Vorstandes beim damaligen Arbeitsdirektor angesiedelt und dem damaligen Vorstand Personal zugeordnet, mit regelmäßiger Beteiligung an dessen Bereichsleiterbesprechungen, mit direktem Zugang zur Gleichstellungskommission des Betriebsrates und – zumindest am Anfang – eigenem Veröffentlichungsrecht, so wurde die neu zu besetzende „Funktion Frauenförderung“ nach dem Scheitern der Zusammenarbeit mit der ersten Frauenbeauftragten zu einer Abteilung in der Personalentwicklung „herabgestuft“. Allerdings konnte die neue Frauenbeauftragte durchsetzen, daß auch sie an den wöchentlichen Führungskräfterunden unter der Leitung des Personalleiters teilnehmen durfte, um auf diese Weise in den Informationsprozeß im Unternehmen eingebunden zu sein. Daraus erwachsen ihr jedoch keine Rechte der Intervention im Sinne einer Richtlinienkompetenz, verbunden mit einem Stimm- oder sogar Vetorecht. Als Abteilung „Frauenförderung“ innerhalb der Personalentwicklung ist sie qua Aufgabendefinition mit der Entwicklung von Konzepten auf eine „Servicefunktion“ festgelegt, die in Zusammenarbeit mit Führungskräften und Betriebsräten umgesetzt werden sollte.

Aufbau organisatorischer Strukturen zur Umsetzung der Rahmenvereinbarung (Kommission zur Frauenförderung, Frauenausschüsse und Frauenbeauftragte in den einzelnen Werken)

Beim Amtsantritt der neuen Frauenbeauftragten im November 1991 befanden sich die organisatorischen Strukturen zur Umsetzung der Betriebsvereinbarung noch im Aufbau. Es existierte lediglich der „Ausschuß zur Gleichstellung der Frau“ auf Gesamtbetriebsratsebene, dem jeweils eine Betriebsrätin aus den sechs Werken in den alten Bundesländern sowie die Vorsitzende des Ausschusses aus dem Stammwerk angehörten. Der „Ausschuß zur Gleichstellung der Frau“ auf Gesamtbetriebsratsebene war aus der Ausarbeitungskommission zur Betriebsvereinbarung hervorgegangen und hatte sich etwa zeitgleich mit dem Abschluß der Betriebsvereinbarung im Juni 1989 konstituiert. Er sollte werksübergreifend – auf Gesamtbetriebsratsebene – für die Verankerung des Frauenförderthemas sorgen.

Parallel dazu sollten auf Werksebene Ausschüsse zur Gleichstellung der Frau eingerichtet werden, die sich aus sämtlichen Betriebsrätinnen der einzelnen Werke sowie Vertreterinnen der Vertrauenskörperleitung und der Jugendvertretung zusammensetzen. Diese Frauenausschüsse sollten werksbezogen auf Betriebsratsebene das Thema „Frauenförderung" bearbeiten. Sie sollten auch Ansprech- und Kooperationspartnerinnen für die neu zu benennenden Frauenbeauftragten in den einzelnen Werken sein. Je nach Anzahl der weiblichen Beschäftigten und der Betriebsrätinnen in den einzelnen Werken waren zwischen drei und circa zehn Betriebsrätinnen in den Frauenausschüssen der Werke vertreten.

1992 wurde die in der Rahmenvereinbarung vorgesehene „Kommission zur Frauenförderung" ins Leben gerufen, der neben der Abteilung „Frauenförderung" im Stammwerk auch die Frauenbeauftragten und die Personalleiter der einzelnen Werke sowie die Mitglieder des „Ausschusses zur Gleichstellung der Frau" auf Gesamtbetriebsratsebene angehörten. Diese Kommission sollte die Arbeit der Frauenbeauftragten unterstützen und beraten, halbjährlich „Ist-Soll-Vergleiche" vornehmen und Richtlinien zur Frauenförderung entwickeln.

Die Ernennung der Frauenbeauftragten in den einzelnen Werken verzögerte sich, wobei es offenkundig zwischen den Betriebsparteien Meinungsverschiedenheiten darüber gab, wie die Aufgabenstellung dieser Frauenbeauftragten definiert werden sollte, das heißt, ob sie ausschließlich für Frauenfragen zuständig sein oder einen Teil ihrer Zeit auch anderen personalpolitischen Aufgaben widmen sollten. Letztlich wurde eine Entscheidung für eine vollständige Freistellung der Frauenbeauftragten für Frauenfragen getroffen.

Fachlich wurden die Frauenbeauftragten der einzelnen Werke der Abteilung „Frauenförderung" im Stammwerk zugeordnet, die eine Art Koordinationsfunktion übernehmen sollte. Die Zusammenarbeit zwischen der Abteilung Frauenförderung im Stammwerk und den Frauenbeauftragten der einzelnen Werke sollte im Rahmen von gemeinsamen monatlichen Veranstaltungen stattfinden.

Insgesamt zog sich der Aufbau der unternehmensinternen organisatorischen Strukturen zur Umsetzung der Betriebsvereinbarung bis Mitte 1992 hin, als die erste Klausurtagung mit den Frauenbeauftragten der einzelnen Werke stattfand. Ein Zeitpunkt, zu dem das Konzept „Frauenförderung" nicht nur bereits organisatorisch zurechtgestutzt worden war, sondern auch durch die veränderte Situation des Unternehmens mit Absatzkrise, Einstellungsstopp und Restrukturierungsmaßnahmen in seiner Existenz gefährdet schien.

5.6 Zur (Ohn)macht der Frauenbeauftragten im Spannungsfeld betrieblicher Interessen

Trotz der einschneidenden Restrukturierungsmaßnahmen sprechen sich Betriebsrat und Unternehmen Ende 1992 für den Fortbestand des Projekts „Frauenförderung“ aus. Mit anderen Worten: die Entwicklung von konkreten Maßnahmen und Projekten zur Frauenförderung beginnt vor dem Hintergrund einer Modernisierungspolitik des Unternehmens, die eine „Verschlankung“ des Unternehmens vor allem auch zu Lasten solcher Produktionsbereiche vorsieht, in denen, wie in der Näherei und der Kabelstrangfertigung, der Frauenanteil extrem hoch ist.

Bevor jedoch auf die inhaltliche Konkretisierung der Rahmenvereinbarung am Beispiel des Stammwerkes eingegangen wird, sollen zunächst noch einmal die strukturellen Rahmenbedingungen für die Arbeit der Frauenbeauftragten und deren spezifische Situation im Spannungsfeld betrieblicher Interessen aufgezeigt werden.

Kennzeichnend für die Rahmenbedingungen der Arbeit der Frauenbeauftragten ist, daß sie in auffälligem Kontrast zu den vielfältigen Aufgaben und der von Werk zu Werk variierenden, aber zum Teil relativ großen Zahl von weiblichen Beschäftigten – allein circa 10.000 im Stammwerk 1993 – über eine relativ bescheidene personelle und sachliche Ausstattung verfügen.

Während die Abteilung Frauenförderung im Stammwerk zum Zeitpunkt der ersten Erhebungen 1993 immerhin mit vier festen Mitarbeiterinnen, einer Sekretärin und einem begrenzten Budget für Veranstaltungen, Seminare et cetera ausgestattet ist, müssen die Frauenbeauftragten in den einzelnen Werken in der Regel ohne eigenes Sekretariat, ohne Mitarbeiterin und ohne eigenes Budget auskommen und sind somit weitgehend auf sich selbst gestellt. Die Bezahlung richtet sich in der Regel nach ihrem bisherigen Gehalt und variiert von Werk zu Werk.

Während die Abteilung Frauenförderung im Stammwerk als eigenständige Abteilung in die Personalentwicklung eingegliedert ist, sind die Frauenbeauftragten der einzelnen Werke an den jeweiligen Personalleiter angebunden, der theoretisch dafür zu sorgen hat, daß die Ideen, Anregungen und Konzepte der Frauenbeauftragten auch von den Führungskräften in den jeweiligen Bereichen umgesetzt werden.

Die Erfahrungsberichte der Frauenbeauftragten im Stammwerk und deren Mitarbeiterinnen sowie die der Frauenbeauftragten in den einzelnen Werken dokumentieren, daß diese sich in einem komplexen Spannungsfeld divergierender und konkurrierender betrieblicher Interessen bewegen müssen: zwischen Abstimmungszwängen und Konsensverpflichtungen gegenüber dem Management, zwischen Konkurrenz und Kooperation gegenüber den Betriebsräten und Betriebsrätinnen und unter dem Erwartungsdruck der verschiedenen Gruppen ihrer betrieblichen Klientel.

Bei der genaueren Analyse des Handlungs- und Gestaltungsspielraums der Frauenbeauftragten kristallisieren sich vielfältige Barrieren und Handlungsrestriktionen heraus. Obwohl in der Regel von Unternehmen und Betriebsrat gemeinsam zur Sachfrau ernannt, haben die Frauenbeauftragten doch erhebliche Kompetenz- und Akzeptanzprobleme. Ohne Entscheidungskompetenzen und Vetorechte, ohne Kündigungsschutz und nennenswerte Ressourcen sind sie ihren jeweiligen Vorgesetzten, aber auch dem mächtigen Betriebsrat gegenüber zur Loyalität verpflichtet und um ständige Akzeptanz bemüht – wollen sie nicht ihre eigene Karriere gefährden.

Zwar ist die Frauenbeauftragte im Stammwerk in den betrieblichen Informationsfluß bezüglich wichtiger personalpolitischer Fragen einbezogen, kann an Sitzungen von Betriebs- und Planungsausschuß oder sogar an Standortsymposien teilnehmen, darf Vorschläge zu frauenspezifischen Themen und Problemen unterbreiten und so weiter. Fraglich ist nur, wie weit der Rahmen definiert ist, in dem sie agieren darf, wer die von ihr vorgetragenen Ideen aufgreift oder gar umsetzt. So wird auch von seiten der befragten Personalleiter konzediert, daß die Frauenbeauftragte zwar frauenspezifische Themen aufgreifen und Verbesserungsvorschläge machen darf, daß sie aber auf die Lösung struktureller Fragen – zum Beispiel Aspekte von Planungs- und Umstrukturierungsprozessen – letztlich keinen nennenswerten Einfluß ausüben kann. Diese Handlungsrestriktionen gelten noch sehr viel stärker für die Frauenbeauftragten, die auf Werksebene Maßnahmen zur beruflichen Förderung von Frauen entwickeln sollen.

Als ein zentrales Problem stellt sich für einige der Befragten dar, daß es – zumindest zu Beginn der Tätigkeit der Frauenbeauftragten in den Werken – weder eine klare Aufgabenstellung und Zielgruppendefinition noch von Betriebsrat und Frauenbeauftragter gemeinsam definierte Projekte mit klaren

Zielvorgaben gab. Die Frauenbeauftragten mußten sich ihre Themenfelder und Zielgruppen selbst suchen, allerdings immer zugleich darauf achten, daß sie nicht in die Befugnisse des Betriebsrates intervenieren oder gegen personalpolitische Beschlüsse zwischen Vorstand und Betriebsrat verstoßen.

Das Aufgreifen von Fraueninteressen ist ihnen im Grunde nur im Bereich der Themenfelder und Zielgruppen möglich, die auch aus der Sicht der Betriebsparteien als „förderungswürdig“ gelten. Dies heißt, daß sich die Beratungs- und Informationsangebote im großen und ganzen auf konsensfähige Themen wie zum Beispiel Qualifizierung und Weiterbildung, und hier wiederum auf konsensfähige Zielgruppen wie Ingenieurinnen, weibliche Angestellte, Führungsnachwuchskräfte oder Facharbeiterinnen, beschränken. Konfliktträchtige Themen, wie zum Beispiel die Lohn- und Gehaltsdiskriminierung nach dem Geschlecht oder die Situation der an- und ungelernten Frauen in den von Fertigungstiefenreduzierung betroffenen Bereichen, werden dagegen entweder gar nicht oder nur am Rande aufgegriffen.

Hinzu kommt, daß jede Beratungs- und Informationsaktivität in aufwendigen Verfahren unter Beachtung der gegebenen Hierarchien und Spielregeln mit Management und Betriebsratsseite abgestimmt werden muß. Dies trägt aus der Sicht von Mitarbeiterinnen der Abteilung „Frauenförderung“ im Stammwerk eher zu einer Lähmung und fortschreitenden Entfremdung von der eigentlichen Klientel als zur Förderung von deren Interessen bei.

Neben dem permanenten Zwang zur Abstimmung und Akzeptanzsicherung wird von einigen der auf Werksebene tätigen Frauenbeauftragten beklagt, daß sie in personalpolitische Entscheidungsprozesse wie Stellenausschreibungen und Stellenbesetzungen weder ausreichend Einblick haben noch genügend einbezogen werden, um im Interesse von Frauen aktiv werden zu können. So würden Stellen häufig nicht intern ausgeschrieben und Stellenbesetzungen zwischen Betriebsrat und Personalverantwortlichen ohne Einbeziehung der Frauenbeauftragten ausgehandelt.

Erschwerend käme hinzu, daß die Frauenbeauftragten angesichts des Fehlens verbindlicher Zielvorgaben kaum eine Möglichkeit sähen, Personalverantwortliche für gleichstellungspolitische Ziele in die Pflicht zu nehmen. Vielmehr hänge Erfolg oder Mißerfolg ihrer Arbeit sehr stark vom Wohlwollen und der Unterstützungsbereitschaft der jeweiligen Vorgesetzten ab. Dies habe zur Folge, daß Themen und Projekte der Frauenbeauftragten sich sehr stark an deren Konsensfähigkeit sowie der Erwartung von Erfolg und Prestige, aber weniger daran orientierten, ob es sich hierbei um relevante Strukturprobleme der Geschlechterpolitik im Unternehmen handelt.

Andererseits kann die Frauenbeauftragte auch nicht ohne entsprechenden Druck von unten oder aktive Promotorinnen auf seiten des Betriebsrates brennende personalpolitische Themen aufgreifen. Sie würde nicht nur ihre Loyalitätspflicht gegenüber dem Unternehmen verletzen und ihre Karriere gefährden, sondern auch in den Zuständigkeitsbereich des Betriebsrates hineinregieren. Zum einen schreibt die Vereinbarung vor, daß „alle grundsätzlichen Fragen und konkreten Maßnahmen zur Frauenförderung mit dem Gesamtbetriebsrat beziehungsweise den Betriebsräten der Werke im Rahmen des Betriebsverfassungsgesetzes abzustimmen" sind. Zum anderen betrachten die Betriebsräte und -rätinnen im untersuchten Unternehmen die Vertretung der Fraueninteressen in ihrem Zuständigkeitsbereich auch als ihre ureigenste Angelegenheit und ordnen der Frauenbeauftragten primär die Rolle der Ansprechpartnerin im Management mit koordinierenden, beratenden und konzeptionellen Funktionen zu.

Beklagt wird in diesem Zusammenhang von einigen Frauenbeauftragten die mangelhafte Kooperation mit den Betriebsrätinnen, insbesondere den Frauenausschüssen. Dies gelte ganz besonders für das Stammwerk: Als Grundsatzabteilung in die Personalentwickung integriert, ohne Initiativ- und Entscheidungsrechte seien sie von der Kooperationsbereitschaft der Betriebsrätinnen und Betriebsräte abhängig. Diese Unterstützung sei jedoch bislang ausgeblieben, so daß zukunftsgerichtete Pilotprojekte, wie zum Beispiel die Forderung, bei neuen Produktionsanläufen einen bestimmten Anteil von Frauen einzustellen und sie gezielt für zukünftige Arbeitsstrukturen zu qualifizieren, bislang nicht hätten in Angriff genommen werden können.

Eine Erklärung für die nach Ansicht der Frauenbeauftragten mangelhafte Kooperations-, aber auch Konfliktbereitschaft der Frauen im Betriebsrat wird darin gesehen, daß die Gremien innerhalb des Betriebsrates, in denen wichtige, auch Frauen betreffende Entscheidungen über arbeits- und personalpolitische Strategien fallen, in der Regel männlich dominiert seien. Diese Gremien, mit denen die Frauenbeauftragten konzeptionelle Überlegungen zu einer Frauenförderpolitik diskutieren und abstimmen sollten, nähmen diese Funktion entweder gar nicht wahr oder blockierten Ansätze, die eine vorrangige Förderung von Frauen bedeuten könnten. Demzufolge seien die Betriebsrätinnen in einer schwierigen Situation: Sie seien in den wichtigen Ausschüssen entweder unterrepräsentiert oder gar nicht präsent, abhängig vom Wohlwollen der Männer und müßten Angst haben, den Mund zu weit aufzumachen. Auch Betriebsratsmandate würden im Zuge von Verschlankungskonzepten eher weniger als mehr.

Der mangelnde politische Einfluß der Betriebsrätinnen drücke sich auch in der niedrigen Wertigkeit der Frauenausschüsse auf Gesamtbetriebsrats- und Werksebene aus. Ursprünglich ins Leben gerufen als Reaktion auf die mangelhafte Berücksichtigung von Fraueninteressen im Unternehmen, fristeten die Frauenausschüsse eher ein Schattendasein. Sie lägen in ihrer Wertigkeit und Akzeptanz weit unter den anderen Ausschüssen des Gesamtbetriebsrates beziehungsweise Betriebsrates, in denen Frauen jedoch in der Regel unterrepräsentiert oder gar nicht vertreten seien.

Hinzu komme, daß das Verhältnis zwischen Frauenbeauftragten und Frauenausschuß nicht nur im Stammwerk, sondern auch in den einzelnen Werken eher durch Konkurrenz um prestigeträchtige Projekte, Ideen und Initiativen als durch Kooperation und solidarische Zusammenarbeit gekennzeichnet sei. Und auch auf seiten des männlichen Betriebsrates sei – trotz der wohlklingenden Betriebsvereinbarung und trotz Sensibilisierungsversuche – das Interesse an dem Thema „Chancengleichheit“ äußerst gering. Die Berücksichtigung von Fraueninteressen in der täglichen Personalpolitik, bei der Personalplanung und so weiter sei nach wie vor von der Freiwilligkeit derer abhängig, die Frauenförderung im Grunde erst notwendig gemacht haben: dem männlich dominierten Management und dem Betriebsrat. Konzepte, Angebote, Vorlagen werden – vor allem in der ersten Untersuchungsphase 1993 – nach Meinung von Mitarbeiterinnen der Abteilung Frauenförderung entweder nicht zur Kenntnis genommen, das heißt nicht behandelt oder aber abgeblockt.

Daß es für die Tätigkeit der Frauenbeauftragten keine eindeutigen Regeln gibt, erweist sich als besonders tückisch für diejenigen, die von außen berufen werden und als Fremde ins Unternehmen kommen – wie im Fall der ersten Frauenbeauftragten. Sie kommt als Fremde, hat keine Freunde und keine Unterstützung und muß sich zunächst mit den formellen und informellen Strukturen des Unternehmens vertraut machen. Wenn sie dann noch einen Konfliktkurs verfolgt, Kritik an den Strukturen der Geschlechterhierarchie im Unternehmen übt und diese Kritik auch noch öffentlich macht, manövriert sie sich in einem von einer korporatistisch gefärbten Unternehmensphilosophie beherrschten Unternehmen wie dem untersuchten Konzern sehr schnell in die Rolle der Außenseiterin.

Kommt sie aus der Organisation selbst und kennt die Regeln, risikiert sie durch eine bestimmte Wahrnehmung ihrer Funktion die Entfremdung von ehemaligen Kollegen und Kolleginnen. So beschreibt eine der Mitarbeiterinnen der Abteilung „Frauenförderung“, die über langjährige Erfahrungen im

Unternehmen verfügt, ihre Erfahrungen in der Funktion „Frauenförderung" als „harten und schmerzhaften Prozeß", der sie zweifeln läßt, ob die Institution der Frauenbeauftragten, so wie sie im Unternehmen verankert worden sei, das richtige Instrument zur Durchsetzung von Fraueninteressen sei. Beklagt werden die mangelhafte Akzeptanz, die geringen Kompetenzen und Handlungsspielräume bei der Umsetzung von Maßnahmen und Projekten und die Gefahr, zwischen konkurrierenden Interessen und durch permanente Abstimmungszwänge aufgerieben zu werden.

Cynthia Cockburn (1993) vergleicht die Rolle der Gleichstellungsbeauftragten mit der von Sozialarbeiterinnen und -arbeitern:

„Wie diese damals so sind heute die Gleichstellungsbeauftragten ein relativ neuer Angestelltentyp, der an der Nahtstelle zwischen einem bestimmten Kreis von Interessenten und dem Management-System arbeitet. Die Sozialarbeiterin mußte ständige Loyalitätskonflikte austragen: Da war einerseits die Gemeinschaft, in der sie arbeitete, da war andererseits die Behörde, die sie beschäftigte. Ähnlich vollführt die Gleichstellungsbeauftragte einen Drahtseilakt zwischen den Anforderungen der Frauen, die in ihr eine Quelle der Hilfe sehen, und den Vorgesetzten im Management, denen sie als Managerin rechenschaftspflichtig ist. Wie die Sozialarbeiterin ist sie Streßsituationen ausgesetzt, die lebensbedrohend sein können. Wenn sie zur Zufriedenheit ihrer Klientel arbeiten, ziehen sie sich den Zorn ihrer Arbeitgeber zu. Wenn sie vom Management gelobt werden, werfen ihnen jene, denen sie zu helfen angetreten waren, Verrat vor. Viele fortschrittliche Menschen werden durch beide Tätigkeiten zuerst angezogen, dann zerstört." (S. 264)

Eine Parallele zur Rolle der Sozialarbeit sieht Cockburn auch insofern, als die Arbeit an Gleichstellungsprojekten, soll sie kontinuierlich geschehen, von der Identifikation mit der Klientel abhängt wie auch davon, auf wessen Seite die Beauftragte steht und ob sie bereit ist, den Job zu verlieren oder ihn an den Nagel zu hängen, wenn die Widersprüche zu groß werden.

„Wird die Arbeit gut gemacht, so dürfte das nicht gerade zur weiteren Karriere in der Organisation beitragen, es sei denn, der Gleichstellungsprozeß ist erfolgreich und die Organisation verändert sich mit rapider Geschwindigkeit." (S. 265)

Darüber hinaus unterscheidet sich die Gleichstellungsbeauftragte nach Cockburns Auffassung in einer Hinsicht auch nicht von anderen Vorzeigefrauen im Management:

„Das vertraute Muster für kompetente ... Frauen sieht so aus, daß sie zunächst in eine exponierte Position gelangen, dann die Unterstützung ausbleibt und sie sich schließlich demoralisiert fühlen und kündigen. Einige sind der Ansicht, man(n) habe sie nur deshalb berufen, damit sie versagen." (S. 264)

Ihr Resümee:

„Die Gleichstellungsbeauftragte muß durch eine Frauenbewegung abgestützt werden, und sei es nur, damit sie und der Gleichstellungsprozeß überleben." (S. 264) „Es ist nicht ungefährlich, der männlichen Macht entgegenzuarbeiten. Ein Sicherheitsnetz ist unbedingt empfehlenswert." (S. 265)

Ein Ansatz, aus der Rolle der Einzelkämpferin herauszukommen, wäre die Bildung eines Netzwerkes zwischen den Frauenbeauftragten der einzelnen Werke und der Abteilung Frauenförderung gewesen mit dem Ziel der Formulierung gemeinsamer Positionen und des gründlichen Erfahrungsaustausches. Aber auch in diesem Punkt klingen die Erfahrungsberichte der befragten Frauenbeauftragten eher resignativ. Abgesehen von denjenigen, die schon nach relativ kurzer Zeit das Handtuch geworfen haben, schildern auch diejenigen, die noch im Amt sind, daß die Hoffnungen auf eine werksübergreifende Kooperation eher enttäuscht als erfüllt worden seien. Verantwortlich gemacht werden hierfür einerseits strukturelle Gründe wie der unterschiedliche Entwicklungsstand der Frauenförderung in den einzelnen Werken, aber auch starke Konkurrenzprobleme zwischen der koordinierenden Stelle im Stammwerk und den Frauenbeauftragten in den einzelnen Werken. Darüber hinaus wird übereinstimmend moniert, daß die „Kommission zur Frauenförderung" die an sie gestellten Anforderungen zur Entwicklung von Richtlinien und zur Beratung und Unterstützung von Maßnahmen und Projekten zur Frauenförderung lange Zeit nur sehr unzureichend wahrgenommen habe, was mit dem mangelnden Interesse seitens einzelner Personalleiter zusammenhänge.

Insgesamt zeigen die Erfahrungsberichte der Frauenbeauftragten deutlich, daß es offensichtlich einen starken Widerspruch gibt zwischen dem in der Rahmenvereinbarung formulierten Gleichstellungsanspruch des Unternehmens und der realen Praxis, die eher auf ein sehr beschränktes Interesse bei den organisationspolitisch relevanten Entscheidungsträgern und -trägerinnen im Unternehmen an einer effektiven Umsetzung dieses Anspruchs hinweist.

Nachfolgend soll nun am Beispiel der Frauenförderung im Stammwerk aufgezeigt werden, welche Schritte zur Realisierung der Rahmenvereinbarung trotz der beschriebenen ökonomischen und organisationspolitischen Handlungsrestriktionen unternommen wurden und welche Erfolge beziehungsweise Mißerfolge sich bislang gezeigt haben.

5.7 Umsetzung der Rahmenvereinbarung und Perspektiven der Frauenförderung im Unternehmen

Die in der Rahmenvereinbarung formulierten Zielvorstellungen und Zielgruppen umfassen dem Anspruch nach alle Frauen im Unternehmen: von der angelernten Arbeiterin in der Produktion, der Facharbeiterin, den Frauen in schreibtechnischen Berufen, der Ingenieurin, der Wiedereinsteigerin bis hin zu den Frauen in Fach- und Führungspositionen. Allerdings sieht die Praxis, folgt man den Aussagen der befragten Frauenbeauftragten, meist anders aus. Dies hängt zum einen mit der unterschiedlichen Struktur der Frauenerwerbstätigkeit in den einzelnen Werken zusammen, zum anderen mit den konzeptionellen Ansätzen der einzelnen Frauenbeauftragten, dem jeweiligen Handlungsbedarf, aber auch den divergierenden Rahmenbedingungen für die Arbeit der Frauenbeauftragten wie etwa Personalkapazität, Budget oder Beginn der Tätigkeit.

Nachfolgend werden die wichtigsten Maßnahmen und Projekte zur beruflichen Gleichstellung von Frauen am Beispiel des Stammwerkes dargestellt, weil hier die Vereinbarung vergleichsweise weitgehend umgesetzt wurde, die günstigsten Rahmenbedingungen im Hinblick auf die Stellung der Frauenbeauftragten und deren Personalkapazität, aber auch entsprechende Dokumentationen der bisher durchgeführten Maßnahmen vorliegen.

Bestandsaufnahme der Situation der Frauen: Schaffung der statistischen Grundlagen für frauenfördernde Maßnahmen im Unternehmen

Voraussetzung für eine qualitative Personalplanung für Frauen ist laut Rahmenvereinbarung eine umfassende geschlechtsspezifische statistische Bestandsaufnahme und ihre kontinuierliche Fortschreibung, die den Handlungsbedarf für gezielte Fördermaßnahmen deutlich machen soll. Bereits 1985 hatte das Bundesministerium für Jugend, Familie, Frauen und Gesundheit als Ergebnis einer zweijährigen empirischen Untersuchung zu betrieblichen Frauenfördermaßnahmen in namhaften Unternehmen der Privatindustrie einen „Leitfaden“ (vgl. Krebsbach-Gnath/Schmid-Jörg 1985) herausgegeben, in dem als ein wesentlicher erster Schritt für die Entwicklung von frauenfördernden Maßnahmen die Erstellung einer Ist-Analyse der Situation der Frauen in den jeweiligen Unternehmen angeregt wurde.

Der Konzern war eines der Großunternehmen, das die Anregung aufgriff und in seiner Rahmenvereinbarung verankerte. Offen gelassen wurde allerdings, welche Daten für die angestrebte übergreifende und projektbezogene Personalplanung, die jährlich durch Planungsgrößen zu konkretisieren sei, wichtig und nötig seien, wer diese Daten erheben und aufbereiten und wer Rückschlüsse über Ursachen und zu ergreifende Maßnahmen ziehen sollte. Bei der Besetzung der „Funktion Frauenförderung" wurde entschieden, daß die Erstellung der statistischen Grunddaten in den Aufgabenbereich der Frauenbeauftragten auf AG- und auf Werksebene fallen sollte. Die seit 1989 fortlaufend erhobenen Daten – soweit sie zugänglich waren – erfassen Alter, Schul- und Berufsausbildung sowie Stellung von Frauen und Männern in der betrieblichen Hierarchie, Daten über den Familienstand, den Anteil von Frauen und Männern in Teilzeitarbeit und Erziehungsurlaub sowie über die Inanspruchnahme von Wiedereinstellungszusagen und ähnliches. Darüber hinaus werden auch Daten zur Entgeltstruktur nach Geschlecht erhoben.

Aufgabe der Frauenbeauftragten ist es, diese Daten der „Kommission zur Frauenförderung", dem Gleichstellungsausschuß des Gesamtbetriebsrates, den Frauenausschüssen und den Personalleitern der einzelnen Werke sowie auf Anfrage auch dem Vorstand beziehungsweise dem Betriebsausschuß des Unternehmens vorzulegen. Offen ist es jedoch, wer aus den mit enormem Personal- und Zeitaufwand erhobenen Daten Rückschlüsse ziehen soll, die in erster Linie lediglich Aufschluß geben über das vorhandene Potential an qualifizierten beziehungsweise qualifizierungsfähigen weiblichen Beschäftigten, weniger jedoch über zukünftige Möglichkeiten, aber auch Barrieren einer qualitativen und strukturellen Verbesserung der beruflichen Chancen von Frauen im Unternehmen.

Maßnahmen für spezifische Zielgruppen

Berufswahlorientierung für junge Mädchen und Frauen

Der Baustein „Berufswahlorientierung für junge Mädchen und Frauen" ist Bestandteil des Programms aller in die Befragung einbezogenen Frauenbeauftragten. Offizielle Begründung für diese Maßnahme ist, daß der Frauenanteil in der gewerblich-technischen Ausbildung in den letzten Jahren kontinuierlich gesunken sei, weil junge Frauen immer noch ein eingeschränktes Berufswahlverhalten hätten und sich auf wenige, typisch weibliche, wenig aussichtsreiche Berufe konzentrierten. Besondere Brisanz erhält diese Maßnahme dadurch, daß der Ausbildungsbereich der einzige Bereich ist, über den der Frauenanteil im Unternehmen seit dem 1993 verhängten Einstellungsstopp noch quantitativ gesteigert werden kann.

Zur Motivation der jungen Mädchen und Frauen ist von seiten der Abteilung Frauenförderung ein Bündel von Maßnahmen konzipiert worden, wie Tage der Offenen Tür, Praktika, Mädchen-Technik-Tage, Fortbildung für Lehrerinnen und Lehrer und so weiter. Im Zentrum der Maßnahmen stehen

- sogenannte „Schnupperkurse“: Mädchen erhalten drei Tage lang die Möglichkeit, praxisorientiert die gewerblich-technische Berufsausbildung über ein „Patinnensystem“ kennenzulernen.
- Projekt „Technik zum Be-Greifen“: In Kooperation mit einer Technischen Universität und einem Gymnasium erhalten Gymnasiastinnen die Chance, in einem dreiwöchigen Praktikum an den technischen Instituten der Universität und im Unternehmen Einblicke in die Studien- und Arbeitswelt von Ingenieurinnen zu bekommen.

Laut Dokumentation der Abteilung Frauenförderung im Stammwerk sollen mit diesen Maßnahmen der Abbau von Vorurteilen und Ängsten gegenüber „Männerberufen“, der Abbau von Technikdistanz, die Motivation zum Erlernen von zukunftsträchtigen, für die Automobilindustrie relevanten Berufen und ein höherer Frauenanteil in der gewerblich-technischen Ausbildung erreicht werden. Verbindliche Zielquoten, in welchem Zeitraum und welchem Umfang der Anteil weiblicher Auszubildender zu steigern sei, fehlen allerdings. Darüber hinausgehende Maßnahmen, wie sie in den Interviews von Frauenbeauftragten thematisiert wurden, wie zum Beispiel die Überprüfung von Aufnahmetests im Hinblick auf geschlechtsdiskriminierende Elemente, die Schulung von Ausbildungsleitern in Sachen „Frauenförderung“, verbindliche Zusagen für die bevorzugte Übernahme in ein ausbildungsadäquates Beschäftigungsverhältnis nach erfolgreichem Abschluß der Ausbildung und ähnliches, scheinen bislang nicht zum Gegenstand der Förderung zu werden. Diese setzt vielmehr einseitig bei den Motivationen und Orientierungen der jungen Frauen an und bringt die Gefahr mit sich, daß die ausgebildeten Facharbeiterinnen auf Arbeitsplätzen in der Produktion landen. Diese Gefahr gilt allerdings gleichermaßen für männliche wie weibliche Auszubildende. Denn trotz hoher Auszubildendenquoten ist es im Unternehmen seit Jahren gängige Praxis, komplette Ausbildungsgänge von jungen Männern und Frauen nach der Ausbildung für mehrere Jahre in die Produktion zu schicken.

Andererseits: Sofern Facharbeiterinnen der Einstieg in eine Männerdomäne gelingt, verbinden sich mit ihrer Ausbildung weitergehende berufliche und persönliche Entwicklungsperspektiven als sie An- und Ungelernten offenstehen, tragen sie dazu bei, daß die immer noch lebendigen und wirksamen alten Bilder von „Frauenarbeit“ und „Männerarbeit“ in Frage gestellt und erschüttert werden.

Berufliche Weiterentwicklung der Facharbeiterinnen

Der Erweiterung der beruflichen Entwicklungsperspektiven für Frauen dient ein Maßnahmenbündel, das speziell auf die Weiterqualifizierung von Facharbeiterinnen, insbesondere zur Meisterin, ausgerichtet ist. Konnten diese früher noch über eine interne Qualifizierung als Vizemeisterin die Qualifikation zur Meisterin erlangen, ist dies seit 1993 nur noch über eine dreijährige externe Ausbildung mit IHK-Prüfung möglich. Durchgeführt werden

- zielgruppenorientierte Workshops für Facharbeiterinnen;
- konkrete Fördermaßnahmen durch die jeweils zuständigen Führungskräfte vor Ort;
- flankierende Unterstützung für Frauen, die sich zur IHK-Meisterin qualifizieren;
- Aufbau eines Netzwerkes für Facharbeiterinnen.

Diese Maßnahmen sollen dazu beitragen, den Anteil von Facharbeiterinnen zu steigern, berufliche Perspektiven für Facharbeiterinnen in den Teamstrukturen der Fertigung, in der technischen Sachbearbeitung, als Meisterin oder Ausbilderin zu eröffnen und vor allem den Anteil von Meisterinnen und Ausbilderinnen im gewerblich-technischen Bereich zu erhöhen.

Auch für die Gruppe der Facharbeiterinnen stellt sich das Problem, daß ohne verbindliche Zielvorgaben und Zusagen für eine bevorzugte Übernahme in eine Meisterfunktion nach erfolgreichem Abschluß der Ausbildung Frauen Gefahr laufen, die weibliche Deckungsreserve für mögliche Personallücken zu sein oder weiterhin als Facharbeiterin in der Produktion arbeiten zu müssen. Die Gespräche mit den Frauenbeauftragten in den einzelnen Werken zeigten übereinstimmend, daß die beruflichen Chancen für Frauen auch nach erfolgreichem Abschluß ihrer Meisterprüfung in hohem Maße vom Wohlwollen und der Akzeptanz durch betriebliche Vorgesetzte abhängen.

Frauen in schreibtechnischen Berufen

Eine von Rationalisierung stark bedrohte Zielgruppe der Maßnahmen zur beruflichen Förderung sind Frauen in schreibtechnischen Berufen. Sie bildeten 1993 mit 1.300 Beschäftigten unternehmensweit die größte weibliche Zielgruppe im Angestelltenbereich. Ihre Beschäftigungsperspektiven sind durch den Abbau von Hierarchien und der damit einhergehenden Verringerung der Zahl der Führungskräfte, aber auch durch den voranschreitenden Technikeinsatz in Verbindung mit neuen Formen der Arbeitsorganisation nicht nur starken Veränderungen unterworfen, sondern auch insgesamt durch Personalabbau bedroht.

Bislang existiert eine strenge Trennung zwischen Sekretariatsarbeit und Sachbearbeitung. Schreibkräfte und Sekretärinnen werden entsprechend der Hierarchiestufe des Vorgesetzten beurteilt und eingestuft.

Als Ziele der Frauenförderung für diese Zielgruppe werden genannt:
- Beschäftigungssicherung und Entwicklung von beruflichen Perspektiven;
- Entwicklung neuer Formen der Arbeitsorganisation, „Büro der Zukunft“.

An Maßnahmen werden angeboten:
- dreitägiger Workshop mit Sekretärinnen und Schreibkräften;
- Aufbrechen der strengen Trennung zwischen Sekretariat und Sachbearbeitung;
- Veränderung der geltenden Tätigkeitsbeschreibungen;
- Entkoppelung der Beurteilung der Frauen von der Hierarchiezugehörigkeit ihrer Vorgesetzten;
- Gründung eines Arbeitskreises „Sekretärinnen“.

Berufliche Weiterentwicklung der Ingenieurinnen

Als Unternehmen der Metallbranche betont der Konzern bereits seit den achtziger Jahren sein Interesse an Hoch- und Fachhochschulabsolventinnen mit ingenieurwissenschaftlichen Studienrichtungen. Dennoch war die Zahl der Ingenieurinnen bislang verschwindend gering. Um ihren Anteil zu steigern, sollen Zielgrößen bei Neueinstellungen vereinbart und berufliche Perspektiven durch Angebote wie *job rotation*, Projektleitung und Führungsnachwuchskräfte eröffnet werden.

An Maßnahmen wurden seither von seiten der Abteilung Frauenförderung angeboten:
- Workshops mit Ingenieurinnen zu beruflichen Perspektiven im Unternehmen;
- Netzwerkinitiierung;
- Sensibilisierung von Führungskräften;

– Modellprojekt „Technik zum Be-Greifen“: in Kooperation mit einer Technischen Universität lernen Gymnasiastinnen drei Wochen die Studien- und Arbeitswelt von Ingenieurinnen kennen.

Berufliche Weiterentwicklung des weiblichen Führungskräftenachwuchses

Wie in den meisten bundesdeutschen Großunternehmen stellen auch im untersuchten Konzern, wie bereits gezeigt wurde, Frauen im mittleren und oberen Führungskräftebereich eine verschwindend kleine Minderheit dar beziehungsweise sind so gut wie überhaupt nicht anzutreffen. Ziel der Frauenförderung ist es jedoch laut Programm, den Frauenanteil auf allen Leitungs- und Führungsebenen zu steigern. Darüber hinaus soll eine Unternehmenskultur entwickelt werden, die es ermöglicht, auch in Spitzenpositionen die spezifischen Lebensentwürfe von Frauen zu berücksichtigen. Hierzu sollen praktikable Arbeitszeitmodelle erarbeitet werden, die eine bessere Vereinbarkeit von Familie und Beruf auch in Leitungs- und Führungsebenen ermöglichen.

Zur Realisierung dieser Ziele sollen entsprechende Personalentwicklungskonzepte und Planungsgrößen vereinbart werden. Workshops mit Frauen in Leitungs- und Führungspositionen und mit weiblichen Führungsnachwuchskräften werden durchgeführt, Netzwerke unter den Betroffenen initiiert und männliche Führungskräfte für das Thema „sensibilisiert“.

Beschäftigungsperspektiven für an- und ungelernte Frauen

Die ohne Zweifel schwierigste Zielgruppe der Frauenförderung stellt die große Gruppe der an- und ungelernten Frauen im Unternehmen dar. Diese Frauen sind von den Restrukturierungsprozessen im Unternehmen am stärksten betroffen: Sie sind vor allem in den Komponentenfertigungen (zum Beispiel Kabelstrang, Sitzefertigung, Näherei) beschäftigt, wo der Frauenanteil bei Abschluß der Betriebsvereinbarung bis zu 90 Prozent lag. Seit 1992 hat das Unternehmen begonnen, diese Bereiche durch Reduzierung der Fertigungstiefe sukzessive abzubauen und in Fremdfirmen im In- und Ausland zu verlagern.

Mit dem Schicksal dieser Frauen steht nach Meinung von Frauenbeauftragten und zuständigen Betriebsräten die Rahmenvereinbarung zur Frauenförderung „auf dem Prüfstand“. Denn es ist kein Geheimnis, daß das Unternehmen für die Zukunft kein Interesse an einer weiteren Beschäftigung dieser

Gruppe von Frauen hat, sondern versucht, sie durch Aufhebungsverträge, Teilzeitangebote und ähnliches zum „freiwilligen" Ausscheiden aus dem Unternehmen beziehungsweise mindestens zur Verringerung ihrer Arbeitszeit zu bewegen. So ist gerade bei dieser Gruppe von Frauen der Anteil derjenigen, die sogenannte Aufhebungsverträge unterzeichnet haben, besonders groß.

Die Abteilung Frauenförderung im Stammwerk nennt als Ziele ihrer Maßnahmen für die Gruppe der an- und ungelernten Frauen:

- Beschäftigungssicherung;
- Entwickeln von Beschäftigungsperspektiven für von Umstrukturierungsmaßnahmen betroffene Frauen;
- Entwicklung von arbeitsmarktrelevanten Maßnahmen.

An Maßnahmen wurden durchgeführt:

- Einsetzung einer bereichsübergreifenden Arbeitsgruppe zur Entwicklung von Beschäftigungsperspektiven für Frauen aus den Komponentenfertigungen;
- Integration von Frauen in neue Formen der Arbeitsorganisation: Gründung eines Arbeitskreises; Erarbeiten einer Synopse über die Beteiligung von Frauen in Gruppen- und Teamarbeitsprojekten über alle Werke;
- Pilotprojekt „Automobilfachfrau": Für zunächst 50 Frauen aus den Komponentenfertigungen im Stammwerk soll ermöglicht werden, eine zweijährige automobilrelevante Ausbildung mit Zertifizierung zu absolvieren.

Allgemeine Qualifizierungs-, Beratungs- und Informationsangebote

Neben den auf spezifische Zielgruppen zugeschnittenen Maßnahmen besteht ein Teil der Aktivitäten der Frauenförderung auch darin, „allgemeine Qualifizierungsmaßnahmen" für Frauen in reinen Frauengruppen anzubieten. Ziel dieser Maßnahmen ist es, die Effektivierung von Lernergebnissen, die Stärkung des Selbstwertgefühls und die Sensibilisierung für frauenspezifische Themen voranzutreiben. Darüber hinaus macht die Abteilung Frauenförderung allgemeine Angebote zur Information und Beratung für Frauen, wie

- einen monatlichen Frauenstammtisch;
- Einzelfallberatung;
- Durchführung von Informationsgesprächen mit neuen Mitarbeiterinnen, Praktikantinnen und Volontärinnen;
- regelmäßige Berichte über die Arbeit der Frauenförderung und Rundbriefe für spezifische Zielgruppen.

Sie dienen in erster Linie der Entwicklung gemeinsamer Problemlösungsstrategien und persönlicher Entwicklungspläne.

Aufbau interner und externer Netzwerke

Ergänzt werden die Angebote durch die Unterstützung vorhandener und den Ausbau weiterer interner Netzwerke von Frauen, die bereichs-, werks- und zielgruppenübergreifend wirken sollen. Hierzu zählen: Netzwerkabende, Gesprächskreise, Erfahrungsaustausch und zielgruppenbezogene Arbeitsgruppen.

Externe Netzwerke über Arbeitskreise, Forschungsvorhaben und Projekte mit anderen Unternehmen, die ebenfalls Maßnahmen zur Frauenförderung vereinbart und Frauenbeauftragte ernannt haben, Kooperationen mit Frauenbeauftragten der Kommunen und Hochschulen an den Standorten des Unternehmens, Unterstützung lokaler Fraueninitiativen und Zusammenarbeit mit Bildungsträgern sollen zum Ausdruck bringen, daß die Gleichstellung zwischen Männern und Frauen ein gesamtgesellschaftlicher Innovationsprozeß ist, den das Unternehmen über seine Grenzen hinaus mitbeeinflussen und vorantreiben will.

Perspektiven der Frauenförderung

Als teils programmatische, teils in der Zwischenzeit bereits initiierte Ziele betrieblicher Frauenförderung werden von der Abteilung Frauenförderung im Stammwerk unter anderem genannt:

- Die Entwicklung einer Betriebsvereinbarung zum Thema „sexuelle Belästigung am Arbeitsplatz" („partnerschaftliches Verhalten am Arbeitsplatz") sowie flankierende systematische Maßnahmen zur Sensibilisierung, Aufklärung und Beratung zu diesem Thema.
- Der Ausbau des Schwerpunktes „Vereinbarkeit von Erwerbs- und Erziehungsarbeit": Hier soll über die bisher entwickelten Arbeitszeitmodelle hinaus ein Modell „Elternstafette" angeboten werden; es soll Beschäftigten mit Kindern ermöglichen, ihre reduzierte Arbeitszeit, angepaßt an das Lebensalter der Kinder, so zu organisieren, daß Erwerbs-, Erziehungs- und Hausarbeit ohne verschleißende Belastung miteinander in Einklang gebracht werden können. Ergänzend soll ein Projekt „Kinderbüro" eingerichtet werden, um betriebsnahe Kinderbetreuungsmöglichkeiten zu entwickeln und zu koordinieren.

- Frauenförderung soll zukünftig stärker als bisher als integraler Bestandteil der Führungsarbeit vor Ort verstanden und dezentral verankert werden. Es sollen Vereinbarungen zu Zielvorgaben und Planungsgrößen getroffen werden.
- Umstrukturierungsprozesse im Unternehmen sollen frühzeitig im Hinblick auf die damit verbundenen geschlechtsspezifischen personellen Auswirkungen analysiert werden, damit für die betroffenen Frauen – in diesem Unternehmen vor allem die weiblichen Beschäftigten in den Komponentenfertigungen – rechtzeitig Beschäftigungsperspektiven entwickelt werden können, die möglicherweise auch außerhalb des Unternehmens in der Zulieferindustrie liegen.
- Schließlich ist eine stärkere Verzahnung der betrieblichen Frauenförderung mit der regionalen Wirtschafts- und Strukturförderung geplant.

5.8 Erfolge und Mißerfolge der Umsetzung der Rahmenvereinbarung auf Unternehmensebene

Die nachfolgenden Ausführungen zu den Erfolgen und Mißerfolgen der Umsetzung der Rahmenvereinbarung müssen vor dem Hintergrund der seit Ende 1992 eingeleiteten Modernisierungspolitik des Unternehmens gesehen werden, in deren Folge die Beschäftigtenzahl insgesamt seit Ende 1989 bis Ende 1994 über vorgezogenen Ruhestand und Aufhebungsverträge um ca. 23.000 Beschäftigte verringert wurde. Hierbei sank der Frauenanteil überproportional um 27 Prozent (von 16.832 auf 12.306 Frauen), während sich der Männeranteil im gleichen Zeitraum lediglich um 16,5 Prozent (von 111.473 auf 93.132 Männer) reduziert hat. Nach offizieller Interpretation spiegelt sich in der starken Verringerung des Frauenanteils die Tatsache wider, daß die vom Unternehmen angebotenen Aufhebungsverträge aufgrund „traditioneller Rollenverteilung“ überproportional von Frauen in Anspruch genommen wurden. Faktisch liegen diesem vermeintlich geschlechtsrollentypischen Verhalten jedoch Restrukturierungsprozesse im Unternehmen zugrunde, die in erheblichem Maße zu Lasten der Fertigungsbereiche (Kabelstrangfertigung und Näherei) gehen, in denen bis zu 90 Prozent der Beschäftigten Frauen sind. Die an- und ungelernten Frauen in diesen Bereichen standen angesichts drohender Verlagerungsprozesse vor dem Problem, sich zwischen einem Festhalten an ihrem Arbeitsplatz mit ungewissen Zukunftschancen, der vagen Möglichkeit einer Umsetzung in andere Abteilungen oder dem vorübergehenden Angebot eines Aufhebungsvertrags mit dem sofortigen Verlust ihres Arbeitsplatzes entscheiden zu müssen.

So ist es kein Wunder, daß sich der Rückgang des Frauenanteils am stärksten im Bereich der Lohnempfängerinnen geltend macht, wo er zwischen Ende 1989 und Ende 1994 von 11,9 Prozent (= 12.509) auf 10,0 Prozent (= 8.393) geschrumpft ist. Im Angestelltenbereich ist der Rückgang bislang etwas weniger dramatisch, nämlich von 18,4 Prozent (= 4.323) auf 17,6 Prozent (= 3.913). Hierbei ist allerdings zu berücksichtigen, daß die Rationalisierungen im Verwaltungsbereich und in den Industriebüros mit einer zeitlichen Verzögerung zu den Rationalisierungsmaßnahmen in der Produktion durchgeführt und statistisch zu Buche schlagen werden.

Inwieweit stehen nun dem überproportionalen Rückgang des Frauenanteils im Produktions- und Verwaltungsbereich strukturelle und qualitative Verbesserungen der Frauenbeschäftigung in einzelnen Bereichen und Zielgruppen gegenüber?

Nimmt man die Entwicklung des weiblichen Anteils an den Auszubildenden als Indikator dafür, wie erfolgreich es bisher gelungen ist, die Voraussetzungen für eine strukturelle und qualitative Verbesserung der Frauenbeschäftigung zu schaffen, dann zeigt sich auch hier eine negative Bilanz: Sowohl im kaufmännischen wie im gewerblichen Bereich ist der Frauenanteil seit Abschluß der Vereinbarung kontinuierlich gesunken, und zwar von 25,6 Prozent (= 1.225 Frauen) im Dezember 1990 auf 21,8 Prozent (= 941 Frauen) im Dezember 1994. Hierbei ist der Anteil der Frauen im gewerblichen Bereich – trotz der durchgeführten Werbekampagnen – von 16,6 Prozent (= 676 Frauen) auf 15,5 Prozent (= 587 Frauen) gesunken; dem steht im kaufmännischen Bereich in demselben Zeitraum ein Rückgang von 80,0 Prozent (= 549 Frauen) auf 67,7 Prozent (= 354 Frauen) gegenüber.

Während die befragten Betriebsrätinnen für den Rückgang der Bewerberinnen, insbesondere im gewerblich-technischen Bereich, in erster Linie wieder die geschlechtsspezifischen Berufswahlorientierungen der jungen Frauen verantwortlich machen und verbindliche Zielvorgaben für den Ausbildungsbereich ablehnen, interpretieren einige der in die Untersuchung einbezogenen Frauenbeauftragten den Rückgang der Bewerberinnen dagegen als Antizipation der fehlenden berufsadäquaten Beschäftigungschancen und auch als Ergebnis der nach ihrer Meinung oft nur halbherzigen Motivationsstrategien von seiten der Bildungsabteilungen.

Erste geringfügige Erfolge zeigen sich dagegen bei der Qualifizierung von Facharbeiterinnen für die Funktion der Meisterin sowie bei der Öffnung qualifizierter technischer Berufe für Frauen. So konnte der Anteil von Frauen in Meisterinnenfunktionen von 0,4 Prozent (= 5 Frauen) im Jahr 1990 auf 1,6 Prozent (= 40 von insgesamt 2.471) im Jahr 1994 gesteigert werden. Sieht man allerdings genauer hin, in welchen Bereichen die Mehrzahl der Meisterinnen eingesetzt worden ist, nämlich in den von Verlagerungen betroffenen beziehungsweise bedrohten Bereichen Kabelstrang und Näherei, dann offenbart sich der janusköpfige und wenig zukunftsträchtige „Erfolg" dieser Art von Frauenförderung. In den Kernbereichen der Produktion, nämlich in Montagen und im Rohbau, sind Frauen weiterhin nur in Ausnahmefällen in Meisterinnenfunktionen anzutreffen.

Parallel dazu konnte der Anteil der Ingenieurinnen seit 1989 von 0,7 Prozent (= 23 Frauen) auf 2,1 Prozent (= 96 Frauen bei insgesamt 4.552 Ingenieuren) im Jahr 1993 erhöht werden. Dennoch liegt dieser Anteil damit noch immer weit unter dem Frauenanteil an den Abschlüssen ingenieurwissenschaftlicher Studiengänge an Universitäten (11 Prozent) und Fachhochschulen (12 Prozent). Auch ist zu befürchten, daß es im Zuge von Fertigungstiefenreduzierung und Stellenverknappung im Bereich Forschung und Entwicklung sowie dramatisch verschlechterten Beschäftigungschancen im Ingenieurbereich generell zunehmend schwieriger für Frauen sein wird, in klassischen Männerdomänen Fuß zu fassen.

Ein weiterer Indikator für die Frage, inwieweit es mit Hilfe der bisher durchgeführten Maßnahmen gelungen ist, die Frauenbeschäftigung qualitativ und strukturell zu verbessern und geschlechtshierarchische Trennlinien aufzubrechen, ist der Anteil von Frauen in Leitungs- und Führungspositionen. Hier ist die Tendenz eindeutig stagnierend: die gesamtgesellschaftlich steigende Anzahl von Frauen mit hohem Qualifikationsniveau spiegelt sich nicht in den mittleren und oberen Führungsebenen wider: Gab es im Jahr 1989 unter den insgesamt 716 Abteilungsleitern gerade mal zwei Frauen (= 0,3 Prozent), so hat sich diese Zahl im Jahr 1994 auf neun von nun nur noch insgesamt 604 (= 1,5 Prozent) erhöht. Die darüber liegende Führungsebene, die der Hauptabteilungsleiter, ist eine klare Männerdomäne: Nur eine einzige Frau hat bislang den „Einbruch in den Herrenclub" geschafft.

Ein positiver Trend zeichnet sich allein bei den Führungsnachwuchskräften und den Volontären ab: Hier konnte der Frauenanteil zumindest bis 1993 kontinuierlich gesteigert werden, nämlich auf 4,9 Prozent bei der Zielgruppe der Führungsnachwuchskräfte und auf 30 Prozent bei der Zielgruppe der

Volontäre. Ob allerdings diese „Personalressource Frau“ im Zuge der Abflachung von Hierarchien und des damit einhergehenden Abbaus von Führungspositionen ohne verbindliche Zielvorgaben Chancen für ein Aufrücken in Führungspositionen haben wird, ist mehr als fraglich.

Der Geschäftsbericht für 1998 weist einen Frauenanteil von rund acht Prozent für die Fach- und Führungskräfte aus. 1998 startet das Unternehmen auch das Projekt NOW *(New Opportunities for Women)*, das Frauen den Zugang zu Fach- und Führungskräften erleichtern, das Engagement zur Förderung weiblicher Führungskräfte stärken sowie die Bereitschaft qualifizierter Frauen aktiv unterstützen soll, Stellen mit Aufstiegschancen zu übernehmen.

Die gezielte Integration und Absicherung von Frauen in zukunftsträchtigen, gemischten Arbeitsstrukturen in der Produktion wie in der Verwaltung mit neuen Team- und Gruppenarbeitskonzepten wird zwar als strategischer Ansatz zur Frauenförderung diskutiert und vereinzelt auch praktiziert; vorliegende Forschungsergebnisse (Brenssell 1994) weisen jedoch eher darauf hin, daß Frauen von diesen Arbeitsstrukturen bislang sehr viel weniger profitieren als Männer. Dies hängt einerseits damit zusammen, daß die von technologischen Umstellungen und Verlagerungen bedrohten Frauen – anders als es die Rahmenvereinbarung vorsieht – bislang nicht gezielt für Tätigkeiten in zukunftsträchtigen Bereichen weitergebildet und qualifiziert worden sind, sondern daß das Unternehmen versucht, diese Gruppen von Frauen entweder durch das Angebot von Aufhebungsverträgen zum „freiwilligen“ Ausscheiden aus dem Unternehmen zu bewegen, oder ohne Qualifizierung in andere Bereiche wie zum Beispiel Montage und Rohbau umsetzt. Zum anderen werden Gruppen- und Teamarbeitskonzepte bislang schwerpunktmäßig in zukunftsträchtigen Bereichen der Kernfertigung praktiziert, in denen der Frauenanteil eher gering ist.

5.9 Die „Grundsätze zur Frauenförderung“ – ein geeignetes Instrument zur Verbesserung der beruflichen Chancen von Frauen? Überlegungen zu einer konzeptionellen Weiterentwicklung betrieblicher und tariflicher Vereinbarungen zur Gleichstellung

Welche Schlußfolgerungen lassen sich nun aus den bisher vorliegenden Umsetzungserfahrungen mit der Rahmenvereinbarung zur Frauenförderung ziehen? Wo liegen positive Anknüpfungspunkte für zukünftige Betriebs- und Rahmenvereinbarungen in anderen Unternehmen und Branchen? An welchen Punkten weist die Vereinbarung konzeptionelle Schwächen auf, die bei der Gestaltung zukünftiger Vereinbarungen berücksichtigt werden müßten? Und wie müßten die zur Umsetzung der Betriebsvereinbarung vorgesehenen neuen innerbetrieblichen Strukturen zukünftig gestaltet werden, damit der formulierte Gleichstellungsanspruch nicht Papier bleibt?

Ohne Zweifel liegt der positive und innovative Ansatz der Rahmenvereinbarung darin, daß sie das Thema geschlechtsspezifischer Segregation als quantitatives, qualitatives und strukturelles Problem direkt aufgreift und konzeptionelle Vorstellungen von einer ganzheitlichen aktiven Personalentwicklungspolitik formuliert. Auf der Basis einer ausdifferenzierten Institutionalisierung (Frauenbeauftragte, Kommission zur Frauenförderung, Gleichstellungsausschüsse) werden konkrete und überprüfbare Maßnahmen zur Frauenförderung entwickelt, die positive Anknüpfungspunkte für zukünftige kollektive Vereinbarungen in anderen Unternehmen und Branchen aufzeigen.

Zugleich verweist der Implementations- und Umsetzungsprozeß jedoch auf konzeptionelle Schwächen, die bei der Entwicklung zukünftiger betrieblicher oder tariflicher Frauenförderpolitik berücksichtigt werden sollten. Problematisch an dem Konzept erweist sich insbesondere nach den Erfahrungsberichten der befragten Frauenbeauftragten, daß die angestrebten Maßnahmen zur quantitativen, qualitativen und strukturellen Verbesserung der Situation von Frauen in der Ausbildung, bei den Stellenbesetzungen und bei der Aufstiegsförderung fast ausschließlich an Qualifikationen und Orientierungen der Frauen selbst ansetzen. Die betrieblichen Strategien der Personalpolitik und Personalentwicklung, insbesondere die tradierten Personalauswahl-, -einsatz- und -beförderungsstrategien, die sich unabhängig von Qualifikation und Motivation der betreffenden Frauen als entscheidende Barriere für eine erfolgreiche Integration in bislang versperrte Berufe und Hierarchiestufen erweisen, sind dagegen kein Gegenstand der Vereinbarung.

Mit einem solchen Konzept wird das Strukturproblem der geschlechtsspezifischen Ungleichheit – die auf allen Ebenen anzutreffende Hierarchie zwischen den Geschlechtern – als Problem der Frauen umdefiniert. Es wird suggeriert, daß Frauen eben das sind, was sie auf der Ebene von Geschlechterstereotypen schon immer waren: defizitär. Frauenförderung als „Defizitkonzept" knüpft an die vertraute Vorstellung an, das Verharren von Frauen auf statusniederen Positionen oder in typischen Frauenbereichen sei die Folge von deren mangelnder, eben defizitärer Qualifikation oder deren geschlechtstypischen Berufsorientierungen.

Sollen kollektive Vereinbarungen in der privaten Wirtschaft tatsächlich etwas zur beruflichen Gleichstellung von Frauen beitragen, dann dürfen sie sich nicht länger auf den Ausgleich vermeintlicher Defizite von Frauen beschränken. Notwendig ist vielmehr ein Nachdenken darüber, wie tarifliche und betriebliche Instrumente zur Frauenförderung so gestaltet werden können, daß die vielfältigen Prozesse sozialer Schließung konterkariert werden, die Frauen trotz vorhandener oder sogar besserer Qualifikation den Weg versperren. Notwendig sind Regelungen, mit denen tradierte geschlechtsdiskriminierende Personalauswahl-, -einstellungs- und -beförderungsstrategien aufgebrochen und Frauen der Zugang zu bislang versperrten Ausbildungs- und Tätigkeitsbereichen garantiert werden kann.

Daß dies kaum auf der Basis von allgemeinen Zielbestimmungen gelingt, die die Umsetzung der Vereinbarung der Freiwilligkeit und den Umdenkungsprozessen derjenigen überlassen, die Gleichstellungspolitik überhaupt erst notwendig machen: den Männern, die in Unternehmen und Betriebsräten in der Regel personalpolitische Entscheidungen treffen, zeigen nicht nur die ernüchternden statistischen Ergebnisse, sondern insbesondere auch die Gespräche mit den Frauenbeauftragten auf Werks- und Unternehmensebene. Soll Gleichstellungspolitik mehr sein als „Schönwetterpolitik" in ökonomischen Blütezeiten, dann müssen verbindliche quantitative und zeitliche Zielvorgaben auf werksübergreifender, werks- und abteilungsbezogener Ebene vereinbart werden, die festlegen, in welchem Umfang, in welchen Zeiträumen und in welchen Bereichen Ausbildungsplätze an Frauen vergeben, Einstellungen vorgenommen und Frauen für verschiedene Hierarchiestufen qualifiziert und gefördert werden sollen.

In Zeiten, in denen kaum noch Einstellungen vorgenommen werden, innerbetriebliche Aufstiegswege, zumindest im gewerblich-technischen Bereich, weitestgehend versperrt sind und Personalabbau an der Tagesordnung ist, sollten werksübergreifend, auf Werks- und auf Bereichsebene verbindliche Zielvorgaben, wie Quoten beim Personalabbau, im Sinne einer Schutzfunktion vereinbart werden, damit Frauen nicht wieder überproportional die Krisenopfer sind. Bei betriebsbedingten Kündigungen dürfen Kriterien für eine soziale Auswahl, die Frauen direkt oder versteckt benachteiligen, nicht zur Anwendung kommen.

Ferner muß verbindlich geregelt werden, mit welchen personellen, organisatorischen und qualifizierenden Maßnahmen die in betrieblichen oder tariflichen Vereinbarungen ausgesprochene Gleichstellungsverpflichtung erfüllt werden soll. Denn erfahrungsgemäß reicht es nicht aus, zum Beispiel eine fünfzigprozentige Quotierung von Ausbildungsplätzen zu vereinbaren, um junge Frauen für untypische oder ihnen bislang nicht zugängliche Ausbildungsberufe oder Studienrichtungen zu motivieren. Notwendig ist die Schaffung spezieller Rahmenbedingungen, zum Beispiel von Netzwerken oder flankierenden Maßnahmen wie im vorliegenden Fall, sowie eine verbindliche Zusage, daß Frauen nach erfolgreichem Ausbildungsabschluß auch bevorzugt in ein ihrer Ausbildung angemessenes Beschäftigungsverhältnis übernommen werden.

Denn gerade an der Schwelle von der Ausbildung zur Beschäftigung, von der Führungsnachwuchskraft zur tatsächlichen Führungskraft greifen die tradierten geschlechtsdiskriminierenden Personalauswahl- und -beförderungsstrategien, erweist sich die Wertigkeit von Frauenförderpolitik. Solange Facharbeiterinnen nach ihrer Ausbildung kein angemessener Arbeitsplatz offensteht, sondern sie in der Regel auf An- und Ungelerntenarbeitsplätzen in der Produktion oder in Wirtschaftsbetrieben landen, wird es schwierig sein, junge Frauen für eine unkonventionelle Berufswahl zu motivieren.

Voraussetzung für eine gezielte berufliche Förderung und Qualifizierung von Frauen ist eine qualitative Personalentwicklungsplanung, die den zukünftigen Personalbedarf und die zukünftigen Arbeits- und Beschäftigungsstrukturen erkennen läßt. Wesentlicher Bestandteil einer solchen qualitativen Personalentwicklungsplanung muß eine umfassende und regelmäßige Berichterstattung über die Lage der Frauen nach Berufsgruppen, Hierarchiestufen und Beschäftigungsbereichen sein. Diese Statistik muß Handlungsbedarf, aber auch Handlungsmöglichkeiten erkennen lassen.

In den Interviews wird sowohl von Frauenbeauftragten wie Betriebsrätinnen und Betriebsräten das Fehlen einer solchen qualitativen Personalentwicklungsplanung mit dafür verantwortlich gemacht, daß qualifizierende Maßnahmen für Frauen, für zukünftige Projekte, Umstellungsfälle et cetera nicht zielgerichtet vorgenommen und eingeklagt werden können. Vielmehr zeige sich die Notwendigkeit, gleichstellungspolitische Überlegungen bereits in das Planungsstadium neuer Projektvorhaben einzubeziehen, in dem die Daten für die technische, arbeitsorganisatorische und personelle Besetzung von Anlagen festgelegt werden.

Als Mangel erweist sich insbesondere aus Sicht der Frauenbeauftragten, daß zwar eine regelmäßige Berichtspflicht seitens der Frauenbeauftragten über bisher durchgeführte Maßnahmen zur beruflichen Förderung von Frauen vorgesehen ist und ein halbjährlicher Soll-Ist-Vergleich von der „Kommission zur Gleichstellung“ auf AG-Ebene durchgeführt werden soll. Doch ohne klare Zielvorgaben und ohne Sanktionsmaßnahmen für den Fall, daß Maßnahmen oder Projekte nicht oder nur unzureichend umgesetzt werden, und ohne die Möglichkeit, die Einhaltung von vereinbarten Maßnahmen oder Projekten einklagen zu können, bestehe die Gefahr, daß derartige „Erfolgskontrollen“ eher Makulatur bleiben.

Damit Frauenförderpläne überhaupt mit Leben erfüllt werden, müssen Frauenbeauftragte und Gleichstellungsausschüsse, weitgehender als das in der vorliegenden Rahmenvereinbarung der Fall ist, mit eindeutig definierten Kompetenzen und Beteiligungsrechten für die Konzipierung von Frauenfördermaßnahmen, deren Fortentwicklung und Umsetzung, für die Kontrolle der Einhaltung von Gleichstellungsvereinbarungen sowie für die Entgegennahme und Überprüfung von Anregungen und Beschwerden von seiten der Beschäftigten ausgestattet werden. Voraussetzung für die Wirksamkeit derartiger Instanzen ist, daß personelle Angelegenheiten so transparent wie möglich gehandhabt werden, das heißt, daß vakante Stellen offen und geschlechtsneutral ausgeschrieben werden und den betrieblichen Frauenbeauftragten in der Privatwirtschaft – ähnlich wie denen im öffentlichen Dienst der Bundesrepublik Deutschland – das Recht des Einblicks, der Beteiligung und des Einspruchs bei allen Frauen betreffenden Maßnahmen eingeräumt wird.

Die vorliegende Fallstudie zeigt allerdings auch, daß jede noch so ambitionierte Vereinbarung Makulatur bleibt, solange Frauenförderung als eine Angelegenheit speziell dafür eingesetzter Ausschüsse oder Frauenbeauftragter angesehen wird, die für Personalpolitik verantwortlichen betrieblichen Entscheidungsträger, seien es männliche Führungskräfte oder auch Betriebsratsmitglieder, keine Nachteile zu befürchten haben, wenn sie den Gleichstellungsauftrag von Vereinbarungen negieren oder sogar aktiv blockieren.

Damit Frauenförderpläne tatsächlich mit Leben erfüllt werden, bedarf es, das zeigen die Untersuchungsergebnisse deutlich, wie bei anderen Führungsaufgaben auch bestimmter Anreizsysteme, aber auch Sanktionen, die sicherstellen, daß Personalverantwortliche sich tatsächlich um die berufliche Förderung von Frauen kümmern. Die Delegation von Frauenförderung an einzelne Frauenbeauftragte allein, die möglicherweise nur über Beratungs- und Initiativrechte verfügen, als Einzelkämpferinnen im Management angesiedelt und diesem gegenüber zur Loyalität verpflichtet sind, ist keine Garantie für eine erfolgreiche Gleichstellungspolitik. Sie muß ergänzt werden durch Instrumente, die die für Personal-, Organisations- und Planungsfragen Verantwortlichen in die Pflicht nehmen.

Darüber hinaus muß sie abgestützt sein durch eine angemessene Repräsentation von Frauen in den relevanten Organen der betrieblichen Interessenvertretung (Ausschüssen, Hierarchieebenen), aber auch in unternehmensinternen Gremien und Ausschüssen, um Frauen eine ausreichende Beteiligung und Mitwirkung an betrieblichen und personalpolitischen Entscheidungsprozessen zu garantieren. Dies ist, wie die Fallstudie zeigt, vor allem in Bereichen mit einem niedrigen Frauenanteil äußerst schwierig zu realisieren. Gerade in diesen Bereichen könnten Modelle analog der auf Unternehmensebene institutionalisierten „Kommission zur Frauenförderung“ auch auf Werksebene sowie auf der Ebene kleinerer Einheiten greifen, die paritätisch mit Männern und Frauen, Arbeitgeber- und Arbeitnehmervertretern besetzt sind. Diese sollten sowohl zur Entwicklung von „Richtlinien“ zur Gleichstellungspolitik als auch zur Kontrolle der Einhaltung dieser Richtlinien verpflichtet sein. Auf dicse Weise könnte es gelingen, das sehr stark in die „Frauenecke“ abgedrängte Thema beruflicher Chancengleichheit unternehmenspolitisch klarer als ein beide Geschlechter betreffendes Strukturproblem zu sehen und zu bearbeiten.

In Bereichen mit einem hohen Frauenanteil käme es ergänzend darauf an, Frauen über die Quotierung von betrieblichen Organen der Interessenvertretung auf der Basis erweiterter Mitbestimmungsrechte des Betriebsrates in gleichstellungspolitisch relevanten Fragen – Forderungen, wie sie in jüngster Zeit von der Industriegewerkschaft Metall aufgestellt werden – eine angemessene Repräsentanz in betrieblichen Entscheidungsprozessen zu verschaffen. Erst wenn weder die betriebliche Frauenbeauftragte im Management um ihre Existenz noch die Frauen im Betriebsrat um ihr Mandat fürchten müssen, solange sie konfliktträchtige, gleichstellungspolitische Themen auf die Tagesordnung setzen, könnte sich das in vielen Fällen eher durch Konkurrenz um prestige- und erfolgsträchtige Projekte als durch Kooperation bei konfliktträchtigen Themen geprägte Verhältnis zwischen Betriebsrätinnen und Frauenbeauftragter im Management entspannen, könnte es gelingen, auch männliche Akteure zu der notwendigen Kooperation in gleichstellungspolitischen Fragen zu bewegen.

6. Fallstudie B: Unternehmen der Genußmittelindustrie

6.1 Die Rahmenvereinbarung „Frauenförderung" von 1988

Im Konzern B wird zwischen Vorstand und Gesamtbetriebsrat „in Übereinstimmung mit der Gewerkschaft Nahrung-Genuß-Gaststätten" eine Rahmenvereinbarung mit der allgemeinen Zielsetzung getroffen, die berufliche und die betriebliche Situation der weiblichen Beschäftigten im Konzern weiter zu verbessern. Die Vereinbarung besteht in einem „Frauenförderplan", er legt eine regelmäßige Datenermittlung („Ist-Analyse") und regelmäßige Beratungen zwischen den Betriebsparteien fest und enthält insgesamt sechs Einzelmaßnahmen zur Frauenförderung.

Der Konzern verpflichtet sich in der Rahmenvereinbarung, im Bereich der Personalwirtschaft jährlich Daten zum Umfang der Beschäftigung von Frauen und zur Struktur nach Tarifgruppen und Tätigkeitsbereichen zu erstellen, aus denen auch der Anteil von Frauen mit Führungsaufgaben, der Anteil unter den Trainees und unter den Auszubildenden zu ersehen sind. Diese Ist-Analyse soll als Grundlage für Vorstand und Gesamtbetriebsrat dienen, die jährlich über Maßnahmen beraten und gemeinsame längerfristige Zielvorstellungen für drei bis fünf Jahre hinsichtlich der Beteiligung von Frauen in den verschiedenen Funktions- und Verantwortungsstufen verabreden sollen. Über die Betriebsräte und das Management in den Unternehmensbereichen wird gesagt, sie „bemühen sich gemeinsam um die Umsetzung der Maßnahmen".

Der Frauenförderplan enthält folgende sechs Maßnahmen:

- *Stellenausschreibungen*, intern oder extern, werden grundsätzlich in weiblicher und männlicher Form abgefaßt. Ausschreibungen für Berufsfelder, in denen Frauen bisher nicht oder geringfügig vertreten sind, sollen Frauen gezielt ansprechen und zu einer Bewerbung motivieren.

- Bei Entscheidungen über *Einstellungen* sollen allein Leistung, Können, Erfahrung und charakterliche Eignung zählen und Frauen und Männer gleiche Chancen haben.
- In Bereichen der *Ausbildung*, in denen bisher Mädchen überhaupt nicht oder in geringer Zahl ausgebildet wurden, sollen ihnen verstärkt Ausbildungsplätze angeboten werden.
- Auch in der *fachlichen und berufsbezogenen Fort- und Weiterbildung* soll der Vorstand darauf hinwirken, daß Frauen in den Bereichen verstärkt beteiligt werden, in denen sie sich bisher gar nicht oder nur geringfügig beteiligt haben.
- Um die verstärkte *Beförderung* von Frauen zu erreichen, soll mit „gezielter Ansprache“ durch die Personalabteilungen der Unternehmen des Konzerns darauf hingewirkt werden, daß Frauen sich insbesondere bei innerbetrieblichen Ausschreibungen für höher qualifizierte Tätigkeiten bewerben. Interessierte und geeignete Frauen sollen gezielt gefördert und auf die Übernahme qualifizierter Tätigkeiten vorbereitet werden.
- Zur *Wiedereingliederung nach zeitweiligem Ausscheiden* aus familiären Gründen heißt es, daß sich die Unternehmen „verpflichten ..., Frauen ... bei der Rückkehr an den Arbeitsplatz besonders zu fördern“. Ihnen sollen – immer betriebliche Möglichkeiten und betrieblicher Bedarf vorausgesetzt – betriebliche und außerbetriebliche Fort- und Weiterbildung sowie während der Familienpause zeitweilige Beschäftigungen als Aushilfs- und Vertretungskraft angeboten werden. Bei Wünschen nach einer besonderen Arbeitszeitgestaltung soll den Frauen im Rahmen der betrieblichen Möglichkeiten ein Angebot unterbreitet werden.

Die Rahmenvereinbarung benennt die verschiedenen Felder der Frauenförderung im Unternehmen, Wege zur Sicherung der Datenbasis für kontinuierliche Berichterstattung und die allgemeinen Zielsetzungen. Da weder die Zuständigkeiten für Entscheidungen festgelegt noch konkrete Ziele für die verschiedenen genannten frauenpolitischen Fördermaßnahmen vorgegeben werden, enthält die Rahmenvereinbarung große Interpretationsspielräume. Sie müssen im mikropolitischen Feld ausgehandelt werden, wobei nicht zuletzt aufgrund der mehrfachen Hinweise auf die betrieblichen Belange dem Management und insbesondere der Personalentwicklung von vornherein ein großer Einfluß zugesprochen wird.

Die Analyse der Umsetzung der Rahmenvereinbarung zielt daher, wie schon im Falle des Unternehmens A, vor allem darauf zu klären,

- welche unternehmens- und betriebsinternen Regelungen in Form von organisatorischen Zuständigkeiten, Gestaltungsspielräumen und Kompetenzen zur Frauenförderung geschaffen wurden,
- welche konkreten Förderziele aus der Rahmenvereinbarung entwickelt wurden und
- mit welchen Ergebnissen sie im einzelnen umgesetzt wurden.

Darüber hinaus wird auf der Basis von Gruppendiskussionen berichtet, welche Erfahrungen die Frauen im untersuchten Werk des Konzerns B mit Maßnahmen der Frauenförderung gemacht haben.

6.2 Zur Genese der Rahmenvereinbarung

Strukturmerkmale des Unternehmens und der industriellen Beziehungen

Das in der Fallstudie untersuchte Werk ist einer der drei Produktionsbetriebe eines führenden Unternehmens der Genußmittelindustrie, dessen Umsatz nach Verbrauchssteuern sich von circa 1,7 Mrd. DM im Jahre 1990 bis 3,5 Mrd. DM im Jahre 1996 entwickelte; im gleichen Zeitraum wuchs die Zahl der Beschäftigten von 5.000 auf 12.000 Personen. Der Konzern hatte in der zweiten Hälfte der achtziger Jahre die vorangegangene Diversifikation in das Getränkegeschäft wieder rückgängig gemacht und konzentriert sich ab 1990 auf das nationale und internationale Zigarettengeschäft. Absatzeinbußen, verursacht durch die demographische Entwicklung und die stärker werdende Anti-Raucher-Bewegung, konnten durch die Entwicklung der sogenannten Leicht-Marken zum Teil ausgeglichen werden. Von 1989 bis 1991 wuchs der Inlandsabsatz um circa 24 Prozent – eine Entwicklung, die primär dadurch bedingt war, daß in den neuen Bundesländern ein zusätzlicher Markt entstanden war. Seitdem stagniert der Inlandsabsatz bei etwa 32 Mrd. Zigaretten jährlich.

Der Konzern hat seine internationalen Aktivitäten durch Beteiligungen an mehreren Unternehmen in Ostmitteleuropa, die in den meisten Fällen bei mehr als 75 Prozent liegen, bis 1996 erheblich ausgeweitet: in diesem Jahr wurden 54 Prozent der Gesamtproduktion im Ausland hergestellt, der Auslandsanteil am gesamten Konzernabsatz wuchs 1996 auf mehr als 70 Prozent an. Die Konzernspitze sieht das Unternehmen seit Mitte der neunziger Jahre mehr und mehr als internationales Unternehmen mit dem wichtigsten regionalen Schwerpunkt in Deutschland; die Frage nach der Sicherung der Produktivität in den deutschen Werken rückt seit Anfang der neunziger Jahre bei allen Gesprächen und Verhandlungen zwischen Management und Betriebsrat immer stärker in den Vordergrund. Im Jahre 1995 wird der Konzern einer größeren Holding der Nahrungs- und Genußmittelbranche eingegliedert.

Die Zahl der Beschäftigten in der deutschen Konzerngesellschaft ist seit 1990 um mehrere hundert Beschäftigte auf zuletzt knapp 3.100 in den Jahren 1995 und 1996 gesunken. Im einbezogenen Werk lag sie zum Erhebungszeitpunkt bei etwa 800.

Die Arbeit in der Produktion ist seit Ende der achtziger Jahre durch weitere Automatisierungsschritte gekennzeichnet, die sich nicht zuletzt an einer Reduzierung der Maschinenführerinnen je Maschine ablesen läßt. Darüber hinaus wurden im Jahre 1994 neue Formen der Arbeitszeitflexibilisierung eingeführt, nicht nur, um die zum Teil kurzfristigen Produktionsschwankungen auffangen zu können, sondern vor allem, um die Betriebszeiten – zwei oder drei Schichten – mit den persönlichen Arbeitszeiten in Einklang bringen zu können. Auch in diesem Konzern wurden ab 1995 vom Management Konzepte der „schlanken Produktion“ und von Gruppenarbeit zur Steigerung der Produktivität und Verbesserung des Arbeitsablaufs eingeführt.

Mit dem gleichen Ziel wurde 1993 eine grundlegende Reorganisation der Betriebsabläufe in der Verwaltung in Angriff genommen; eine überwiegend personenbezogene Führung sollte durch eine sachbezogene Bereichs- und Abteilungsorganisation ersetzt werden. Zwei Jahre später wurde von der Konzernführung für die ausgeweiteten internationalen Führungsaufgaben eine regional ausgerichtete Matrixorganisation entwickelt.

Das Verhältnis der Betriebsräte zur Unternehmensführung ist in diesem Konzern wie in der gesamten Branche traditionell durch eine konsensorientierte Kooperationsbereitschaft gekennzeichnet. Sie wird den Betriebsräten dadurch erleichtert, daß das Entgeltniveau im Konzern und in der Branche über dem vergleichbarer anderer Branchen liegt und in erheblichem Ausmaß Sonderleistungen gezahlt werden. In den Tarifverhandlungen während der neunziger Jahre gab es jeweils eine relativ schnelle Einigung auf moderate Abschlüsse, die sich in der Tendenz nicht von denen anderer Branchen unterschieden, jedoch den Besitzstand ohne offene Auseinandersetzungen wahren konnten. Die grundsätzliche Kooperationsbereitschaft der Betriebräte wurde durch die verschiedenen Restrukturierungsmaßnahmen und die Internationalisierung des Konzerns stark belastet, weil die Betriebsräte bei wichtigen Entscheidungen häufig nur sehr kurzfristig informiert oder vor vollendete Tatsachen gestellt wurden und entsprechend geringen Einfluß auf unternehmensinterne Entwicklungen nehmen konnten. Diese Erfahrungen hatten auf seiten der Arbeitnehmervertretung Mitte der neunziger Jahre einen Politikwechsel in dem Sinne zur Folge, in Verhandlungen nicht mehr auf Regelwerke hinzuarbeiten, die möglichst viele denkbare umstrittene Situationen regulieren sollten, sondern, entsprechend den neuen Arbeitsformen mit mehr Selbstbestimmung, eine offene Zusammenarbeit auf der Basis von „Vertrauensabsprachen" anzustreben. Auf diesem Wege sollten Mitarbeitern und Management im Rahmen partnerschaftlichen Vorgehens Spielräume für situationsgerechte Entscheidungen ermöglicht werden.

Zur Beschäftigungsstruktur

Die Entwicklung der Beschäftigung und der Beschäftigungsstruktur im untersuchten Konzernbereich weist die für die Genußmittelindustrie typischen Konturen auf. Insgesamt hatte sich die Anzahl der im Konzernbereich beschäftigten Frauen und Männer zwischen 1978 und 1987, dem Jahr, in dem die Initiative zur Einführung des Frauenförderprogramms ergriffen wurde, erheblich erhöht, doch waren es bis auf wenige Ausnahmen Männer, die von der Nachfrage nach qualifizierten Arbeitskräften profitierten. Im gewerblichen Bereich, in dem Frauen traditionellerweise dominiert hatten, führten die überproportionalen Neueinstellungen qualifizierter männlicher Fachkräfte dazu, daß dort seit 1986 in der Mehrzahl Männer beschäftigt waren. Es kam auch im untersuchten Werk zu dem branchentypischen Umschichtungsprozeß zugunsten männlicher Facharbeit. Im Unterschied zu anderen Betrieben der Branche blieb im untersuchten Werk der negative Beschäftigungseffekt technisch-organisatorischer Rationalisierung für angelernte Arbeiterinnen lange Zeit aus. Durch Produktionsverlagerung von einem anderen Standort ins Werk wurden im Bereich un- und angelernter Frauenarbeit keine Arbeitsplätze abgebaut. Die kognitiven Anforderungen und nervlichen Belastungen an diesen Arbeitsplätzen stiegen allerdings stetig, ohne daß zunächst durch eine höhere Entlohnung ein gewisser Ausgleich geschaffen worden wäre. Hinzu kam eine veränderte Politik der Personalleitung, sukzessive un- und angelernte Arbeiterinnen durch weibliche und männliche Arbeitskräfte mit technischen Berufsausbildungen zu ersetzen.

Zu Beginn der Erhebungen der Fallstudie Anfang 1991 waren von den 3.900 Beschäftigten des Konzerns 44 Prozent Frauen. Von diesen Frauen arbeiteten zwei Drittel im industriell-gewerblichen Bereich und lediglich ein Drittel als Angestellte. Der weitaus größte Teil der Frauen im industriell-gewerblichen Bereich war als an- oder ungelernte Arbeiterin eingestellt worden und wurde überwiegend als Maschinenführerin in der Produktion, zum Teil auch in vor- und nachgelagerten Bereichen eingesetzt. Der Anteil der Frauen an den Beschäftigten im industriell-gewerblichen Bereich sank von 1989 bis 1996 leicht von 47 Prozent auf 43 Prozent.

Die Frauen im Angestelltenbereich übten entweder einfache Bürotätigkeiten aus oder waren Sachbearbeiterinnen und Sekretärinnen mit einer mittleren Berufsqualifikation. Die männlichen Angestellten fanden sich hingegen überwiegend in den technischen und in den planenden sowie überwachenden Funktionen der Betriebe; nahezu alle Führungspositionen auf den verschiedenen Ebenen waren mit Männern besetzt.

Ökonomische, politische und gesellschaftliche Rahmenbedingungen

Die Diskussionen und Initiativen, die zur Entscheidung über die Betriebsvereinbarung geführt haben, fanden in den Jahren 1986 bis 1988 statt, etwa im gleichen Zeitraum, in dem die Betriebsvereinbarung des Konzerns A vorbereitet wurde. Die allgemeinen politischen und gesellschaftlichen Bedingungen, die für die Initiierung der Frauenförderung im Unternehmen A relevant wurden, gelten auch für Unternehmen B: weitgehende Akzeptanz der Forderung nach Gleichberechtigung von Frauen in der politischen Öffentlichkeit, in den Gewerkschaften und zum Teil in den Arbeitgeberverbänden sowie das Vorbild erster Vereinbarungen zur Frauenförderung in einzelnen Großunternehmen. Neben der Tatsache, daß das Thema betriebliche Frauenförderung auf der gesellschaftspolitischen Tagesordnung von Großunternehmen, Arbeitgeberverbänden und Gewerkschaften seit Mitte der achtziger Jahre an Gewicht gewann, sind langjährige frauenpolitische Aktivitäten in der Gewerkschaft Nahrung-Genuß-Gaststätten (NGG) als besondere Voraussetzung für den erfolgreichen Verlauf der Bemühungen um eine Betriebsvereinbarung im Konzern B zu nennen; 1986 war im Organisationsbereich dieser Gewerkschaft die erste Vereinbarung zur betrieblichen Frauenförderung mit einem großen Konzern geschlossen worden.

Vergleichbar der Entwicklung in der Industriegewerkschaft Metall hatten sich Frauen in der Gewerkschaft NGG seit Ende der siebziger Jahre für Gleichstellungsmaßnahmen in Unternehmen der Branche engagiert. Im Zentrum der Gleichstellungspolitik dieser Gewerkschaft stand in der ersten Hälfte der achtziger Jahre für geraume Zeit die Politik des „gleichen Lohns für gleichwertige Arbeit“, die jedoch angesichts von Widerständen im Management der Unternehmen wie unzureichender Unterstützung durch Gewerkschaftsvertreter und Betriebsratsmitglieder Mitte der achtziger Jahre zu versanden drohte. Aus diesen Erfahrungen resultierte die Einsicht, in der Frauenpolitik einen Kurswechsel vorzunehmen und stärker auf die Initiierung von betrieblichen Vereinbarungen zur Frauenförderung zu setzen. Dieser politischen Neuorientierung lag mehr oder weniger explizit die Auffassung zugrunde, Programme zur Frauenförderung als normativ-rechtlicher Bezugspunkt betriebspolitischen Handelns könnten den Ausgangspunkt dafür liefern, in den Unternehmen der Branche Prozesse in Gang zu setzen, die allmählich zum Abbau überkommener objektiver wie subjektiver Mechanismen geschlechtshierarchischer Diskriminierung und Benachteiligung führen würden. Über eine ausgearbeitete, auf die spezifischen Voraussetzungen und Bedingungen in der Branche zugeschnittene Konzeption betrieblicher Frauenförderung verfügten die Gewerkschafterinnen zu diesem Zeitpunkt allerdings nicht. Die betriebliche Gleichstellung der Geschlechter sollte innerhalb des überkommenen, weitgehend von Männern bestimmten Systems industrieller Beziehungen über den Abschluß frauenfördernder Vereinbarungen als eigenes, dezidiert frauenpolitisch ausgerichtetes Politikfeld institutionalisiert werden.

Als ein zentrales Hauptproblem erwies sich nach Aussagen beteiligter Funktionärinnen der Gewerkschaft NGG die „Übersetzung“ der gleichstellungspolitischen Forderungen in Zielsetzungen und Handlungskontext der Betriebsräte in den Unternehmen. Betriebliche Arbeitspolitik wurde auf seiten des Managements wie auf seiten der Betriebsräte weitgehend von Männern gemacht und konzentrierte sich auf die Regelung von Ansprüchen der männlichen „Normalarbeitskraft“. Bei der Vermittlung frauenpolitischer Forderungen und ihrer Umsetzung in Betriebsvereinbarungen kam den Betriebsratsvorsitzenden, in der Regel Männern, eine entscheidende „Übersetzungsfunktion“ zu. Als Verbindungsglied zwischen Gewerkschaft und Unternehmen nahmen sie Einfluß darauf, mit welchen Argumenten und Legitimationen die Forderungen in den Unternehmen präsentiert wurden.

Schon hier tauchte das Problem auf, die Interessen weiblicher Beschäftigter einerseits im Sinne einer umfassenden Solidaritätsnorm als die aller Beschäftigten zu interpretieren. Andererseits mußte auf einem ganzen Bündel speziell auf Gleichstellung gerichteter Vorschläge insistiert werden, die, würden sie durchgesetzt, in vielfältiger Weise zu Lasten männlicher Beschäftigter gehen könnten. Zielte doch die Einführung von Frauenförderprogrammen, so wie sie in Kreisen des DGB zum damaligen Zeitpunkt diskutiert und in ihren Grundsätzen zunächst von den Vertreterinnen der Gewerkschaft NGG übernommen wurden, auf den Abbau von Ungleichheiten zwischen den Geschlechtern im Betrieb, unter Ausklammerung der unabhängig davon existierenden Ungleichheiten zwischen Kapital und Arbeit. Im Unterschied zur vorangegangenen Kampagne „gleicher Lohn für gleichwertige Arbeit" bedeutete dies eine Verschiebung der innerbetrieblichen Auseinandersetzungen hin zur verstärkten Thematisierung von Benachteiligungen einer Gruppe von Beschäftigten. Die unter Gewerkschafterinnen in der zweiten Hälfte der achtziger Jahre vorrangig diskutierten frauenfördernden Maßnahmen hatten für die Betriebspolitik zur Folge, mit dem überkommenen Verständnis einer übergreifenden, weibliche und männliche Belegschaftsmitglieder in gleicher Weise einschließenden Solidarität zu brechen. Diese Solidaritätsnorm hatte in der Vergangenheit häufig dazu beigetragen, daß Interessen und Wünsche von Frauen im Betrieb denen der Männer untergeordnet worden waren.

6.3 Die Initiierung der Rahmenvereinbarung

Die Institutionalisierung betrieblicher Frauenförderung im Unternehmen B ist auf die Initiative von Vertreterinnen der Gewerkschaft NGG zurückzuführen. Vor dem Hintergrund der vorangegangenen gescheiterten Implementationsversuche in anderen Unternehmen wählten die beteiligten Gewerkschafterinnen diesen Konzern bewußt aus. Maßgeblich hierfür war der Sachverhalt, daß der Konzern traditionsgemäß zu den führenden Unternehmen und damit zu den „Trendsettern" der Branche zählte. Von der Institutionalisierung eines Frauenförderprogramms in einem solchen Unternehmen erhofften sich die Gewerkschafterinnen einen Schneeballeffekt in Sachen Frauenförderung in der gesamten Nahrungs- und Genußmittelindustrie. Für die Richtigkeit dieser Einschätzung spricht im nachhinein, daß es nach der Implementation frauenfördernder Maßnahmen im Unternehmen B sowie bei einem weiteren Branchenführer auch in anderen Unternehmen zum Abschluß entsprechender Vereinbarungen kam.

Demgegenüber spielten für die Gewerkschaftsvertreterinnen Überlegungen keine bedeutende Rolle, an die potentiell vorhandenen modernisierungspolitischen Aspekte betrieblicher Frauenförderung anzuschließen und, wie in anderen Unternehmen der Genußmittelindustrie, Reaktionen auf Tendenzen technisch-organisatorischen Wandels im Sinne einer betrieblichen Frauenförderpolitik zu nutzen. Gerade Unternehmen B war in der Branche für seine permanente Innovationsfähigkeit hinsichtlich technischer, organisatorischer und auch sozialpolitischer Neuerungen bekannt. Dies hätte dafür sprechen können, hierin vielleicht ein breitgestreutes Feld von Ansatzpunkten zu sehen, die, vermittelt über eine entsprechend orientierte Personalpolitik, auch in gleichstellungspolitischer Absicht aufgegriffen werden konnten.

Die Initiierung betrieblicher Frauenförderung in diesem Unternehmen läßt sich als von Frauen induzierte Gleichstellungspolitik von außen und von oben charakterisieren. „Von oben" meint in diesem Fall zum einen die ausschlaggebende externe Initiative der frauenpolitischen Akteurinnen der Einzelgewerkschaft und die Bereitschaft der Spitzen von Management und Betriebsrat im Konzern, diese Initiative aufzunehmen und zu fördern. Ähnlich verhielt es sich bei dem erwähnten zweiten Branchenführer. Eine zentrale organisatorische wie personelle Voraussetzung dafür, daß es überhaupt zur Initiierung frauenfördernder Maßnahmen in diesen beiden Unternehmen kam, ist in der Besetzung hochrangiger Positionen innerhalb der Gewerkschaft durch gleichstellungspolitisch engagierte Frauen zu sehen. Im Falle des Unternehmens B übernahmen die damalige für „Frauen" und „Sozialpolitik" zuständige Vorstandsfrau der Gewerkschaft NGG sowie ihre zu diesem Zeitpunkt bereits designierte Nachfolgerin im Amt die Federführung bei der Initiierung.

Die Befunde der Fallstudie belegen, daß die gewerkschaftlichen Funktionärinnen sich im Zuge des Initiierungsprozesses an den vorgefundenen, von Männern dominierten, hierarchisch strukturierten Kompetenzverteilungen und Entscheidungsabläufen orientierten und aufgrund ihres hohen gewerkschaftlichen Status vergleichsweise große Einfluß- und damit auch Gestaltungsmöglichkeiten gewannen, die sie wiederum geschickt zu nutzen wußten. Mit ihrem Engagement wollten sie sowohl möglichen Widerständen betrieblicher Interessenvertreter entgegenwirken als auch die zu Beginn vorhandene Schwierigkeit besser lösen, daß weibliche Beschäftigte als Träger der geplanten Frauenförderpolitik erst aktiviert werden müßten. Nicht zuletzt diese Einschätzungen waren offenbar von entscheidender Bedeutung für die Wahl eines klassischen *top down*-Verfahrens als Handlungsstrategie für den Initiierungsprozeß. Dies lief darauf hinaus, den in der Vergangenheit in anderen Unternehmen blockierten Weg gewerkschaftlicher Interessenvertretungspolitik von „unten" nach „oben" zu vermeiden.

Die Stellung der beiden Frauen in der Gewerkschaftsorganisation und die damit verbundenen Handlungsmöglichkeiten legten eine solche Vorgehensweise zweifelsohne nahe und begünstigten sie. Hierzu trug offensichtlich aber auch eine politisch-pragmatische Orientierung bei, die es ihnen gestattete, sich hinsichtlich der einzelnen Schritte ihrer politischen Praxis nicht allzusehr von überkommenen Loyalitäten gegenüber tradierten Inhalten und Formen betrieblicher Interessenvertretungspolitik leiten zu lassen. In dieser politischen Einstellung und Haltung kamen die langjährigen Erfahrungen der beiden Funktionärinnen mit kooperationsorientierten, informelle Entscheidungen suchenden sowie auf Konsens ausgerichteten Modi betrieblicher Interessenregulierung zum Tragen, die im untersuchten Konzern stark ausgeprägt waren. Zugleich verstanden es die beteiligten Gewerkschaftsfunktionärinnen allerdings, die dieser Politik zugrundeliegenden Normen und Regeln in gleichstellungspolitischer Absicht zu nutzen. So suchten sie zunächst über informelle Absprachen eine gleichstellungspolitische Allianz mit den Vertretern des Managements und des Betriebsrates herzustellen, die in Fragen der betrieblichen Personal- und Interessenvertretungspolitik „das Sagen" hatten: mit dem Arbeitsdirektor des Konzerns und dem Vorsitzenden des Gesamtbetriebsrates. Aufgrund ihrer betrieblichen Positionen und Entscheidungsbefugnisse waren diese beiden Männer für die Durchsetzung einer betrieblichen Frauenförderpolitik in der Tat von entscheidender Bedeutung. Als Mitglied des Vorstandes war der Arbeitsdirektor für die Personalpolitik des gesamten Unternehmens verantwortlich, während der Gesamtbetriebsratsvorsitzende die Politik der Betriebsräte in der Hauptverwaltung wie in den einzelnen Werken stark beeinflußte.

Hoher gewerkschaftlicher Status und langjährige Kooperation erlaubten es den beiden Funktionärinnen, ohne Schwierigkeiten direkte Absprachen mit diesen beiden betrieblichen Entscheidungsträgern zu treffen. So nutzte eine der Frauen offizielle Treffen zwischen Gewerkschaftsfunktionären und Mitgliedern der Konzernleitung, um in informellen Gesprächen den ihr seit Jahren bekannten Arbeitsdirektor für die Einführung betrieblicher Frauenförderung zu gewinnen, während die zweite den Gesamtbetriebsratsvorsitzenden im Zuge routinemäßig stattfindender Telefonate von der Notwendigkeit überzeugte, betriebliche Frauenförderung zu institutionalisieren. Für die beiden Gewerkschaftsvertreterinnen stand, auch wenn sie die direkte Kooperation mit dem für Personalfragen maßgeblichen Vorstandsmitglied des Konzerns suchten, zu keinem Zeitpunkt zur Debatte, die betriebliche Interessenvertretung bei der Initiierung zu übergehen. Diese Haltung resultierte auch aus der Einschätzung, die Einführung und vor allem die spätere Umsetzung eines Frauenförderprogramms sei letztlich nur mit Unterstützung der Betriebsräte und nicht etwa in Opposition zu ihnen zu realisieren. Infolgedessen fiel auch in den Augen der beiden Gewerkschafterinnen dem Gesamtbetriebsratsvorsitzenden des Konzerns eine zentrale Rolle bei der Initiierung betrieblicher Frauenförderung zu. Er sollte helfen, diese Zielsetzung sowohl im Gesamtbetriebsrat wie auch in den Betriebsräten der einzelnen Werke durchzusetzen. Dem lag auf seiten der Initiatorinnen die Annahme zugrunde, auf diese Weise „von oben" die möglicherweise ablehnende Haltung männlicher Interessenvertreter gegenüber der Einführung frauenfördernder Maßnahmen überwinden zu können.

Die Aktivitäten der beiden Funktionärinnen führten relativ schnell zu dem Ergebnis, beide in Sachen Frauenförderung maßgeblichen Vertreter des Konzerns für eine entsprechende Betriebsvereinbarung, die im Frühjahr 1988 abgeschlossen wurde, zu gewinnen. Dies bedeutete nicht allein eine informelle Vorabklärung darüber, daß die Einführung betrieblicher Frauenförderung von diesen Männern akzeptiert wurde. Weitaus wichtiger war, daß es den Gewerkschafterinnen gelang, eine Kooperationsvereinbarung für den weiteren Institutionalisierungsprozeß zu treffen. Sie dokumentierte die Bereitschaft von Arbeitsdirektor und Gesamtbetriebsratsvorsitzendem, die ihnen qua Status und Funktion zur Verfügung stehenden Einflußmöglichkeiten für den Entwicklungs- und Einführungsprozeß eines frauenfördernden Konzepts zu nutzen, und zwar in Absprache mit der Gewerkschaft NGG, das heißt vor allem den beiden Gewerkschaftsfunktionärinnen.

6.4 Die Aushandlung der Rahmenvereinbarung

Betriebliche Modernisierung und korporatistische Unternehmenskultur als Grundlage und Medium frauenfördernder Maßnahmen

Zur offenkundigen Überraschung der beiden Initiatorinnen erwies sich die gleichstellungspolitische Überzeugungsarbeit, die sie beim Arbeitsdirektor und beim Gesamtbetriebsratsvorsitzenden des Konzerns leisteten, als relativ problemloses und sehr erfolgreiches Unterfangen. Sie wie auch andere Gesprächspartnerinnen erklärten die Bereitwilligkeit beider Männer, die Einführung eines Frauenförderprogramms mitzutragen, vor allem mit ihrer ausgeprägten Aufgeschlossenheit gegenüber den Erwerbsinteressen und -wünschen von Frauen. Diese Aufgeschlossenheit ist auf ein Bündel von Motiven zurückzuführen.

Für die Bereitschaft des Arbeitsdirektors, sich an der Initiierung betrieblicher Frauenförderung zu beteiligen, war offenkundig ausschlaggebend, daß sie mit personalpolitischen Konzepten vereinbar erschien, die er als verantwortlicher Topmanager des Konzerns in diesem Bereich verfolgte. Gleichzeitig verweisen die Aussagen der Initiatorinnen durchaus auf die Bedeutung, die der individuellen Offenheit dieses Mannes für die Erwerbsinteressen von Frauen zukam. Weil er die Realisierung der Erwerbsinteressen und -wünsche von Frauen als legitimes Ziel anerkannte, wuchs offenkundig seine Bereitschaft, Anforderungen, denen seiner Meinung nach das Unternehmen zu genügen hatte, neben anderen denkbaren Wegen auch durch gleichstellungspolitische Lösungen Rechnung zu tragen – zumindest so weit, wie dem Arbeitsdirektor betriebliche Erfordernisse und frauenfördernde Maßnahmen miteinander kompatibel erschienen.

Mit den Zielsetzungen, die der Arbeitsdirektor beziehungsweise der Konzernvorstand bei der Initiierung betrieblicher Frauenförderung verfolgten, wollten sie auf Entwicklungen des Absatzmarktes für Zigaretten, vor allem jedoch auf die Entwicklung des außer- und innerbetrieblichen Arbeitsmarktes Einfluß nehmen. So ist die Initiierung betrieblicher Frauenförderung von seiten des Arbeitsdirektors wie schließlich des Konzernvorstandes auch als Versuch zu verstehen, dem in den vorausgegangenen Jahren erlittenen Imageverlust des Unternehmens entgegenzuwirken. Die Befragten äußerten die Befürchtung, daß sich die Absatzchancen für Zigaretten langfristig als Folge des wachsenden Gesundheitsbewußtseins der Bevölkerung verschlechtern könnten. Wie statistische Erhebungen jedoch zeigen, sind es überwiegend Männer, die weniger Zigaretten konsumieren, während der Zigarettenkonsum bei Frauen ständig steigt. Um seine Marktanteile zu sichern beziehungsweise auszuweiten, verfolgte der Konzern offensichtlich die Strategie, seine Produktwerbung auch gezielt auf Frauen auszurichten. Hierbei wurde der Einführung betrieblicher Frauenförderung offenkundig die Funktion zugeschrieben, über ein frauenfreundliches Image Frauen als Käuferinnen und Konsumentinnen ansprechen zu können.

Im Hinblick auf den inner- und außerbetrieblichen Arbeitsmarkt verband der Arbeitsdirektor mit der Einführung eines frauenfördernden Programms vor allem das Interesse, durch die Förderung von qualifizierten Frauen den in der Zukunft zu erwartenden Bedarf an qualifizierten Fachkräften zu decken.

Ausschlaggebend hierfür schien die Befürchtung zu sein, in absehbarer Zukunft könnten nicht genügend qualifizierte und ausreichend motivierte männliche Arbeitskräfte zur Verfügung stehen. Durch die Entwicklung in der Vergangenheit erschien diese Befürchtung nicht gerechtfertigt, denn bisher hatten sich immer genügend Männer für die entsprechenden Arbeitsplätze gefunden. Aber es gab die Einschätzung, in Zukunft könnten die Männer in andere, zukunftsträchtigere Unternehmen abwandern. Insofern sollte die Einführung eines Frauenförderprogramms offenbar dazu beitragen, die Personalressource „Frau“ für Tätigkeiten zu mobilisieren, die für Männer zunehmend unattraktiv wurden. Hierfür spricht auch ein Blick auf das Fluktuationsverhalten männlicher Beschäftigter im größten Produktionsbetrieb des Unternehmens. Ab Mitte der achtziger Jahre nahm die Anzahl der neueingestellten männlichen Arbeiter und Angestellten stark zu, gleichzeitig schieden jedoch von diesem Zeitpunkt an männliche Beschäftigte dieser beiden Gruppen verstärkt aus dem Unternehmen aus. Hierbei handelte es sich in erster Linie um das benötigte qualifizierte und hochqualifizierte Personal. In der Einführung betrieblicher Frauenförderung sah der Arbeitsdirektor offenbar ein geeignetes Mittel, die Attraktivität des Unternehmens für qualifizierte und hochqualifizierte Frauen zu erhöhen.

Darüber hinaus zeigen die Zahlen, daß die Fluktuation von Frauen unter den Beschäftigten im Unternehmen deutlich geringer als die von Männern war. Auch hierin könnte ein Grund für die Bereitschaft des Arbeitsdirektors gelegen haben, sich für die Institutionalisierung frauenfördernder Maßnahmen zu engagieren. Freilich stellt sich in diesem Zusammenhang auch die Frage, ob das Fluktuationsverhalten der gesuchten qualifizierten weiblichen Beschäftigten dem von un- und angelernten Arbeiterinnen oder auch weiblichen Angestellten mit einfachen Qualifikationsniveaus entspricht, auf die sich die vorliegenden Zahlen hauptsächlich beziehen. Wie entsprechende Forschungen zeigen, hängt die vergleichsweise geringe Bereitschaft weiblicher Beschäftigter zur beruflichen Mobilität nicht ausschließlich von den jeweiligen Qualifikationsniveaus und damit verbundenen beruflichen Möglichkeiten oder auch Anforderungen ab. Vielmehr spielen die außerbetrieblichen tradierten Geschlechterbeziehungen, die ihnen immanente Arbeitsteilung und eine darauf bezogene „Rollenverteilung“ eine weitere maßgebliche Rolle. Daher erscheint die Annahme durchaus plausibel, auch weibliche Fach- und Führungskräfte neigten zu einem länger andauernden Verbleib in den jeweiligen Unternehmen als männliche, was ein weiterer Grund für die Einführung frauenfördernder Maßnahmen gewesen sein könnte.

Im Unterschied zum Bereich der qualifizierten Fachkräfte spielten Fragen der externen Rekrutierung bei der Gruppe der an- und ungelernten Arbeiterinnen, die im Unternehmen den größten Anteil der weiblichen Erwerbstätigen stellen, offenbar keine Rolle. Der Personalleitung zufolge gab es bei dieser Beschäftigtengruppe weder in der Vergangenheit Probleme bei der Deckung des Personalbedarfs, noch wurden solche Probleme für die Zukunft erwartet. Zum Zeitpunkt der Erhebung existierte sogar ein gewisser Überhang an Beschäftigten in diesem Tätigkeitsfeld, und perspektivisch wurde mit einem weiter abnehmenden Bedarf gerechnet. Im Hinblick auf diese Gruppe richtete sich das Augenmerk der Personalleitung bei der Initiierung frauenfördernder Maßnahmen offenkundig primär auf Probleme, die die Qualifikation der Produktionsarbeiterinnen betrafen. Angesichts permanenter technisch-organisatorischer Neuerungen und damit verbundener hoher Investitionskosten bestand für die Betriebe die Vorgabe, diese über den möglichst produktiven Einsatz der hochautomatisierten Produktionsanlagen zu amortisieren; der entsprechende Druck, ein reibungsloses Funktionieren der Anlagen sicherzustellen, hatte sich in den vergangenen Jahren sukzessive erhöht. Die möglichst effektive Bedienung der neuen kapitalintensiven Produktionsanlagen erforderte seitens der an ihnen tätigen Arbeiterinnen neben einer erhöhten Aufmerksamkeit vor allem eine schnellere Reaktionsfähigkeit, die zunehmend auch technische Grundkenntnisse und -fertigkeiten voraussetzte. Darüber hinaus waren im Verlauf der vorangegangenen Jahre verstärkt Wartungsaufgaben und solche der Qualitätskontrolle an die Produktionsmaschinen verlagert worden. Auch dies erhöhte die Qualifikationsanforderungen an die Produktionsarbeiterinnen erheblich, mit der Folge, daß die ihnen abverlangten Fähigkeiten, Fertigkeiten und vor allem auch technischen Kenntnisse permanent gewachsen waren.

Schließlich spielten in den Überlegungen des Arbeitsdirektors beziehungsweise des Konzernvorstandes zur Initiierung frauenfördernder Maßnahmen offenkundig auch Probleme eine Rolle, die mangelnde Einsatzbereitschaft und Motivation der Arbeiterinnen aufwarfen. Hierfür sprechen auch Aussagen in mehreren Expertengesprächen, die das Betriebsklima in der Produktion als ausgesprochen gereizt und konflikthaft beschreiben. Dies wurde vor allem auf die hohen Belastungen der Arbeiterinnen, ebenso jedoch auf Kooperationsschwierigkeiten zwischen den Arbeiterinnen wie auch zwischen ihnen und den ausschließlich männlichen Vorgesetzten zurückgeführt. Dies deutet darauf hin, daß Mitglieder der Unternehmensleitung bereits in der Initiierungsphase betriebliche Frauenförderung als ein Instrument dachten, das zur Erhöhung der Arbeitsproduktivität und -motivation der weiblichen Beschäftigten in der Produktion beitragen könnte. Insofern können frauenfördernde Regelungen im Zusammenhang einer im Unternehmen praktizierten Managementstrategie gesehen werden, die die Produktivität der Beschäftigten durch die gezielte Erzeugung eines leistungssteigernden Betriebsklimas zu erhöhen suchte, etwa durch das Versprechen einer gezielten Förderung einzelner leistungsbereiter Beschäftigter. Allerdings sind die Befunde hinsichtlich der Frage, inwieweit solche Überlegungen bereits für die Initiierung betrieblicher Frauenförderung wesentlich waren, nicht eindeutig. Einiges spricht dafür, daß diese betrieblichen Rationalisierungspotentiale von frauenfördernden Maßnahmen erst im Zuge des Einführungs- und Umsetzungsprozesses den leitenden Unternehmensvertretern bewußt wurden.

Auch die aufgeschlossene Haltung des Gesamtbetriebsratsvorsitzenden gegenüber den Erwerbschancen von Frauen ist als ein Faktor zu sehen, der die Akzeptanz frauenfördernder Maßnahmen zwar positiv beeinflußte, jedoch nicht maßgeblich bedingte. Die mit Frauenförderung verbundenen gleichstellungspolitischen Implikationen kamen Einstellung und Denkweise des Gesamtbetriebsratsvorsitzenden nach eigenen Angaben entgegen, besaßen offenkundig für ihn jedoch keine eindeutige Priorität. Sein Entschluß, die Institutionalisierung betrieblicher Frauenförderung zu unterstützen, verdankte sich vor allem der Einschätzung, daß nun die „Zeit für Frauen" im Unternehmen gekommen sei. Dieser Auffassung lag offensichtlich ebenfalls die Annahme zugrunde, frauenfördernde Maßnahmen stellten geeignete Instrumente einer modernen, gewandelten Anforderungen entsprechenden betrieblichen Personalpolitik dar, die die Zukunft des Konzerns sichern sollte. Diese Auffassung des Gesamtbetriebsratsvorsitzenden kann als Ausdruck der stark korporatistisch orientierten Interessenvertretungspolitik interpretiert werden, die er bereits seit Jahren im Konzern verfolgt und nachhaltig geprägt hatte. In diesem Kontext gab offenkundig das „betriebliche Interesse" an frauenfördernden Maßnahmen auch für den Vorsitzenden des Gesamtbetriebsrates den Ausschlag dafür, ihre Institutionalisierung zu forcieren. Auch sein Vorgehen, zunächst in informellen Absprachen vor allem mit dem Arbeitsdirektor sich der Übereinstimmung mit dem Vorstand zu versichern, entspricht der seit Jahren eingespielten korporatistischen Kultur der industriellen Beziehungen im Unternehmen. Ihr zufolge werden einzelne maßgebliche Schritte der Betriebsparteien bereits im Vorfeld, außerhalb der offiziellen Verhandlungsarenen betrieblicher Interessenregulierung, miteinander abgestimmt. Zu vermuten ist, daß der Gesamtbetriebsratsvorsitzende sich nicht auf konflikthafte Auseinandersetzungen eingelassen hätte, wenn der Arbeitsdirektor bereits in Vorgesprächen eine ablehnende Meinung gegenüber der Einführung betrieblicher Frauenförderung artikuliert hätte; er vertrat die Einschätzung, daß in einem solchen Fall das Vorhaben der Gewerkschafterinnen von vornherein zum Scheitern verurteilt gewesen wäre. Offenkundig konzentrierte sich der Gesamtbetriebsratsvorsitzende auf vorhandene Handlungsmöglichkeiten in seinem Aktionsfeld und hätte für sich selbst in einem solchen Moment keine weiteren Einflußmöglichkeiten gesehen.

Die personalpolitischen Ziele, die vor allem die Konzernleitung mit der Implementation betrieblicher Frauenförderung verfolgte, fielen zwar partiell mit den gleichstellungspolitischen Zielsetzungen der Gewerkschafterinnen zusammen, unterschieden sich jedoch in entscheidenden Punkten erheblich. Die Aufmerksamkeit der Unternehmensleitung richtete sich in erster Linie auf qualifizierte und hochqualifizierte Frauen, hingegen nur teilweise und noch dazu selektiv auf die Gruppe der un- und angelernten Arbeiterinnen, soweit es sich um betriebserfahrene, erprobte und qualifizierungsbereite Frauen handelte, an deren Weiterbeschäftigung das Unternehmen ein Interesse hatte. Die Gewerkschafterinnen hingegen strebten mit der Initiierung betrieblicher Frauenförderung zwar eine generelle Förderung aller weiblichen Beschäftigtengruppen an. Vor allem jedoch legten sie Wert auf die nachdrückliche und gezielte Förderung un- und angelernter Frauen, und zwar als Gruppe. Aus gewerkschaftlicher Sicht sollte die Einführung frauenfördernder Maßnahmen offenkundig insbesondere diese Frauen davor bewahren, im Zuge weiter voranschreitender Rationalisierungsprozesse immer stärker ins Abseits zu geraten und zur Gruppe der ewigen Verliererinnen zu werden.

Trotz dieser Differenzen in den Zielsetzungen kam die von den Gewerkschafterinnen angestrebte gleichstellungspolitische Allianz im Konzern zustande. Dies hatte offenbar damit zu tun, daß sich die von Management und Gewerkschafterinnen verfolgten gleichstellungspolitischen Absichten hinsichtlich bestimmter Gruppierungen trotz partieller Interessenkonflikte in hinreichendem Umfang deckten: bei der Gruppe der qualifizierten weiblichen Arbeitskräfte und zum Teil bei der Gruppe der un- und angelernten Arbeiterinnen. Während der Initiierungsphase bildeten diese Gruppen offenbar den Bezugspunkt für eine konsensuelle Verständigung. Gleichzeitig scheint diese Verständigung jedoch auch das Ergebnis kommunikativer Ausblendungen gewesen zu sein: das in den Zielsetzungen und den Prioritäten von Konzernleitung und Gewerkschafterinnen angelegte Konfliktpotential wurde erst im weiteren Verlauf des Institutionalisierungs- und Umsetzungsprozesses virulent. In der Initiierungsphase selbst schien dies, auch nach den Aussagen in den Expertengesprächen, nicht der Fall zu sein. Die offensichtlich bereits zu diesem Zeitpunkt vorhandenen Konflikte wurden nicht ausgetragen, obwohl sie den Beteiligten vermutlich schon in dieser frühen Phase bewußt gewesen sind.

Das betriebliche Interesse an Frauenförderung: eine notwendige, keineswegs jedoch hinreichende Voraussetzung

Die von maßgeblichen Personen im Management der Frauenförderung zugeschriebene Funktion, als Instrument zur Lösung betrieblicher Probleme vor allem beim Einsatz weiblicher Beschäftigter in der Produktion zu dienen, bildete offenkundig die unabdingbare Voraussetzung für die Initiierung betrieblicher Frauenförderung. Vorrangig waren die Gewerkschaftsvertreterinnen daran beteiligt, die skizzierten betrieblichen Personalprobleme in gleichstellungspolitische Lösungsstrategien zu übersetzen; sie lieferten die entscheidenden ideellen wie auch politisch-praktischen Anstöße dazu. Folglich waren sie es, die unter den vorgefundenen betrieblichen Bedingungen durch ihre Aktivitäten die Option schufen, gleichstellungspolitische Handlungsspielräume im Zuge der Etablierung eines Frauenförderprogramms als solche zu erkennen und zu benennen. Damit schufen sie die Voraussetzung, diese im Verlauf weiterer Aushandlungsprozesse in die normativ-rechtliche Gestalt frauenfördernder Maßnahmen zu überführen. Die Einstellung der beteiligten Männer im Management wie im Betriebsrat gegenüber den Erwerbsinteressen und -wünschen von Frauen fungierte offensichtlich als Katalysator, der die Übersetzung betrieblicher Problemlagen in gleichstellungspolitische Lösungen erleichterte, gleichwohl nicht maßgeblich bedingte. In diesem Sinn bildete das „betriebliche Interesse" an der Einführung von Frauenförderung eine zwar notwendige, keineswegs jedoch hinreichende Voraussetzung für die Initiierung betrieblicher Frauenförderung.

Für das Zustandekommen einer gleichstellungspolitischen Allianz im Konzern war darüber hinaus das Kooperationsklima mitentscheidend, das durch eine stark korporatistisch orientierte Politik der betrieblichen Interessenregulierung geschaffen worden war. Es trug dazu bei, daß die Vereinbarung trotz offenkundig existierender Ziel- und Interessenkonflikte zwischen Konzernleitung, Gesamtbetriebsratsvorsitzendem und Gewerkschafterinnen zustande kam. Das wechselseitige Vertrauen in das eingespielte Kooperations- und Beziehungsgefüge mit dem Ziel konsensueller Formen der Konfliktregulierung fungierte offensichtlich als wichtiges soziokulturelles Medium. Es schien in den Augen der Beteiligten nicht zuletzt auch die Gewähr dafür zu bieten, daß das Experiment Frauenförderung in der Folge nicht zu massiven Auseinandersetzungen führen würde.

6.5 Die Implementation der Rahmenvereinbarung

Um die Rahmenvereinbarung umsetzen zu können, waren in den drei Jahren bis zum Zeitpunkt der Fallstudie auf verschiedenen Konzern- und Betriebsebenen organisatorische Voraussetzungen geschaffen worden. Zunächst erscheint es wichtig festzuhalten, daß in der Konzernzentrale wie im untersuchten Werk keine neue Instanz mit entsprechenden Kompetenzen entstand, um die Rahmenvereinbarung zu realisieren; die neuen Aufgaben wurden vielmehr der Personalverwaltung zugeordnet und deren Mitarbeitern zusätzlich zu ihren bisherigen Arbeitsgebieten übertragen. Dabei handelt es sich um die Personalreferenten in der Hauptverwaltung sowie um die örtlichen Personalreferate, die die Projektgruppen Frauenförderung leiten. Auf seiten der betrieblichen Interessenvertretung wurde im Gesamtbetriebsrat einer Betriebsrätin die beratende Funktion einer „Frauenbeauftragten" übertragen. Diese Betriebsrätin ist Mitglied der Projektgruppe in der Hauptverwaltung, und sie hatte sich auf Initiative des Arbeitskreises bei Betriebsratswahlen aufstellen lassen, um die Vorschläge der Gruppen im Betriebsrat beziehungsweise im Gesamtbetriebsrat vertreten zu können. Auch ihre Wahl zur „Frauenbeauftragten" und ihr Sitz im Gesamtbetriebsrat sind nach Auskunft von Mitgliedern der Gruppen auf deren Initiative zurückzuführen. Im Betriebsrat des untersuchten Werkes ist eine freigestellte Betriebsrätin für die Umsetzung der Rahmenvereinbarung zuständig. Auch sie ist Mitglied der Projektgruppe im Werk und arbeitet nach eigenen Aussagen eng mit der Leiterin der Gruppen zusammen. Zum Zeitpunkt der Fallanalyse verfolgten die Arbeitskreise eine Strategie, die auf eine möglichst enge Kooperation mit der betrieblichen Interessenvertretung setzte. Dies wurde damit begründet, daß darin die beste Möglichkeit bestünde, auf die Umsetzung der Rahmenvereinbarung einzuwirken, da die Gruppen selber über keine Entscheidungskompetenzen verfügen würden.

Bei dem untersuchten Werk des Konzerns B handelt es sich um einen Betrieb der Zigarettenherstellung mit den verschiedenen Produktionsstufen von der Tabakbearbeitung bis zur Verpackung. Die Rahmenvereinbarung führte weder im Bereich der Angestelltentätigkeiten noch in dem der Leitungsfunktionen zu nennenswerten Aktivitäten; die verschiedenen vorgesehenen Maßnahmen konzentrierten sich hier auf die Ausbildung und Einstellung von Facharbeiterinnen und, den vorrangigen Zielen der Gewerkschaftsvertreterinnen und Betriebsrätinnen entsprechend, auf die Weiterbildung von angelernten Arbeiterinnen im Zwei-Schicht-Betrieb an hochautomatisierten Anlagen der Zigarettenproduktion und -verpackung.

Die Produktion ist in vier Bereiche unterteilt, im Zwei-Schicht-Betrieb gibt es insgesamt acht Gruppen; im Jahre 1997 arbeiteten etwa 480 Arbeitskräfte im Werk in der direkten Produktion. Je nach Auftragsvolumen kommen in gewissem Umfang Nachtschichten hinzu. Die Frauen bilden die größte Arbeitskräftegruppe mit Tätigkeiten direkt an der Maschine, die drei Monate Anlernzeit, etwa sechs Monate Einarbeitung sowie Einweisungen und Schulungen bei technischen und organisatorischen Veränderungen voraussetzen. Die Personalbesetzung an den Maschinen ist dabei im letzten Jahrzehnt von drei auf eine Arbeiterin gesunken. Für körperlich schwere Arbeiten wie Zuführung und Transport werden angelernte Männer eingesetzt. Eine dritte, ebenfalls kleine Gruppe wird von männlichen Metallhandwerkern für qualifizierte Tätigkeiten in der Instandhaltung gestellt.

In der Qualitätskontrolle mit etwa 25 Arbeitsplätzen werden vorwiegend Frauen eingesetzt, die vorher in der Produktion tätig waren. Es sind Tätigkeiten, die nicht den Belastungen an den Maschinen durch Taktgebundenheit, Lärm und Wechselschicht unterliegen. Sie erfordern jedoch Kenntnisse in PC-Anwendungen und der Übertragungsarbeit von Daten in Tabellen; die Tätigkeit in der Qualitätskontrolle wird relativ hoch bezahlt und entspricht eher einer angelernten Büroarbeit.

6.6 Die Umsetzung der verschiedenen Zielsetzungen

In den verschiedenen Förderschwerpunkten, die in der Rahmenvereinbarung vorgesehen sind, gab es seit 1988 folgende Entwicklungen:

Die Anzahl von Bewerberinnen für solche betrieblichen Bereiche und Positionen, in denen Frauen kaum oder überhaupt nicht vertreten waren, hat sich seit Einführung der Rahmenvereinbarung nicht erhöht. Zwar wurden nach Auskunft von Vertretern des Personalwesens und der Interessenvertretung alle Stellen explizit sowohl für Frauen wie für Männer ausgeschrieben, eine darüber hinausgehende gezielte Ansprache von Frauen erfolgte jedoch nicht. Dies hatte offensichtlich mit Widerständen auf der betrieblichen Seite zu tun; einiges deutet darauf hin, daß sich bereits auf dieser Ebene Einwände aus einzelnen Fachabteilungen bemerkbar machten. Denn nach übereinstimmenden Aussagen von seiten des Personalwesens wie des Betriebsrates standen vor allem Vorgesetzte der mittleren und unteren Führungsebene ebenso wie männliche Beschäftigte der Einstellung von Frauen auf qualifizierten Arbeitsplätzen häufig eher ablehnend gegenüber.

Vieles spricht dafür, daß Frauen erst dann gezielt über Stellenausschreibungen zu einer Bewerbung aufgefordert werden, wenn der Betrieb ein explizites Interesse daran hat. So wurde nach Aussagen einer Personalreferentin überlegt, zukünftig junge Frauen in Ausschreibungstexten anzusprechen, um sie für gewerblich-technische Ausbildungsberufe zu gewinnen, für die es an männlichem Nachwuchs fehlte. Allerdings gibt es auch Hinweise darauf, daß eine wirksame Kontrollinstanz die Umsetzung eines Programms beeinflussen kann. Dafür spricht, daß es in der Hauptverwaltung des Konzerns nach Angaben von Mitgliedern der Projektgruppe zu Konflikten zwischen dem Personalwesen und den Arbeitskreisen gekommen war, weil Stellenausschreibungen nicht so abgefaßt wurden, wie es die Rahmenvereinbarung vorsieht. Erst nach mehrmaligem, nachhaltigem Insistieren von Mitgliedern der Projektgruppe wurde der Rahmenvereinbarung entsprechend verfahren. Im untersuchten Werk schienen weder der Betriebsrat noch die Arbeitskreise nachdrücklich dafür eingetreten zu sein. Betriebsräte begründeten dies damit, daß eine gezielte Ansprache von Frauen wahrscheinlich nicht ausreiche, sie zu einer Bewerbung zu motivieren. Notwendig seien Verbesserungen der Situation von weiblichen Beschäftigten im Betrieb, vor allem im Hinblick auf eine verbesserte Vereinbarkeit von Familien- und Erwerbsarbeit, wie zum Beispiel durch Betriebskindergärten. Darauf könne dann in Stellenausschreibungen hingewiesen werden. Dies würde nach Ansicht der Betriebsräte Frauen stärker motivieren als eine direkte Aufforderung, sich zu bewerben.

Andererseits gibt es nach Aussagen des Betriebsrates keine diskriminierenden Ablehnungen, wenn sich Frauen bewerben.

Ausbildung und Neueinstellungen

In den Jahren nach Einführung der Rahmenvereinbarung wurde im untersuchten Werk keine junge Frau in einem gewerblich-technischen Beruf ausgebildet; die weiblichen Auszubildenden fanden sich wie schon vor dieser Zeit ausschließlich im kaufmännischen Bereich. Als Erfolg des Frauenförderprogramms wurde im Werk die Tatsache eingestuft, daß es gelungen war, einige wenige Frauen als Facharbeiterinnen eingestellt und ausbildungsadäquat eingesetzt zu haben. Dies wurde von Mitarbeitern der Personalverwaltung vor allem auf das Engagement der Personalleitung zurückgeführt, die entsprechend qualifizierte Bewerberinnen nachdrücklich den Fachabteilungen empfohlen hätte und für ihre Einstellung im Sinne der Rahmenvereinbarung eingetreten sei. Der zentrale Grund dafür, daß die Rahmenvereinbarung in diesen Bereichen bislang so wenig gegriffen hatte, wurde übereinstimmend in der äußerst geringen Anzahl von Mädchen und Frauen gesehen, die sich bewarben. Vieles deutet jedoch darauf hin, daß nicht nur die genannte geringe Zahl von Bewerberinnen, sondern auch die Qualifikationskriterien dazu beitrugen, daß Frauen scheiterten.

Der Versuch, über Neueinstellungen die männliche Dominanz im Bereich der gewerblich-technischen Ausbildungsberufe und auf Feldern mit qualifizierten und hochqualifizierten Tätigkeiten zu durchbrechen, sei im Rekrutierungsprozeß auf erhebliche Schwierigkeiten gestoßen. Nach Auskunft einer Personalreferentin bewirkten die Maßnahmen zwar, daß Mädchen und Frauen zu Vorstellungsgesprächen eingeladen wurden, wenn sie von den Bewerbungsunterlagen her auch nur annähernd in Frage kamen. Doch hätten sich männliche Bewerber in der Regel in den Auswahlgesprächen als „besser geeignet" erwiesen und seien daher eingestellt worden. Dies deutet darauf hin, daß die Beurteilung ihrer Qualifikation in der betrieblichen Praxis die entscheidende Stelle ist, an der Einstellungen von Frauen scheitern. Die zur Erhöhung der Ausbildungs- und Einstellungschancen entwickelten Maßnahmen waren offensichtlich nicht geeignet, diesen Mechanismus der über die Interpretation der Qualifikationsanforderungen hergestellten Ausgrenzung weiblicher Arbeitskräfte aus bestimmten betrieblichen Bereichen und Positionen zu durchbrechen. Zwar wurde mit Hilfe der Regelungen versucht, die Auswahlkriterien bei Einstellungsprozessen zu objektivieren. Doch scheint dies nicht auszureichen, weil in die Interpretation von Qualifikationskriterien in der Praxis offensichtlich auch geschlechtstypisierende Deutungen mit eingehen.

So lassen die Befunde vermuten, daß Bewerberinnen, die im Rahmen von Einstellungsverfahren bis zum Vorstellungsgespräch vorgedrungen waren, weniger aufgrund der im engeren Sinn fachlichen Qualifikationen abgelehnt wurden, sondern eher aufgrund ihnen zugeschriebener unzureichender Fähigkeiten, sich im Geschlechterarrangement zu behaupten. Dem Leiter einer Fachabteilung erschienen zum Beispiel Bewerberinnen, die sich für Vorgesetztenpositionen im gewerblich-industriellen Bereich beworben hatten, nicht akzeptabel, weil er ihnen nicht das Durchsetzungsvermögen zutraute, das er für erforderlich hielt. Diese Bedenken wurden an der Selbstdarstellung der Frauen im Vorstellungsgespräch festgemacht. Weiterhin wurden sie mit der Befürchtung untermauert, daß weibliche Führungskräfte von angelernten Arbeiterinnen, die in der Abteilung in der Mehrzahl waren, nicht akzeptiert werden würden. Diesen Annahmen lagen Einschätzungen zugrunde wie die, daß Frauen Neid- und Mißgunstgefühle weitaus stärker als Männer zeigen würden. In dieser Argumentation verdichten sich geschlechtsstereotype Zuschreibungen zu einem scheinbar schlüssigen Begründungszusammenhang. Tatsächlich entbehrten die genannten Befürchtungen der empirischen Grundlage, weil bislang keine konkreten Erfahrungen mit Frauen auf Vorgesetztenpositionen gemacht worden waren. Darüber hinaus hatten alle befragten Mitarbeiter der Personalverwaltung große Schwierigkeiten, das Auswahlkriterium „menschliche Eignung“ zu bestimmen. Mehrfach wurde geäußert, daß in der konkreten Entscheidungssituation hierüber „aus dem Bauch heraus“ entschieden werde. Dies deutet darauf hin, daß bei Einstellungen von Frauen die Problematik geschlechtshierarchischer Arbeitsteilung und die daraus resultierenden konkreten Schwierigkeiten nicht hinreichend reflektiert werden.

Als weiteres Argument gegen die Einstellung von Frauen diente schließlich der Verweis darauf, daß im Hinblick auf Dauer und Verteilung der persönlichen Arbeitszeit von den Beschäftigten eine möglichst umfassende und flexible Einsatzbereitschaft erwartet würde. Da vor allem verheiratete Frauen mit Kindern in der Regel zeitlich nicht in derselben Weise wie Männer verfügbar seien, könnten nach Ansicht eines Abteilungsleiters nur Frauen ohne familiären Anhang den Arbeitszeitanforderungen qualifizierter Arbeitsplätze oder gar von Leitungspositionen entsprechen. Betriebliche Arbeitszeitstrukturen, die auf Personen zugeschnitten sind, welche familiär nicht weiter beansprucht werden, fungieren in diesem Fall als Legitimation, Frauen auszuschließen. Zu vermuten ist, daß diese Argumente nicht nur Frauen gegenüber geltend gemacht werden, die stark mit familiären Anforderungen belastet sind, sondern auch solchen gegenüber, die nicht in dieser Weise in ihrer zeitlichen Flexibilität eingeschränkt sind. Es spricht vieles dafür, daß die genannten Wahrnehmungs- und Denkweisen vor allem dann zum Tragen kommen, wenn es sich um Einstellungsprozesse für betriebliche Einsatzfelder und -positionen handelt, die bisher nahezu ausschließlich Männern vorbehalten waren. Faktisch dienen sie dazu, die Ausgrenzung weiblicher Beschäftigter aus bestimmten betrieblichen Bereichen und Positionen zu legitimieren.

Neben Bedenken zur betrieblichen Einsatzfähigkeit weiblicher Arbeitskräfte spielt offensichtlich der Widerstand männlicher Beschäftigter eine nicht zu unterschätzende Rolle, wenn Frauen Positionen in bisherigen „Männerdomänen“ übernehmen wollen. So wurde berichtet, daß Abteilungsleiter, die für eine Einstellung von Facharbeiterinnen offen gewesen seien, sich in ihren Abteilungen bei den unmittelbaren Vorgesetzten und diese wiederum bei den männlichen Facharbeitern rückversichert hätten, ob sie mit der Einstellung einer Frau und damit auch mit der Veränderung des bisherigen „Geschlechterarrangements“ einverstanden seien.

Fort- und Weiterbildung, beruflicher Aufstieg

Auch nach Einführung der Rahmenvereinbarung wurden fachliche Fort- und Weiterbildungen in der Regel qualifizierten und hochqualifizierten Beschäftigten angeboten und kamen daher im Betrieb fast ausschließlich Männern zugute. Die für die weiblichen Beschäftigten gedachten speziellen Frauenseminare beschränkten sich weitgehend auf Selbstbehauptungs- und Rhetorikkurse. Fachlich qualifizierende Weiterbildungsangebote wurden für die angelernten Frauen im Betrieb nicht entwickelt, obwohl die Rahmenvereinbarung vorsah, allen Beschäftigten entsprechende Angebote zu machen. Dieser Teil des Frauenförderplans lief ins Leere, weil für die große Mehrzahl der Arbeiterinnen im Betrieb keine Aufstiegswege vorhanden und auch nicht im Laufe der Jahre geschaffen worden waren. Für die wenigen qualifizierten Tätigkeiten in der Produktion wie für Vorarbeiter- oder Gruppenführerpositionen wurde nach wie vor eine abgeschlossene Berufsausbildung vorausgesetzt. Argumentiert wurde von seiten des Managements mit dem ständigen technischen Fortschritt an den Produktionsanlagen, der die Anforderungen an den Arbeitsplätzen erhöhe und Beschäftigte mit Facharbeiterqualifikationen fordere. Die Entwicklung fachlich qualifizierender Weiterbildungsangebote erschien unter diesen Voraussetzungen dem Management nicht erfolgversprechend, weil es die historisch gewachsenen betrieblichen Zugangskriterien für qualifizierte Arbeitsplätze und die tradierten Aufstiegswege nicht in Frage stellen wollte.

Demgegenüber sahen es Betriebsrätinnen und Betriebsräte als sinnvoll an, für die Arbeiterinnen entsprechende Weiterbildungsmöglichkeiten zu entwikkeln und die betrieblichen Zugangsvoraussetzungen für qualifizierte Tätigkeiten und Vorgesetztenpositionen entsprechend zu verändern. Nach ihrer Ansicht war es möglich, auf das Erfahrungswissen der Frauen zurückzugreifen und den Umstand zu nutzen, daß die überwiegende Anzahl der Arbeiterinnen über Berufsabschlüsse verfügt, wenn auch nicht über gewerblichtechnische. Allerdings war umstritten, welche Arbeitsplätze im Werk dafür geeignet seien, weil auch im Betriebsrat die Meinung vertreten wurde, der Zuschnitt bestimmter Arbeitsplätze setze Facharbeiterqualifikationen voraus, während dies bei anderen nicht der Fall sei. Diese Argumente weisen darauf hin, daß Ansatzpunkte einer betrieblichen Frauenförderung für Arbeiterinnen offensichtlich nicht nur eine Veränderung der Zugangskriterien für qualifizierte Arbeitsplätze voraussetzen, sondern in bestimmten Fällen eine Veränderung der Arbeitsplätze selbst. Ausführlichere Überlegungen in dieser Richtung sind jedoch von der Interessenvertretung im Betrieb nicht forciert worden. Dabei könnte eine Rolle gespielt haben, daß Veränderungen in einem vergleichbaren Werk eines anderen Konzerns, die von den Betriebsräten beobachtet wurden, in eine andere Richtung weisen. So sei dort die Position der Gruppenführer zugunsten des „Fahrpersonals" abgeschafft worden – zugunsten einer komplexen Maschinenhandhabung, für die angelernten Frauen auch als Gruppenführerin in der Regel die Grundlagen fehlen würden.

Die Teilnahme an Umschulungsmaßnahmen stellte im Betrieb für Arbeiterinnen die einzige Möglichkeit dar, sich einen Zugang zu qualifizierter Erwerbsarbeit zu erschließen. Denn das Werk bot mit finanzieller und organisatorischer Unterstützung des Arbeitsamtes die außerbetriebliche Umschulung zur Industriemechanikerin und damit zu einer formalen Facharbeiterqualifikation an. Die Einführung dieses Angebotes war jedoch nicht auf die Rahmenvereinbarung zurückzuführen. Diese hatte nach Auskunft von Vertretern der Personalabteilung und des Betriebsrates allerdings zur Folge, daß von beiden Seiten verstärkt Anstrengungen unternommen wurden, Frauen in die Maßnahme mit einzubeziehen, um ihre Erwerbschancen zu verbessern. Vieles deutet darauf hin, daß die Umschulungen aus betrieblicher Sicht dazu dienten, das Qualifikationsniveau der Belegschaft ohne größere Kosten sich wandelnden Anforderungen anzupassen. Für das Werk ergab sich der Vorteil größerer Flexibilität, weil das betriebliche Einsatzfeld der Frauen nach der Ausbildung potentiell breiter war als das von Männern. So konnten die weiblichen Beschäftigten bei erfolgreicher Umschulung auf Facharbeiterpositionen kommen; es blieb aber auch möglich, sie weiterhin als angelernte Arbeiterinnen an den Maschinen einzusetzen. Die technischen Zusatzqualifikationen dieser Frauen konnten in einem solchen Fall abgerufen werden, ohne sie dafür entsprechend entlohnen zu müssen. Für diese Vermutung spricht, daß bereits einige Frauen mit Facharbeiterinnenqualifikationen eingestellt worden waren, aber im Betrieb als angelernte Maschinenführerinnen beschäftigt wurden. Vor diesem Hintergrund stellt sich die Frage, ob die verstärkte Teilnahme von Arbeiterinnen an den Umschulungsmaßnahmen nicht dazu diente, Umschichtungsprozesse in der Belegschaft zu legitimieren und zu forcieren, die primär unter Arbeiterinnen stattfinden und nicht zwischen Arbeiterinnen und (Fach)arbeitern, wie dies mit der Rahmenvereinbarung beabsichtigt worden war.

Im Ergebnis stellten die Umschulungen für einige wenige Frauen die Möglichkeit dar, eine Facharbeiterinnenausbildung zu absolvieren. Sie räumten ihnen unter den gegebenen betrieblichen Bedingungen zumindest die Chance ein, perspektivisch auf einen qualifizierten und höher entlohnten Arbeitsplatz zu gelangen. Dies wurde den Teilnehmerinnen der Maßnahme freilich nicht garantiert. Denn der Betrieb sagte ihnen zwar nach Ende der Ausbildung einen Arbeitsplatz zu, der jedoch nicht ausbildungsadäquat sein mußte.

Die Umsetzung dieser Maßnahme, die offensichtlich betrieblichen Interessen ebenso entgegenkam wie der gewerkschaftlichen Frauenförderpolitik, schien zum Teil auch an der fehlenden Bereitschaft der Arbeiterinnen zu scheitern. Nach Auskunft von Vertretern des Betriebes und der betrieblichen Interessenvertretung hatten sich beim ersten Ausbildungsgang nur sehr wenige Frauen beworben. Beim zweiten sei es erst nach gezielter Ansprache gelungen, eine größere Anzahl von Arbeiterinnen für eine Teilnahme zu gewinnen. Auch die zur Erhöhung der Aufstiegschancen initiierte Maßnahme schien bei Frauen, die dafür die qualifikatorischen Voraussetzungen mitbrachten, vielfach nicht auf Interesse zu stoßen. Wie eine Personalreferentin und eine Betriebsrätin berichteten, war es ihnen trotz mehrmaliger Ansprache nicht gelungen, solche Frauen zur Übernahme einer Vorgesetztenposition zu überreden; sie waren offensichtlich nicht bereit, sich auf die Perspektive einer späteren „Vorreiterrolle" einzulassen.

Eine weitreichende Veränderung in der Arbeitsorganisation der Produktion, mit der im Frühjahr 1995 begonnen wurde, hat indirekt die Situation der Frauen verbessert, indem sie jetzt mehr Gelegenheit haben, ihre Interessen am Arbeitsplatz gegenüber den Kollegen zu vertreten. Wie in vielen anderen Betrieben wurde im Zuge neuer Rationalisierungskonzepte von seiten der Werkleitung im untersuchten Werk Gruppenarbeit mit dem Ziel eingeführt, die Verantwortung der beteiligten Mitarbeiter für Produktionsablauf und Produkt zu stärken. Die Beschäftigten in der Früh- und in der Spätschicht der vier Produktionsbereiche bilden jetzt jeweils eine Gruppe mit 40 bis 80 Beschäftigten. Ein Koordinator oder eine Koordinatorin, die „Coach" und disziplinarische Vorgesetzte sind, ist jeweils für beide Schichten in einem Bereich verantwortlich. Damit ist eine Neuorganisation und Abstimmung der Arbeitsplanung für beide Schichten verbunden: früher war die Arbeitsplanung für beide Schichten getrennt, unproduktive Aufgaben, etwa notwendige Reparaturen, wurden „egoistisch" in die nächste Schicht abgeschoben, so daß es große Probleme der Abstimmung zwischen A-Schicht und B-Schicht gab. Heute ist die Abstimmung sehr viel besser, weil die Folgen eines Inkaufnehmens von niedrigerer Produktivität für die nächste Schicht mit bedacht werden.

Die Gruppen treffen sich vierzehntägig für eine Stunde vor Beginn der Schicht. Zu ihren Aufgaben gehört, sich über Mängel im technischen und organisatorischen Ablauf zu informieren und mit dem Koordinator Lösungen zu besprechen, etwa über Veränderungen einzelner Schritte im Arbeitsablauf oder den Einsatz der Handwerker aus der Zentralwerkstatt bei Reparaturen. Der Gruppe wird auch die Entscheidung über eine gewünschte Versetzung in die Nachtschicht überlassen.

Nach Meinung des Betriebsratsvorsitzenden zeigt sich in der Gruppenarbeit, wie Frauen in einer veränderten Arbeitsorganisation unabhängig von den direkten Zielsetzungen der Rahmenvereinbarung gefördert werden können. Hier könnten die Frauen für sich dadurch mehr herausholen, daß sie mehr einbezogen und beteiligt sind. Sehen sie sich am Arbeitsplatz aufgrund der ihnen von den Handwerkern demonstrierten technischen Überlegenheit zurückgesetzt, hätten die Frauen in der Gruppe, in der sie in der Mehrheit sind, neue Möglichkeiten. Hier könnten auch bestimmte Stimmungen, im Sinne von „atmosphärischen Störungen", zum Ausdruck gebracht werden. Die Frauen würden freier, was auch für die Firma mittelbar von Nutzen sei, und die Frauen könnten tatsächlich mitwirken, etwa Gruppensprecherin werden. Was die Qualifikationsvoraussetzungen angehe, müsse man jedoch auch sehen, daß die Aufgaben von Handwerkern nicht in die Hand von Angelernten gegeben werden könnten. Die Handwerker, bisher Gruppenführer, würden Mitglieder der Gruppe mit der Gefahr, daß ihre Kompetenzen und Aufgaben „weggeknabbert" werden.

Insgesamt gesehen macht die mangelnde Unterstützung von seiten des Betriebes für Maßnahmen der Fort- und Weiterbildung von Frauen sichtbar, daß die historisch entstandene geschlechtshierarchische Arbeitsteilung im Werk zwischen angelernter Frauenarbeit und männlicher Facharbeit fortwirkt. In Hinweisen auf den Zusammenhang weiterer Rationalisierung mit höheren Qualifikationsanforderungen findet sie erneut eine Rechtfertigung. Wenn eine Maßnahme wie die Umschulung unterstützt wird, dann geschieht dies mit dem indirekten, aber sehr wirksamen Ziel, ein Qualifikationspotential zu erhalten, das vom Betrieb genutzt werden kann, ohne entsprechende Arbeitsplätze und Aufstiegswege bereitzustellen. Die neuen Möglichkeiten für Frauen in der Gruppenarbeit, in den Gesprächen der Gruppentreffen ihre Erfahrungen und Meinungen selbstbewußt zum Ausdruck zu bringen, ändern offensichtlich wenig an ihrer Lage angesichts der nach wie vor durch männliche Facharbeit blockierten, ohnehin nur in sehr geringem Umfang vorhandenen Aufstiegswege.

Beruflicher Wiedereinstieg und Teilzeitarbeit

Die in der Rahmenvereinbarung vorgesehenen Maßnahmen, die es den wegen ihrer Familien- und Erziehungsphase aus dem Betrieb ausgeschiedenen Frauen erleichtern sollten, wieder zurückzukehren, blieben praktisch ohne Bedeutung. Dies hatte seinen Grund vor allem darin, daß für die Frauen im Werk offensichtlich die Perspektive einer längeren Unterbrechung infolge von Mutterschaft und Erziehungsarbeit keine große Rolle spielte; die Arbeiterinnen nahmen in der Regel ihre Erwerbstätigkeit bald nach der Geburt eines Kindes wieder auf. Angesichts des Einstellungsstopps seit Beginn der neunziger Jahre wollten die meisten ihren Arbeitsplatz nicht aufs Spiel setzen; die Personalabteilung hatte wegen des weiter auf der Tagesordnung stehenden Arbeitsplatzabbaus kein Interesse daran, Kontakt mit ehemaligen Beschäftigten zu halten. Die betriebliche Interessenvertretung und die Projektgruppe sahen offenkundig keine Notwendigkeit, diese Maßnahmen umzusetzen, weil sie an den Problemen der Mehrzahl der weiblichen Beschäftigten vorbeizielten.

Für die aus dem Mutterschaftsurlaub zurückkehrenden Frauen gab es aus der Sicht der Personalabteilung wie der des Betriebsrates vor allem das Problem, Erwerbsarbeit und Familienarbeit in einer erträglichen Form miteinander in Einklang zu bringen. Die Schichtarbeit in der Produktion erschwerte es, familienfreundliche Arbeitszeitregelungen einzuführen. Dauer und Verteilung der Arbeitszeiten wie auch die Einrichtung von Teilzeitarbeitsplätzen waren darüber hinaus offensichtlich primär von abteilungsspezifischen Voraussetzungen und Erfordernissen abhängig. Bei Entscheidungen darüber, die Arbeitszeit individuell zu verkürzen, hatten daher die Leiter einzelner Fachabteilungen großen Einfluß. In der Praxis bedeutete dies, daß Teilzeitarbeitsplätze bislang nur in Ausnahmefällen eingerichtet worden waren. Dies war anscheinend nur dann möglich, wenn sich bestimmte betriebliche Erfordernisse in Arbeitszeitmodelle übersetzen ließen, die sich mit Arbeitszeitwünschen von Beschäftigten deckten.

Auf der Ebene der Betriebsleitung und der Abteilungen war der Widerstand zunächst groß, Teilzeitarbeitsplätze einzurichten. Produktionsschwankungen wie die Notwendigkeit, die allgemeine Arbeitszeitverkürzung in der Branche betrieblich umzusetzen, hatten jedoch nach Auskunft der Werkleitung dazu geführt, daß verstärkt über Arbeitszeitflexibilisierung nachgedacht wurde. Vor allem war es mit fortschreitender Arbeitszeitverkürzung immer schwerer geworden, am überkommenen starren Modell von festen Früh- und Spätschichten festzuhalten. Im Kontext dieser Überlegungen war der Versuch gestartet worden, für eine begrenzte Anzahl von Müttern nicht schulpflichtiger Kinder die tägliche Arbeitszeit auf sechs Stunden zu verkürzen. Gearbeitet wurde ausschließlich vormittags, so daß die Arbeiterinnen aus der Wechselschicht aussteigen konnten, wenn auch vorerst nur für ein Jahr. Das Teilzeitmodell war im Zuge der Einführung von Frauenfördermaßnahmen Ende der achtziger Jahre von der Projektgruppe Frauenförderung gefordert und in seinen wesentlichen Zügen entwickelt worden. Es stellte offensichtlich den Versuch dar, anstehende Flexibilisierungsprozesse im Betrieb zugunsten von Müttern zu nutzen. Dabei richtete sich das Augenmerk der Initiatorinnen darauf, fixe Arbeitszeiten am Vormittag und einen Arbeitszeitumfang zu vereinbaren, der alleinerziehenden Müttern eine Entlohnung garantierte, die die finanzielle Existenz der Frauen und ihrer Kinder sicherstellen sollte. Dieses Teilzeitmodell in der Produktion konnte deshalb eingeführt werden, weil der Betriebsrat auf Initiative der Projektgruppe die Einführung von Teilzeitarbeit zum Gegenstand der Aushandlungsprozesse gemacht hatte, die anläßlich des geplanten Beschäftigtenabbaus geführt worden waren. Aus betrieblicher Sicht war das Arbeitszeitmodell deshalb sinnvoll, weil es dazu beitrug, einen gewissen Überhang an Beschäftigten in der Spätschicht abzubauen. Weiterhin wurden Personalkosten eingespart, weil die Arbeitszeitverkürzung keinen Lohnausgleich einschloß. Die Attraktivität dieser Regelung, insbesondere die Möglichkeit, aus der Wechselschicht auszusteigen, führte dazu, daß sich vermehrt Frauen darum bemühten, eine entsprechende Teilzeitregelung zu erhalten. Da sich im Rahmen der Arbeitsorganisation, insbesondere des Zwei-Schicht-Betriebes, nur in begrenztem Umfang Teilzeitarbeitsplätze ausschließlich am Vormittag einrichten ließen, wurde 1994 versucht, ein entsprechendes Modell für Nachmittagsarbeit einzuführen, das jedoch an der fehlenden Bereitschaft der Arbeiterinnen an einer Tätigkeit ausschließlich am Nachmittag scheiterte.

Seit 1995 gibt es im Werk, ausgelöst durch die Förderung für die Mütter, ein Nachfolgemodell für alle Frauen. Gearbeitet wird nur noch die halbe Zeit in der Form: je eine Woche Frühschicht und Spätschicht, dann 14 Tage Pause – immer ein vierzehntägiger Wechsel von Arbeit und Familienpause. Im Jahre 1997 nahmen an diesem Modell 15 Frauen teil; die Regelungsform für Teilzeitarbeit wird bei der Werkleitung beantragt, und der Betriebsrat berät und betreut die Frauen. Einige Frauen sind daraufhin in die Nachtschicht gewechselt. Ein gewisses Maß von Nachtschichten ist im Unternehmen je nach Auftragsvolumen gegeben und bedeutet für die Frauen 50 Prozent mehr Geld, so daß in Einzelfällen auf Teilzeit nur in der Nachtschicht gegangen wird, was aus der Sicht des Betriebsrates wegen der Belastung in der Nachtschicht auf längere Zeit problematisch ist.

Außerhalb der direkten Produktion wurden nach Auskunft des Leiters einer Abteilung, die der Produktion nachgeordnet ist, Teilzeitarbeitsplätze dort nur eingerichtet, wenn sich zwei Beschäftigte fanden, die sich einen Arbeitsplatz „teilten". Dies setzte voraus, daß sich jeweils zwei Arbeiterinnen fanden, deren Arbeitszeitwünsche einander ergänzten. Zudem wurde von Teilzeitarbeitenden erwartet, daß sie in betrieblichen „Notfällen" zur Verfügung standen und sich im Hinblick auf die Verteilung ihrer Arbeitszeit flexibel erwiesen. Vor diesem Hintergrund verwundert es nicht, daß in der Abteilung bislang nur ältere Arbeiterinnen einer Teilzeitbeschäftigung nachgehen. Die dort praktizierte Teilzeitregelung ging an den Bedürfnissen von Müttern jüngerer Kinder, der eigentlichen Zielgruppe der Fördermaßnahme, vorbei. Denn sie waren offensichtlich auf fixe Arbeitszeiten am Vormittag angewiesen. Gleichzeitig wurden in der Abteilung die Möglichkeiten, die Arbeitszeit individuell zu verkürzen, sehr begrenzt gehalten. Es wurde befürchtet, der am Normalarbeitstag orientierte Arbeitsablauf könne durch die Zunahme von Teilzeitarbeitsplätzen erschwert und organisatorisch aufwendiger werden sowie personelle Mehrkosten zur Folge haben. Aus der Sicht des Abteilungsleiters schien die praktizierte Regelung sinnvoll zu sein, weil eine begrenzte Anzahl von Teilzeitarbeitenden die gegebene Arbeitsorganisation in der Abteilung stützte, indem einzelne Beschäftigte zur Verfügung standen, die Schwankungen im Arbeitsanfall gegebenenfalls ausgleichen konnten.

Die Umsetzung der Rahmenvereinbarung im Bereich der Teilzeitarbeit hat dazu geführt, die Arbeitszeitbedingungen für eine begrenzte Zahl von Müttern erheblich zu verbessern. Angesichts einer Gemengelage aus schwankender Auftragshöhe, technisch-organisatorischer Rationalisierung und allgemeiner Arbeitszeitverkürzung war es im Werk notwendig geworden, Modelle flexibler Arbeitszeit zu erproben und einzuführen. Das engagierte Eintreten der Projektgruppe und in der Folge auch des Betriebsrates hatten eine selektive Abweichung von den allgemeinen Arbeitszeitbedingungen im Werk ermöglicht, die einer bestimmten Gruppe von Frauen entgegenkam. Dies kann als begrenzte frauenpolitische Korrektur an der Orientierung der Arbeitszeitpolitik am männlich geprägten „Normalarbeitsverhältnis“ im Rahmen vorrangiger betrieblicher Anforderungen interpretiert werden, eine Korrektur, die als allgemeine Regelung für die Produktion dem direkten Einfluß unmittelbarer Vorgesetzter entzogen war und die dem aktuellen Trend der Arbeitszeitpolitik entgegenlief. Dieser Trend bestand darin, die jährliche Arbeitszeit über zusätzliche Urlaubstage zu verkürzen und die tägliche Arbeitszeit um eine halbe Stunde zu verlängern; dies war eine Regelung, welche die Situation der Mehrheit der weiblichen Beschäftigten verschlechterte, weil eine Vereinbarung familiärer und beruflicher Verpflichtungen mit Wechselschichten und längerer täglicher Arbeitszeit dadurch noch schwieriger wurde. Insgesamt gesehen hat daher die geschilderte Vormittagsregelung eher den Charakter einer Ausnahme.

6.7 Ergebnisse der Gruppengespräche mit Arbeiterinnen

Im Rahmen der Fallstudie im Unternehmen B wurden auch zwei Gruppengespräche von jeweils etwa zweistündiger Dauer mit fünf beziehungsweise drei

Arbeiterinnen geführt. Die empirische Basis, um über allgemeine Arbeitserfahrungen von Frauen im Werk und insbesondere über Erfahrungen mit Maßnahmen der Frauenförderung zu berichten, ist damit sehr klein. Ohne den Anspruch zu erheben, diese Aussagen würden Rückschlüsse auf die Wahrnehmung und Interpretation der Frauen im Werk erlauben, erscheint es sinnvoll, insbesondere den bisherigen Bericht über die Umsetzung der Rahmenvereinbarung durch einige Wahrnehmungen und Interpretationen der Frauenförderung durch Frauen, zu deren Gunsten die Rahmenvereinbarung geschlossen wurde, zu ergänzen und zu schildern, wie sie diese Maßnahmen im Zusammenhang eigener Arbeitserfahrungen und Perspektiven für die Veränderung von Arbeitsbedingungen und für die Weiterbildung interpretieren. Auf diesem Weg können einige Aspekte ihrer Arbeitssituation, ihrer Bezahlung, ihrer Leistungen und der Probleme des beruflichen Aufstiegs sichtbar gemacht werden. Dargestellt werden kann auch, auf welche subjektiven Vorstellungen im Hinblick auf die Verbindung von Berufsarbeit und Familie und von der Rolle der Frauen im Betrieb die Maßnahmen des Betriebes zur Frauenförderung treffen.

Die Frauen der ersten Gesprächsgruppe arbeiten in der Produktion, die der zweiten in einer nachgeordneten Abteilung. Die Hälfte der Frauen hat keine Berufsausbildung, vier verfügen über Abschlüsse in traditionellen „Frauenberufen", eine hat eine gewerblich-technische Ausbildung abgeschlossen. Diese Frau war eigenen Aussagen zufolge nach mehreren erfolglosen Versuchen, eine Beschäftigung in ihrem Beruf zu finden, als angelernte Arbeiterin im Betrieb eingestellt worden. Die meisten Frauen sind zwischen 26 und 42 Jahre alt, die jüngste ist 22, die älteste 50. Alle Teilnehmerinnen verfügen über langjährige Arbeitserfahrungen, die sie zum Teil außerhalb des Betriebes in ihren ursprünglichen Berufen erworben haben. Die Arbeiterinnen sind bereits seit mehreren Jahren im Werk als Vollzeitkräfte beschäftigt und arbeiten im Wechsel von Früh- und Spätschicht. Von den acht Teilnehmerinnen sind vier Frauen verheiratet, drei Frauen haben Kinder, eine erwartet ein Kind.

Erfahrungen und Interessen von Arbeiterinnen in der Produktion

Die Arbeiterinnen geben an, in erster Linie aus ökonomischer Notwendigkeit erwerbstätig zu sein, und gehen einer Beschäftigung im Betrieb nach eigenen Aussagen vor allem deshalb nach, weil sie hier *höher entlohnt* werden als in vielen anderen Unternehmen. Im Hinblick auf die Zufriedenheit mit ihren Verdienstmöglichkeiten gibt es jedoch deutliche Differenzen unter den Frauen, die offensichtlich mit unterschiedlichen Lebenslagen zusammenhängen. Vor allem verheiratete Frauen betonen, daß sie mit ihrem Lohn zufrieden seien. Andere hingegen, mehrheitlich unverheiratete Arbeiterinnen, die offensichtlich auf eine individuelle Existenzsicherung angewiesen sind, streben einen höheren Verdienst an. Sie sehen aber im Betrieb keine andere Möglichkeit, ihren Lohn aufzubessern, als sich für einen flexiblen Personaleinsatz zur Verfügung zu stellen und damit in eine höhere Entgeltgruppe zu gelangen.

Ein weiterer Interessenbrennpunkt der Frauen ist die *Arbeitszeitgestaltung*. Dabei erweist sich die Wechselschicht als das zentrale Problem aller Arbeiterinnen, auch wenn die damit verbundenen Probleme unterschiedlich akzentuiert werden und Frauen, die Kinder zu versorgen haben, zusätzliche Probleme ansprechen. So betonen ältere Frauen stärker als jüngere psychosomatische Beschwerden, die sie auf den ständigen Wechsel der wöchentlichen Arbeits- und Schlafzeiten zurückführen. Weiterhin wird nach Ansicht der Arbeiterinnen das Privatleben durch die Spätschicht in einer kaum erträglichen Weise eingeschränkt. Für Mütter kommt nach eigenen Aussagen erschwerend hinzu, daß die Wechselschicht ohnehin vorhandene Probleme bei der Organisation der Kinderbetreuung erheblich vergrößere. Außerdem bekämen sie in den Wochen, in denen sie Spätschicht haben, ihre Kinder kaum zu Gesicht.

Für nahezu alle befragten Frauen hat sich die Arbeitszeitsituation durch die Verlängerung der täglichen Arbeitszeit verschlechtert: es bleibe immer weniger Raum für das tägliche Leben außerhalb des Betriebes. Diesen Sachverhalt kritisieren fast alle Frauen, wobei ältere Frauen, vor allem jedoch Mütter, offensichtlich den größten Problemdruck verspüren. Sie treten offensiv für eine Verkürzung der täglichen Arbeitszeit ein und verlangen die Möglichkeit, Teilzeit arbeiten zu können. Nach nahezu übereinstimmender Auffassung aller Befragten kann die Zunahme der jährlichen Urlaubstage die Nachteile nicht ausgleichen, die mit den hohen täglichen Arbeitszeitanforderungen verbunden sind. Schließlich kommt hinzu, daß die Frauen in der Vergangenheit gelegentlich nicht frei über ihre zusätzlichen Urlaubstage hatten verfügen können. Werde der Betrieb kurzfristig über Tage oder auch Wochen geschlossen, seien sie gezwungen, ihren Urlaub in dieser Zeit zu nehmen. Die Verkürzung der jährlichen Arbeitszeit kommt offensichtlich vor allem betrieblichen Flexibilisierungsinteressen entgegen und nicht denen der

Arbeiterinnen. Diese wünschen eine Verkürzung der täglichen Arbeitszeit und den Ausstieg aus der Wechselschicht. Vor allem ältere Frauen und Mütter artikulieren Arbeitszeitwünsche, denen zufolge zumindest phasenweise eine weitgehende Reduktion der täglichen „Normalarbeitszeit“ möglich sein sollte.

Im Urteil über *Arbeitsgestaltung und -organisation* gibt es deutliche Differenzen. Offensichtlich erleben Frauen, die bereits älter sind, und solche, die kleine Kinder zu versorgen haben, Belastungen am Arbeitsplatz stärker als andere. Von großem Einfluß auf dieses Urteil ist das betriebliche Einsatzfeld, also die Tatsache, ob die Frauen in der Produktion oder in nachgeordneten Bereichen arbeiten. Die Arbeitszufriedenheit der Produktionsarbeiterinnen ist sehr gering, während die Arbeiterinnen in der der Produktion nachgeordneten Abteilung mit ihrer Arbeitssituation weitaus zufriedener sind. Die Kriterien, nach denen die Frauen diese einschätzen, sind im wesentlichen dieselben. Diese Ergebnisse weisen auf Ansatzpunkte für eine betriebliche Frauenförderung hin, die die personalpolitische Engführung der untersuchten Rahmenvereinbarung überschreiten müßte.

Die Produktionsarbeiterinnen nennen als Gründe für ihre hohe Arbeitsunzufriedenheit neben den schlechten Arbeitszeitbedingungen vor allem die Belastungsfaktoren, dic auf eine rigide Zeitökonomie und Kontrolle in der Produktion verweisen. Die schnellen Maschinen erfordern ihrer Meinung nach eine permanent hohe Konzentration und ein schnelles Eingreifen, um, wie offenbar gefordert, Störungen bereits im Vorfeld erkennen und die Produktion von Ausschuß möglichst verhindern zu können. Die körperlichen Anforderungen haben nach Angaben der Frauen im Verlauf der Jahre zwar abgenommen, dafür gäbe es jedoch eine Zunahme nervlicher Streßfaktoren. Ein Hauptproblem sehen die Arbeiterinnen offensichtlich darin, daß sie im Arbeitsalltag kaum über Entscheidungsspielräume verfügen. Auch die enge Kooperation untereinander scheinen die Frauen als Belastung zu erfahren, weil arbeitsorganisatorisch eine reibungslose Zusammenarbeit gefordert ist, diese aber unter strikten zeitökonomischen Vorgaben erfolgen muß. Als zusätzlichen Belastungsfaktor erfahren die Frauen den flexiblen Einsatz an den Maschinen, der offensichtlich immer häufiger von ihnen gefordert wird. Ein weiteres Problemfeld liegt nach übereinstimmenden Angaben der Arbeiterinnen in der Kooperation mit den Vorgesetzten. Dabei stehen Konflikte im Vordergrund, die aus der Arbeitsverteilung zwischen Arbeiterinnen und Gruppenführern und der Art des Umgangs herrühren würden, den viele Vorgesetzte praktizierten. Ein Teil der Frauen gibt an, daß sie Arbeiten mit erledigen müßten, die eigentlich zum Aufgabenfeld der Vorarbeiter gehören würden. Weiterhin sind die Frauen sich darin einig, daß die Umgangsweisen vieler Gruppenführer diskriminierend seien. Sie würden häufig als namenlose Nummern behandelt, angeherrscht und schikaniert.

Erfahrungen und Interessen von Frauen in der nachgeordneten Abteilung

Bei den Teilnehmerinnen der zweiten Gruppe handelt es sich durchweg um ehemalige Maschinenarbeiterinnen aus der Produktion, die jetzt in der Qualitätskontrolle tätig sind. Sie bestätigen im wesentlichen die geschilderten Einschätzungen der Arbeitssituation in der Produktion, insoweit sie diese als zentrale Gründe dafür angeben, daß sie sich aus der Produktion wegbeworben hatten. Die befragten Frauen schildern ihre aktuelle Arbeitssituation stark vor dem Hintergrund ihrer Erfahrungen am früheren Arbeitsplatz und sind offensichtlich vor allem deshalb zufrieden, weil sie nun in einer kleineren und überschaubaren Abteilung beschäftigt sind. Ihre Tätigkeiten sind vergleichsweise anspruchsvoll und abwechslungsreich, vor allem aber verfügen sie über individuell größere Dispositionsspielräume im Arbeitsalltag. Auch diese Frauen scheinen zunehmend mit der Anforderung eines flexiblen Arbeitseinsatzes konfrontiert zu sein. In gewisser Hinsicht erfahren auch sie diesen Umstand als belastend und streben zum Teil keinen dauernden flexiblen betrieblichen Einsatz an. Gleichzeitig aber erleben sie einen gelegentlichen Arbeitsplatzwechsel als reizvolle Aufgabe, die sie zwar fordere, ihnen darüber hinaus aber auch Abwechslung und erweiterte Kenntnisse bringe. Weiterhin sind diese Arbeiterinnen nach eigenen Angaben mit den Kooperationsbeziehungen in der Abteilung recht zufrieden. Man kenne sich und könne miteinander kommunizieren. Die Zusammenarbeit mit den männlichen Vorgesetzten erfahren sie im großen und ganzen als problemlos, was sie unter anderem darauf zurückführen, daß es sich dabei vor allem um jüngere Männer handele, die Frauen gegenüber bereits eine „etwas andere" Einstellung hätten. Auch wenn diese Arbeiterinnen primär aus ökonomischen Gründen erwerbstätig sind, können die Art der Arbeit, die Arbeitsbedingungen und die sozialen Bezüge in der Abteilung als zusätzliche motivierende Faktoren für die Erwerbstätigkeit angesehen werden.

Ziele, Inhalte und Umsetzungsergebnisse der Rahmenvereinbarung im Urteil der Frauen

Die allgemeinen Zielsetzungen der Rahmenvereinbarung stoßen bei den Arbeiterinnen auf ausgesprochene Zustimmung. Einige artikulieren ein starkes Unrechtsempfinden gegenüber dem Ausschluß von Frauen aus anspruchsvolleren Tätigkeitsfeldern und vor allem aus Führungspositionen. Besonders positiv bewerten die Arbeiterinnen die Umschulungsmaßnahme zum Erwerb einer Facharbeiterqualifikation, da sie sich darauf richte, Frauen den Zugang zu Berufen zu erschließen, die später qualifizierte Erwerbsmöglichkeiten und eine „gute" Entlohnung versprechen. Bei dieser Einschätzung spielt offensichtlich die Erfahrung einiger Teilnehmerinnen eine Rolle, zwar über einen („Frauen"-)Beruf zu verfügen, darin aber nur gering bezahlt zu werden. Auch der Anspruch der Rahmenvereinbarung, zu einer besseren Vereinbarkeit von Erwerbs- und Familienarbeit beizutragen, stößt auf allgemeine und nachdrückliche Zustimmung sowohl bei Frauen mit Kindern als auch bei denen, die keine Kinder zu versorgen haben.

Jedoch erwarten die Arbeiterinnen offensichtlich nicht, daß die Rahmenvereinbarung tatsächlich zu einer spürbaren Verbesserung ihrer Arbeits- und Beschäftigungssituation beiträgt. Dies wird damit begründet, daß das Frauenförderprogramm sich offensichtlich nicht an Arbeiterinnen richte und diese sich daher nicht sonderlich dafür interessierten. Für die Arbeiterinnen scheinen unmittelbare Probleme ihrer Arbeitssituation im Vordergrund zu stehen, auf deren Veränderung die Rahmenvereinbarung nicht eingeht. Dies gilt nach Meinung der Frauen auch für die Maßnahmen, die auf eine erleichterte Vereinbarkeit von Familie und Beruf zielen. Denn die Arbeiterinnen bestätigen die Einschätzung der betrieblichen Experten, wonach Frauen dieser Beschäftigtengruppe in erster Linie ein Interesse an Regelungen haben, die es ihnen ermöglichen, ihre beiden Arbeitsbereiche im Tagesablauf besser aufeinander abstimmen zu können. Was eine Verbesserung ihrer Erwerbschancen anbelangt, so überwiegt bei den befragten Frauen die Einschätzung, daß ihnen die Rahmenvereinbarung keine Perspektiven eröffne, die aus ihrer Sicht sinnvoll sein könnten. Die angebotenen „Frauenseminare" haben zwar das Interesse einiger Frauen gefunden. Andere jedoch sind ausschließlich an Weiterbildungsangeboten interessiert, die ihre Erwerbschancen verbessern können. In diesem Zusammenhang findet die Kritik einer Teilnehmerin Zustimmung, derzufolge im Betrieb keine Zwischenstufen existieren, die es Arbeiterinnen erlauben, mit den Qualifikationen, die sie mitbringen, auf qualifizierte Arbeitsplätze vorzudringen. Die angebotenen Umschulungsmaßnahmen stoßen bei den Befragten nur auf geringes Interesse. Offensichtlich schrecken viele angesichts ihres Alters und ihrer familiären Situation davor zurück, nochmals eine Berufsausbildung zu beginnen.

Darüber hinaus zweifeln die Arbeiterinnen an der Ernsthaftigkeit des Frauenförderprogramms. Denn sie haben bislang weder in ihren Abteilungen noch in anderen Bereichen des Betriebes sichtbare Umsetzungsergebnisse wahrgenommen. Weder haben sich die eigenen Arbeitsbedingungen verbessert, noch haben sie beobachten können, daß Frauen in größerer Anzahl qualifizierte Arbeitsplätze erhalten. So wird von Bewerberinnen berichtet, die zwar einmal aufgetaucht seien, dann aber nie wieder. In einer der Gruppen scheinen hauptsächlich die Erfahrungen einer Arbeiterin die Vermutung ihrer Kolleginnen zu belegen, daß der Betrieb mit der Einführung der Rahmenvereinbarung keine ernsthaften Absichten verbindet. Die erwähnte Arbeiterin ist Feinmechanikerin und erlebt es offensichtlich als ausgesprochen ungerecht, nicht in ihrem Beruf arbeiten zu können, sondern als Angelernte an den Maschinen eingesetzt zu sein. Sie ist nach eigenen Angaben im Betrieb aktiv geworden, um einen ausbildungsadäquaten Arbeitsplatz zu erhalten, hat damit jedoch keinen Erfolg gehabt. Ihr Vorstoß habe ihr schließlich das Angebot eingebracht, eine Vorgesetztenposition in der Produktion einnehmen zu können. Die Frau gibt an, sich dafür zwar zu interessieren, aber noch zu jung zu sein. Darüber hinaus fürchte sie sich davor, als erste Frau im Betrieb eine solche Position zu bekommen. Unter den Produktionsarbeiterinnen gibt es zu dieser Frage eine widersprüchliche Einschätzung. Auf der einen Seite weisen sie mit Nachdruck darauf hin, daß es relativ viele Kolleginnen gäbe, die gerne eine Vorgesetztenfunktion einnehmen würden, der Betrieb dies jedoch nicht zuließe. Zugleich bekunden dieselben Frauen, selbst kein Interesse an einer solchen Position zu haben. Dies kann darauf zurückgeführt werden, daß für sie andere Probleme im Vordergrund stehen, hat offenbar aber auch damit zu tun, daß auch sie davor zurückschrecken, in einer betrieblichen „Männerdomäne" eine Vorreiterfunktion zu übernehmen und als „Vorzeigefrau" zu fungieren.

Das bereits erwähnte Teilzeitmodell in der Produktion ist in den Augen der Arbeiterinnen die erste sichtbare Auswirkung der Rahmenvereinbarung, die durchweg positiv beurteilt wird. Zwei der Befragten – beide verheiratet – wollen sich für eine Teilnahme bewerben. Eine weitere, alleinerziehende Befragte will ebenfalls daran teilnehmen, befürchtet aber, sich dies aus finanziellen Gründen nicht leisten zu können. Die Arbeiterinnen begreifen das

Teilzeitmodell offenbar als längst überfälligen Schritt hin zu einer familienfreundlicheren Gestaltung der betrieblichen Bedingungen. Auf den Einwand, daß es nur einer kleinen Gruppe von Frauen zu günstigeren Arbeitszeiten verhelfe, wird entgegnet, daß die Mütter schließlich am schlimmsten dran seien und es an der Zeit sei, etwas für sie zu tun. Auf der anderen Seite wird jedoch davon berichtet, daß die Ankündigung des Arbeitszeitmodells große Unruhe unter den weiblichen Beschäftigten ausgelöst habe. Dies scheint hauptsächlich damit zu tun zu haben, daß ein Teil der Arbeiterinnen nicht zu den Anspruchsberechtigten zählt, sich aber ebenfalls eine Verbesserung ihrer Arbeitszeiten wünscht. Demnach überzeugt offensichtlich auch das Teilzeitmodell die Arbeiterinnen nicht von der im Betrieb eingeführten Frauenförderung. Ob sie deshalb weiterhin mit deutlich wahrnehmbarem Desinteresse reagieren oder versuchen, die aus ihrer Sicht zentralen Ziele und Inhalte zum Gegenstand frauenfördernder Maßnahmen zu machen, muß nach den Gesprächen offenbleiben.

6.8 Schlußfolgerungen

Der Frauenförderplan im Unternehmen B kommt durch Entscheidungen einer kleinen, sehr einflußreichen Gruppe von Akteuren aus Gewerkschaft NGG wie Betriebsrat und Management zustande und trifft im anschließenden *top down*-Verfahren auf betriebliche Bedingungen, welche die Durchsetzung in einem vorgegebenen Aktionsrahmen ermöglichen, aber auch an Punkten erschweren, die für den Erfolg strategisch wichtig sind.

Als wichtigstes Resultat der Fallstudie kann festgehalten werden: die verschiedenen Einzelmaßnahmen der Rahmenvereinbarung von 1988 können nicht in einem neuen Feld eigenständiger Frauenförderpolitik durchgesetzt werden, sondern werden von vornherein in organisatorische Bedingungen im Unternehmen und im Werk eingebettet, die es erschweren, die Absichten der Frauenförderung zu realisieren. Diese Konstellation ist das Ergebnis eines relativ allgemein gehaltenen Maßnahmenkatalogs in der Rahmenvereinbarung und des Verzichts auf organisatorische Eigenständigkeit und eigene Kompetenzen für die Frauenförderung mit der Folge, daß die Personalabteilungen unter beratender Mitwirkung der zuständigen Betriebsratsmitglieder in Absprache mit Abteilungsleitern oder unmittelbaren Vorgesetzten im Einzelfall Entscheidungen treffen. In der Praxis setzt sich, entgegen der Absicht der

Initiatorinnen, im Rahmen einer gleichstellungspolitischen Allianz eine Orientierung durch, nach der frauenfördernde Maßnahmen mit der insgesamt im Unternehmen und im Werk verfolgten Rationalisierungs- und Modernisierungspolitik vereinbar sein sollten. Es handelt sich hier um eine Variante des Defizitkonzepts: Defizite der Qualifikation sowie der Arbeitszeit- und Qualifikationsorientierungen von weiblichen Beschäftigten sollen im Rahmen der Modernisierungspolitik im Unternehmen und im Werk beseitigt werden.

Das Defizitkonzept als eher implizite generelle Orientierung bei der Durchsetzung von Einzelmaßnahmen der Frauenförderung erweist sich insofern als Schwachstelle einer betrieblichen Politik der Frauenförderung, als die „Beweislast" für ihre benachteiligte Situation den Frauen aufgebürdet wird und die Gründe für diese Situation nicht in den gegebenen betrieblichen Bedingungen für Frauenarbeit gesucht werden. Die Frauen erfahren damit für ihre Interessen nur begrenzt Unterstützung und müssen bestimmte Vorstellungen zum Teil persönlich im mikropolitischen Feld durchzusetzen versuchen. Wenn Frauen unter diesen Umständen die angebotenen Formen der Förderung nur zögernd aufnehmen, sollte dies nicht ihrem mangelnden Interesse zugeschrieben werden, sondern der unzureichenden unternehmensinternen Absicherung eines wirksamen organisatorischen Rahmens für Frauenförderung.

Fehlende konkrete Zielvorgaben und institutionelle Absicherungen führen im Bereich von Ausschreibungen und Einstellungen dazu, die Auseinandersetzung um die Förderung von Frauen in den jeweiligen mikropolitischen Aushandlungs- und Entscheidungsprozeß zu verlagern. Ausschlaggebend ist in diesem Bereich, wie detailliert und trennscharf jeweilige Qualifikationsanforderungen festgelegt sind und im Zusammenhang welcher allgemeiner Kompetenzen sie interpretiert werden. Geschlechtshierarchische Typisierungen und Vorbehalte gegen Veränderungen von „Geschlechterarrangements" in der Tätigkeitsverteilung machen sich dabei häufig an Einschätzungen von Führungsqualifikationen, „menschlicher Eignung" und der Flexibilität im Hinblick auf den zeitlichen Einsatz von Frauen fest.

An der Frage, für welche Qualifikationsgruppen unter den Frauen im Unternehmen vorrangig Maßnahmen zur Förderung der beruflichen Entwicklung, das heißt zur Fort- und Weiterbildung und der Erleichterung des betrieblichen Aufstiegs, durchgeführt werden sollten, entzünden sich die stärksten Kontroversen zwischen der betrieblichen Interessenvertretung und dem Management. Bei steigenden Qualifikationsanforderungen im Zuge verstärkter Rationalisierung wird es schwieriger, eine deutliche Verbesserung der Position von un- und angelernten Arbeiterinnen zu erreichen, weil das Management keine Möglichkeit sieht, den bisherigen Zuschnitt der Arbeitsplätze und die betrieblichen Zugangskriterien wie Aufstiegswege zugunsten dieser Frauen zu verändern. Eine positive Ausnahme bildet die externe Facharbeiterinnenausbildung im Wege der Umschulung.

Auch die in den Gruppengesprächen befragten Frauen weisen darauf hin, daß eine gleichstellungspolitische Strategie unzureichend ist, die die Einkommen weiblicher Beschäftigter vorrangig durch betrieblichen Aufstieg im Rahmen der gegebenen Arbeitsplatzstruktur verbessern will. Solchen Wünschen könnten nur Maßnahmen Rechnung tragen, die auf eine größere horizontale und vertikale Durchlässigkeit betrieblicher Strukturen mit neuen Arbeitsplatzzuschnitten und Zugangskriterien für qualifizierte Erwerbsarbeit zielen. Erst auf dieser Grundlage ließen sich, wie es die Rahmenvereinbarung vorsieht, Fort- und Weiterbildungsangebote entwickeln, die Arbeiterinnen qualifikatorisch anspruchsvolle Tätigkeiten und Aufstiegswege eröffnen.

Der dritte Bereich, der mit Maßnahmen zur Erleichterung des beruflichen Wiedereinstiegs und zur Teilzeitarbeit vor allem die Situation junger Mütter verbessern soll, hat von vornherein eine eher kompensatorische Funktion: es sollen Nachteile für Frauen vermieden werden, die die Aufgabe der Kindererziehung übernehmen. Offenbar ist den Frauen, die sich im Werk in dieser Situation befinden, ihre Situation in einer Zeit von Personalabbau und Rationalisierung sehr bewußt, denn die meisten jungen Mütter nehmen ihre Arbeit bald nach der Geburt ihres Kindes aus Sorge wieder auf, sie könnten ihren Arbeitsplatz verlieren. Für Maßnahmen der beruflichen Wiedereingliederung gibt es offenbar keine nennenswerte Nachfrage. Um so größer ist das Interesse an Regelungen zur Teilzeitarbeit. Für eine kleine Gruppe junger Mütter kann, entgegen dem Trend zu mehr Flexibilisierung der Arbeitszeit, ein Modell der Vormittags-Teilzeitarbeit durchgesetzt werden; 1995 wird, ebenfalls für eine kleine Gruppe, ein Nachfolgemodell mit einem Wechsel zwischen Familienphase und Schichtarbeit im Zwei-Wochen-Rhythmus eingerichtet. Mit diesen Maßnahmen gibt es für Frauen, deren Arbeitsplätze in diese Modelle einbezogen werden und die sich auf den vorgegebenen Wechsel zwischen Erwerbs- und Familienarbeit einstellen können, eine deutliche Erleichterung. Die skizzierten Modelle werden sich, so ist zu vermuten, immer wieder gegen den generellen Trend zur Flexibilisierung bei gleichzeitiger Ausdehnung täglicher Arbeitszeiten behaupten müssen.

Für die in den Gruppengesprächen befragten Frauen besteht in der Frage der Arbeitszeitgestaltung die größte Diskrepanz zwischen eigenen Ansprüchen und der Arbeitszeitpolitik im Unternehmen. Dies gilt sowohl für die Verdichtung der Arbeitszeit wie im Hinblick auf die Einbettung der täglichen Arbeitszeit in die sozialen Bezüge der Beschäftigten. Den Frauen scheint der Abbau der rigiden Zeitökonomie in der Produktion ebenso notwendig wie Arbeitszeiten, die die sozialen Beziehungen der Arbeiterinnen berücksichtigen. Sollte sich in der Arbeitszeitpolitik das weiter wachsende betriebliche Interesse an einer Ausdehnung und möglichst flexiblen Handhabung der täglichen „Normalarbeitszeit" ebenso durchsetzen wie vermehrte Nachtarbeit, dann würden sich nicht nur die persönlichen Arbeitszeitbedingungen aller Mitarbeiter verschlechtern. Der betriebliche Einsatz von Frauen würde zunehmend in Frage stehen, wenn unter solchen Umständen erwogen wird, zukünftig auch Männer für die Maschinenführung in der Produktion einzusetzen, deren Bereitschaft zur Flexibilität vom Management höher als die der Frauen eingeschätzt wird.

Betrachtet man im Rückblick auf das letzte Jahrzehnt die Entwicklung der Bemühungen um betriebliche Frauenförderung im untersuchten Unternehmen und in der Branche, so läßt sich feststellen, daß dieses Thema in den Unternehmen mehr und mehr an Bedeutung verloren hat, daß jedoch unabhängig von diesem Bedeutungsverlust an der Regelung von Teilfragen weiter gearbeitet wurde. Die Rahmenvereinbarung, die 1988 für das untersuchte Unternehmen abgeschlossen wurde, wird von einer der Initiatorinnen rückblickend als eine Chance zur Kooperation betrachtet, durch die explizit Regelungen für Frauen auf die Tagesordnung in den Betrieben gesetzt werden konnten. Zu Beginn der neunziger Jahre habe sich jedoch gezeigt, daß auch auf seiten der betrieblichen Interessenvertretungen bei vielen Einzelmaßnahmen der nötige Nachdruck für eine konsequente Frauenförderpolitik gefehlt habe; für die Betriebsräte sei dieser Bereich einer unter mehreren wichtigen Bereichen und nicht immer unumstritten gewesen. Offensichtlich sind die in der Fallstudie sichtbar werdenden Tendenzen der Einschränkung von Teilzeitarbeit und der geringen Inanspruchnahmen von Erziehungsurlaub auch in anderen Unternehmen der Branche zu beobachten. Für die Gewerkschaft NGG habe sich, so die Expertin der Frauenpolitik, aufgrund dieser Entwicklung 1994 die Frage gestellt, ob Frauenförderpolitik auf dem Wege von Betriebsvereinbarungen für dieses Feld noch sinnvoll sein kann. Anstelle von Frauenförderplänen, die nur schwer anzuwenden seien, weil sie zu unbestimmt sind und keine präzisen Vorgaben enthielten, sollten die notwendigen Veränderungen mit möglicherweise größerem Erfolg über tarifliche Regelungen angestrebt werden. So könnten etwa Arbeitszeitregelungen mit hoher Flexibilität als frauenpolitische Maßnahme im „geschlechtsneutralen" Tarifvertrag aufgenommen werden: wer Kinder hat, für die oder den sollten Rechte auf bestimmte Regelungen geschaffen werden, auch vor dem Hintergrund stärkerer partnerschaftlicher Arbeitsteilung im Verhältnis von Erwerbs- und Familienarbeit. Für Beschäftigte ohne tätigkeitsrelevanten Berufsabschluß sollte es Regelungen geben, nach denen ihnen ihre Weiterqualifizierung bei technisch-organisatorischen Veränderungen als *learning by doing* attestiert würde und sie damit Chancen für beruflichen Aufstieg bekommen könnten. So würden diese Maßnahmen den Charakter von Sonderregelungen für Frauen verlieren.

7. Fallstudie C: Chemieunternehmen

7.1 Die erste Rahmenvereinbarung zu Familie und Beruf 1987

Bereits seit Anfang der achtziger Jahre gab es als Bestandteil der im Unternehmen verankerten paternalistisch geprägten Bereitschaft zur sozialen Verantwortung in Einzelfällen für „bedürftige Alleinerziehende“ die Möglichkeit, einen Aufhebungsvertrag mit einer Wiedereinstellungszusage in der Regel nach drei Jahren zu schließen und finanzielle Hilfe zu erhalten. Daneben spielte in der zweiten Hälfte der achtziger Jahre die Förderung des Interesses von Mädchen für industriell-technische Berufe durch zielgruppenorientierte Information über technische Berufe, Überzeugungsarbeit bei potentiellen Vorgesetzten zum Abbau von Vorurteilen und Versuche, den Mangelberuf der Chemikantin für Mädchen zu öffnen, eine wachsende Rolle. Die Diskussion um weitere, an alle Frauen im Unternehmen sich richtende konkrete Maßnahmen zur Frauenförderung beginnt früher als in den anderen beiden einbezogenen Konzernen, wird jedoch hier vom Management – in diesem Falle durch leitende Mitarbeiterinnen in der Personalabteilung – begonnen. Im März 1987 wird zwischen der Unternehmensleitung und dem Gesamtbetriebsrat eine Gesamtbetriebsvereinbarung für alle Werke der deutschen AG geschlossen, deren Kern die Wiedereinstellungszusage für Beschäftigte ist, „wenn sie zum Zwecke der Kindesbetreuung die Aufhebung ihres Beschäftigungsverhältnisses“ vereinbaren. Vorgesehen wird eine Unterbrechung der Beschäftigung von in der Regel drei Jahren, die, unabhängig von der Zahl der Kinder, bis zu einer Obergrenze von sieben Jahren verlängert werden kann; zugesagt wird, die Beschäftigten in diesem Programm nach dieser Zeit wieder auf einem Arbeitsplatz zu beschäftigen, welcher der bisherigen Qualifikation entspricht – allerdings nur im zeitlichen Umfang „mindestens“ einer Halbtagstätigkeit. Die Beschäftigten sollen während der Unterbrechung ihrer Tätigkeit bereit sein, Weiterbildungsangebote zu nutzen, die ihnen zur Erhaltung ihrer Qualifikation vorgeschlagen werden, und gelegentlich bezahlte Urlaubs- und Krankheitsvertretungen übernehmen. Weiterhin Mitglied der betrieblichen Krankenkasse zu sein, ist auf eigene Kosten möglich; die Mitgliedschaft in der Pensionskasse ruht während der Zeit der Unterbrechung (vgl. auch Hefftner 1990). Diese erste wird durch weitere Vereinbarungen 1991 und 1994 fortgeschrieben.

Etwa zur gleichen Zeit schließen die Tarifpartner in der chemischen Industrie einen Tarifvertrag über Teilzeitarbeit, dessen Regelungen auch als Beitrag zur Lösung von Problemen der Mitarbeiterinnen und Mitarbeiter mit Familienarbeit verstanden und in einer Gesamtbetriebsvereinbarung Ende 1988 für das Unternehmen konkretisiert werden. Eine wichtige Grenze dafür, auf Wunsch von Beschäftigten Vollzeitarbeitsplätze umzuwandeln, ist die Berücksichtigung betrieblicher Belange. Der Grundsatz der Gleichbehandlung von Teilzeit- und Vollzeitbeschäftigten steht unter dem Vorbehalt, daß ihm „sachliche Gründe" entgegenstehen können.

7.2 Zur Genese der Rahmenvereinbarung

Struktur und Entwicklung des Unternehmens und der industriellen Beziehungen

Beim Unternehmen C handelt es sich um einen international operierenden Konzern der chemischen Industrie, dessen Produktpalette sowohl Polymere und industrielle Chemie wie auch pharmazeutische Produkte, *Consumer Care*, Pflanzenschutz, Tiergesundheit und Informationstechnik umfaßt.

Ende der achtziger Jahre, als das Unternehmen mit Maßnahmen zur betrieblichen Frauenförderung begann, hatte es eine vorübergehende Erholung auf den internationalen Märkten für die Produkte des Konzerns gegeben; ab 1991 hatte sich die Geschäftspolitik mit Überkapazitäten, zunehmendem Kostendruck und wachsender Konkurrenz auf den internationalen Märkten auseinanderzusetzen. Die konjunkturell bedingten Absatzschwächen insbesondere in den Chemiesektoren im europäischen Geschäft schlugen sich in den Jahren 1991 bis 1994 in Umsatzeinbußen nieder, die auch durch gute Ergebnisse in der Pharmasparte nicht wettgemacht werden konnten. Neben der Ausgliederung einzelner Bereiche der Chemie in Gemeinschaftsunternehmen und der Reorganisation des USA-Geschäfts begegnete der Konzern dem verstärkten Kostendruck zunächst mit Kurzarbeit und einem Personalabbau insbesondere im Rahmen einer Vorruhestandsvereinbarung.

Im Jahre 1994 beginnt der Vorstand, grundlegende Restrukturierungsmaßnahmen im Unternehmen durchzusetzen; zuerst werden mit der Streichung von drei Führungsebenen die Strukturen gestrafft und Geschäftsbereiche zusammengelegt. In seinen Überlegungen zur strategischen Ausrichtung des Konzerns unterstreicht der Vorstand zwei Jahre später, auch für die Zukunft an der Struktur eines integrierten chemisch-pharmazeutischen Unternehmens mit seiner „bewährten Diversifikation" festzuhalten. Nachdem schon seit längerer Zeit die eigene Produktion verstärkt internationalisiert, aber zunehmend an weniger Standorten konzentriert wurde, sollen die angestrebten Synergieeffekte vor allem durch eine matrixartige Organisation erreicht werden: Die Konzernspitze mit relativ großen Zentralabteilungen behält die Kompetenzen für die strategischen Entscheidungen, die über funktionale und regionale Zuständigkeiten weit in die Tätigkeit der selbständig operierenden Geschäftsbereiche hineinreichen (vgl. auch Kädtler 1999). Mit der organisatorischen Restrukturierung werden seit 1995 verstärkt Maßnahmen des Qualitätsmangements, des flexibleren Einsatzes der Mitarbeiter und einer veränderten Mitarbeiterführung verbunden. In diesem Zusammenhang werden in Teilbereichen Pilotprojekte für Gleitzeit- und für Teilzeitarbeit durchgeführt. Wie in vielen anderen Unternehmen wird versucht, durch verschiedene Maßnahmen, wie zum Beispiel die Förderung von Verbesserungsvorschlägen, die verstärkte Delegation von Aufgaben und eine intensivere Kommunikation zwischen Vorgesetzten und Mitarbeitern, die Eigenverantwortung der Mitarbeiter zu stärken. So stellen die Leitlinien für die strategische Ausrichtung des Konzerns von 1996 den Zusammenhang von Leistungsansprüchen an die Mitarbeiter, der eigenen Verantwortung und den vom Unternehmen gebotenen Entwicklungsmöglichkeiten besonders heraus. Im Juni 1997 wird schließlich eine Gesamtbetriebsvereinbarung für Standortsicherung und Beschäftigung geschlossen, in der sich das Management verpflichtet, bis Ende des Jahres 2000 keine betriebsbedingten Kündigungen vorzunehmen und bis 2002 mehr als 20 Mrd. DM in die deutschen Betriebe zu investieren; der Betriebsrat stimmt zu, daß eine Reihe von freiwilligen Leistungen gekürzt wird.

In den Jahren 1995, 1996 und 1997 fällt die Entwicklung des Geschäfts wieder sehr positiv aus, ohne daß freilich mit dieser Entwicklung eine Wende in der Beschäftigungspolitik des Unternehmens eintritt. Während die

Zahl der Mitarbeiter im gesamten Konzern von 1988 bis 1997 um etwa 21.100 auf 144.600 abnimmt, wächst im gleichen Zeitraum der Konzernumsatz von etwa 40 Mrd. DM auf 55 Mrd. DM. Die Zahl der in den Betrieben der deutschen AG Beschäftigten sinkt von etwa 65.000 im Jahre 1988 auf knapp 48.000 Ende 1996 und etwa 42.000 Ende 1999.

In der ersten Hälfte der neunziger Jahre, der Zeit, in der die Maßnahmen zur Frauenförderung umgesetzt werden, ist die Entwicklung in vielen Produktionsbereichen des Unternehmens durch Rationalisierungsmaßnahmen, Veränderungen der Arbeitsorganisation, Personalabbau und den Verlust von Spielräumen für die Personalpolitik gekennzeichnet. Dies bleibt nicht ohne Folgen für die Chancen der Frauenförderung, deren Rahmenbedingungen sich durch diese Entwicklung deutlich verschlechtern.

Das für die konkreten Wege der Umsetzung von Frauenfördermaßnahmen wichtige Verhältnis von Management und betrieblicher Interessenvertretung ist wie in den anderen großen Konzernen der chemischen Industrie auch in diesem Unternehmen durch Kooperationsbereitschaft und eine relative Unabhängigkeit des Betriebsrates gegenüber Einflüssen der IG Chemie gekennzeichnet.

Zur Beschäftigungsstruktur

Wie viele wissenschaftsbasierte Unternehmen der chemischen Industrie ist auch das Unternehmen C durch eine spezifische Kombination zentralisierter Forschung und Entwicklung und verschiedener Produktionsbereiche in den Feldern Chemie, Pharma, Landwirtschaft und Informationstechnologie charakterisiert. Der Anteil der Frauen an der Belegschaft des Konzerns in Deutschland wuchs von 1987 bis 1996 geringfügig von 18 auf 18,8 Prozent und nahm dann bis 1999 auf 19,7 Prozent zu; dies dokumentiert eine relative Stabilität dieses Verhältnisses trotz wichtiger Veränderungsprozesse. Die Struktur und Verteilung der Unternehmensaktivitäten hatte seit jeher eine große Heterogenität von Arbeitsstrukturen in den verschiedenen Bereichen zur Folge. Im Hinblick auf die im Zusammenhang dieser Studie zur Frauenförderpolitik interessierende geschlechtshierarchische Arbeitsteilung führt diese Heterogenität zu einem breiten Spektrum von Konstellationen. Eine immer noch sehr grobe Aufschlüsselung des Frauenanteils macht die Heterogenität der Arbeitsbereiche hinter der Globalzahl von knapp einem Fünftel deutlich. 1990 ist der Anteil der Frauen im Bereich Forschung und Entwicklung mit 33 Prozent am höchsten, auch in der Verwaltung und im Vertrieb arbeiten mit einem Anteil von 30 Prozent relativ viele Frauen; dagegen ist ihr Anteil mit 7 Prozent in der Produktion sehr gering. Die vorliegenden Daten lassen eine weitere Aufschlüsselung nach Qualifikationsgruppen und damit eine genauere Analyse der geschlechtshierarchischen Arbeitsteilung in den verschiedenen Bereichen nicht zu. Offensichtlich ist jedoch, daß die Produktionsbetriebe des Unternehmens als „Männerdomänen" angesehen werden können, in denen Frauen, meist als angelernte Arbeitskräfte, nur in wenigen Tätigkeiten sehr begrenzte Chancen haben. Hinter den relativ hohen Anteilen weiblicher Beschäftigter in den übrigen Funktionsbereichen verbergen sich spezifische Muster geschlechtshierarchischer Arbeitsteilung: in der Forschung die von den Männern dominierten naturwissenschaftlich-technischen Berufe mit akademischem Abschluß auf der einen, die in relativ großem Umfang mit Frauen besetzten Stellen auf der Ebene der Chemie- oder Biologielaborantin und derjenigen der Chemielaborwerkerin als angelernter Tätigkeit auf der anderen Seite. Eine vergleichbare, wenn auch nicht scharfe Trennungslinie verläuft in den Bereichen Verwaltung und Marketing zwischen den mehrheitlich männlichen Industriekaufleuten und den überwiegend weiblichen Bürokaufleuten.

7.3 Initiative für die betriebliche Frauenförderung

Die Initiative ging im Jahre 1986 vom Management des Unternehmens, insbesondere von leitenden Mitarbeiterinnen in der Personalabteilung aus und wurde durch Überlegungen zur Frage angeleitet, wie qualifizierte Mitarbeiterinnen und Mitarbeiter gewonnen und gefördert werden sollten; in diesem Rahmen wurde auch die Förderung der Chancengleichheit von Frauen gesehen. Den allgemeinen Hintergrund für diese Überlegungen bildete erstens das angesichts des steigenden Kostendrucks wachsende Gewicht dieses Gesichtspunktes auch in der Personalwirtschaft. Zweitens drohten nach Meinung der Personalabteilung durch die demographische Entwicklung und den damit verbundenen Rückgang der Haupt- und Realschulabsolventen bei gleichzeitig wachsender Zahl der Abiturienten verschärfte Rekrutierungsprobleme für das Unternehmen. Drittens sah man in der sozialwissenschaftlichen Diskussion über den gesellschaftlichen Wertewandel Anhaltspunkte dafür, daß in der jüngeren Generation die Ansprüche an die konkrete Tätigkeit und an die berufliche Karriere deutlich wuchsen. Bei berufstätigen Frauen wurde dieses Problem insbesondere in neuen Ansprüchen an die Vereinbarkeit von Familie und Beruf sichtbar. Schließlich ging es dem Unternehmen darum, das frauenfeindliche Image bestimmter Bereiche, etwa der Forschungsabteilungen, abzubauen. Für die genannten Fragen neue Lösungen zu finden, erschien deshalb besondes wichtig, weil das Unternehmen auch unter veränderten Bedingungen an seinem Grundsatz der Personalpolitik festhielt, dem innerbetrieblichen Aufstieg von Mitarbeitern gegenüber dem Einstieg neuer Arbeitskräfte den Vorzug zu geben. Die Initiative zur betrieblichen Frauenförderung markiert einen wichtigen Schritt der Abkehr von Elementen des Familiendenkens und des Paternalismus, die in der Unternehmenskultur verwurzelt waren (Dierkes u.a. 1997, S. 101) und die der Idee der Frauenförderung widersprachen.

Als Ergebnis dieser Überlegungen richtete der Arbeitsdirektor ein Projekt ein, um Vorschläge für die Frauenförderung zu erarbeiten. Als Grundlage für das eigene Vorgehen spielte zunächst ebenso wie im Unternehmen A der sogenannte „Batelle-Leitfaden" eine erhebliche Rolle, der 1985 vom Bundesministerium für Jugend, Familie, Frauen und Gesundheit nach empirischen Recherchen in Unternehmen mit Frauenfördermaßnahmen veröffentlicht worden war (vgl. Krebsbach-Gnath/Schmid-Jörg 1985). Die Unterstützung auf der obersten Managementebene wird von den befragten Experten im Unternehmen als entscheidend für den Erfolg der Projektgruppe in der Anfangsphase hervorgehoben, in einer Phase, als die zuständige Gewerkschaft dieses Thema für sich noch nicht entdeckt hatte. Der Betriebsrat des Unternehmens teilte die grundsätzliche Zielsetzung der Initiative, wollte jedoch die Akzente etwas anders setzen. Wichtiger noch als die Förderung qualifizierter Frauen war für ihn die Weiterbildung der un- und angelernten Frauen, gerade wenn sie ihre Erwerbstätigkeit durch die Familienpause für mehrere Jahre unterbrechen mußten. Die Aktivitäten im Unternehmen und der Abschluß der Gesamtbetriebsvereinbarung 1987 trugen wesentlich dazu bei, daß ein Jahr später vom Bundesarbeitgeberverband Chemie und der IG Chemie eine gemeinsame Position zur Frauenförderung in der chemischen Industrie verabschiedet wurde.

Auch in diesem Unternehmen entwickelte sich die Initiative für die betriebliche Frauenförderung als *top down*-Strategie; anders jedoch als in den Unternehmen A und B geht diese Initiative hier von einer gleichstellungspolitischen Allianz zwischen frauenpolitisch engagierten leitenden Mitarbeiterinnen und aufgeschlossenem Personalvorstand aus, der die Förderung von Frauen als Teil der Entwicklung der Humanressourcen des Unternehmens versteht. Anders als in den übrigen Fällen spielte der Einfluß der zuständigen Industriegewerkschaft keine Rolle, vielmehr schließt sich die betriebliche Interessenvertretung der Initiative an. Diese Ausgangssituation ist durch den bestimmenden Einfluß des Managements gekennzeichnet und, so kann interpretiert werden, gibt der zentralen Personalabteilung im Unternehmen von Anfang an erhebliches Gewicht auch für den Prozeß der Umsetzung der Ziele der Gesamtbetriebsvereinbarung, zumal sich im Unternehmen bereits vorher mit einem Arbeitskreis zur Förderung der Frauenbeschäftigung innerhalb der zentralen Personalabteilung ein rudimentärer organisatorischer Kristallisationspunkt gebildet hatte.

7.4 Zur Institutionalisierung der Rahmenvereinbarungen

Der Kern der Institutionalisierung der Frauenförderung kann in der Bildung eines paritätisch von Unternehmens- und Betriebsratsseite besetzten Arbeitskreises im Jahre 1990 gesehen werden, in dem der frühere interne Arbeitskreis der Personalabteilung aufgeht. Er erhält die Aufgabe, die zentralen Abteilungen der Personalverwaltung des Unternehmens mit allgemeinen Empfehlungen und konkreten Vorschlägen zu beraten.

Damit wählte das Unternehmen die Lösung, auf zentraler Ebene die Frauenförderung unter Beteiligung der betrieblichen Interessenvertretung in die Personalpolitik und -entwicklung zu integrieren. Das Modell einer mit eigenen Kompetenzen ausgestatteten Frauenbeauftragten, wie es aus einem anderen Konzern der Branche bekannt war, wurde in der Anfangsphase verworfen. Der maßgebliche Einfluß des Arbeitsdirektors und der zentralen Personalabteilung führte dazu, sich für ein zugleich zentralistisches und integratives Modell zu entscheiden. Damit sollte eine mögliche Doppelzuständigkeit vermieden und gewährleistet werden, Maßnahmen der betrieblichen Frauenförderung als Aufgabe der Personalentwicklung im Rahmen der bestehenden Kompetenzverteilung auch auf der Ebene der einzelnen Fachabteilung effektiv durchzusetzen. Mit der Integration in die Personalentwicklung und damit in die bisherigen „Routinen“ von Personalpolitik glaubte man, daß Widerstände gegen die Frauenförderung in geringerem Umfang aufgebaut würden, die Personalabteilung konnte damit zugleich entscheidende Kompetenzen weiterhin in der Hand behalten.

„Aufgrund unserer Organisationsform mit einer zentralen personalpolitischen Abteilung, denke ich, haben wir sehr gute Chancen auf allen Feldern, die hier bearbeitet werden, Frauenprobleme mit einzubeziehen. Und wenn Sie im Unternehmen sehr massiv Frauenfragen als solche, wie soll ich sagen, als einzige Thematik problematisieren, dann treffen Sie sehr schnell auf direkte und indirekte Widerstände." (EG 10, S. 5)

Mit der Bildung der paritätisch besetzten Arbeitsgruppe zur Förderung der Chancengleichheit wird der Bedeutung des Problems der Arbeits- und Beschäftigungsbedingungen von Frauen in der Belegschaft und für die Interessenvertretung Rechnung getragen und eine Form der Einbindung des Betriebsrates auf der Basis der bestehenden kooperativen industriellen Beziehungen im Unternehmen gefunden. Einen Arbeitskreis der Fachabteilungen des zentralen Personalwesens gab es schon länger; dieser wird nun um die gleiche Zahl von Mitgliedern erweitert, die von den Betriebsräten der fünf Werke des Konzerns entsandt werden und denen dort jeweils ein Ausschuß für Frauenfragen zur Seite steht. So gibt es etwa im größten Werk einen 13-köpfigen Ausschuß für Frauenfragen, in dem neun Frauen und vier Männer qua Amt mitarbeiten. Die Arbeitsgruppe ist kein Entscheidungsgremium, sondern erarbeitet Vorschläge, die dann in den betrieblichen Entscheidungsprozeß eingebracht werden; sie trifft sich in mehrwöchigem Abstand, ihre Arbeit wird maßgeblich von der Abteilungsleiterin Personalentwicklung und einer ihrer Mitarbeiterinnen koordiniert, die selbst in einem stärker berufsständischen Interessenverband bundesweit aktiv ist.

Im Unterschied zur Institutionalisierung in anderen Unternehmen wurde also in diesem Fall die Durchführung der Maßnahmen innerhalb der Betriebe nicht einer eigenständigen organisatorischen Einheit, etwa mit einer Frauenbeauftragten an der Spitze, übertragen; präzise Zielvorgaben für die Programme Familie und Beruf oder Teilzeit fehlen ebenso wie entsprechende formale Zielkontrollen und eine Berichtspflicht. Diese Form der Institutionalisierung setzt sehr stark auf die Aktivität wie die Kooperationsfähigkeit der beteiligten Akteure, unter denen den betroffenen Frauen eine besonders aktive Rolle zugemessen wird. Chancengleichheitspolitik wird im Unternehmen C als *top down*-Projekt mit allen Widersprüchen realisiert, die sich insbesondere durch die Reaktionsmöglichkeiten auf den verschiedenen Ebenen einer tief gestaffelten Hierarchie ergeben.

Über beide Felder betrieblicher Frauenförderung, die Vereinbarung Familie und Beruf und die Vereinbarung zur Teilzeitarbeit, wurde im Unternehmen immer getrennt verhandelt, dennoch ist den beteiligten Akteuren klar, daß es einen inneren Zusammenhang zwischen beiden Feldern gibt.

Zwar kommt die Teilzeitarbeit auch denen zugute, die keine Familie haben und keine Kinder erziehen, doch faktisch tauchen die größten Probleme auf seiten der Beschäftigten wie auf seiten der Betriebe und Abteilungen dann auf, wenn Teilzeitarbeit für Mitarbeiter mit Kindern geschaffen werden soll. Dieser innere Zusammenhang der Maßnahmen rechtfertigt es, mit einer Darstellung der Entwicklung des Programms Familie und Beruf zu beginnen.

7.5 Die Umsetzung der Vereinbarungen

Zum Familienurlaub mit Wiedereinstellungsgarantie und zur Teilzeitarbeit gibt es zwar zwei verschiedene Gesamtbetriebsvereinbarungen, in der täglichen Regelungspraxis des Unternehmens dominiert in den letzten Jahren jedoch eindeutig die Situation des „verkoppelten“ Problems, für Frauen, die aus dem Erziehungsurlaub oder dem Programm Familie und Beruf zurückkehren, einen Teilzeitarbeitsplatz zu finden. Wenn man die Erfüllung der Wiedereinstellungsgarantie als Dreh- und Angelpunkt der beiden zentralen Betriebsvereinbarungen ansieht, so sind am Zustandekommen des Arrangements, das schließlich gefunden wird, als Akteure

- die *Frauen im Modell* mit ihren Entscheidungen über den Zeitpunkt der Rückkehr und ihrer starken Präferenz für eine Halbtagstätigkeit,
- die *Personalabteilung* als beauftragtes und verantwortliches Ressort im Unternehmen für die Einlösung der Wiedereinstellungsgarantie,
- die *Betriebe* und hier wiederum die *unmittelbaren Vorgesetzten*, die einen Arbeitsplatz (wieder) zur Verfügung stellen, und
- die *Mitglieder des Betriebsrates* beteiligt.

Aufgrund der relativ offenen und für die Frauen häufig unübersichtlichen Situation erhalten die im Unternehmen für die Wiedereinstellung verantwortlichen Instanzen ein erhebliches Gewicht im Entscheidungsprozeß. Während die auf der Ebene der verschiedenen Werke dezentral arbeitende Personalabteilung den Vorgang bearbeitet und häufig gezielt nach Möglichkeiten für Teilzeitarbeit sucht, entscheiden letztlich die Betriebe aufgrund ihrer Stellensituation und ihrer Einschätzung der Möglichkeiten zur Reorganisation von Arbeitsplätzen darüber, wem und unter welchen Konditionen sie einen Arbeitsplatz zur Verfügung stellen. Da es keine von der bisherigen Unternehmensorganisation und den eingespielten industriellen Beziehungen unabhängige Verantwortung für die Wiedereinstellung gibt, werden die Entscheidungen von den Funktionsträgern des mittleren Managements dominiert: die Mitarbeiter der Personalabteilung informieren die Betriebsleiter oder unmittelbaren Vorgesetzten, versuchen Überzeugungsarbeit zu leisten und handeln letztlich mit den Vorgesetzten die Arbeitsplätze für die zurückkehrenden Frauen aus. Diese Grundstruktur des Aushandlungsprozesses wird in Einzelfällen überlagert und verändert durch die zum Teil kontinuierliche Aktivität von Frauen, während des Erziehungsurlaubs den Kontakt nicht abreißen zu lassen und in ihrem Betrieb wieder Fuß zu fassen. In der Regel versuchen die Personalabteilung und, soweit die Frauen um Unterstützung bitten, der Betriebsrat, sich im Sinne der Frauen einzusetzen.

Nehmen die Frauen das Modell Familie und Beruf in Anspruch, wird inzwischen ihr früherer Arbeitsplatz häufig auf Dauer neu besetzt oder geht bei Rationalisierungsmaßnahmen verloren. Die Personalabteilung steht in jedem Einzelfall vor dem Problem, eine Ganz- oder Halbtagsstelle in der „Nähe" des früheren Beschäftigungsbereichs zu finden, auch wenn der Arbeitsplatz nach dem Wortlaut der Vereinbarung nicht zwingend im früheren Werk liegen muß. Dabei geht es immer um eine „maßgeschneiderte" persönliche Lösung, in der auf der Basis der Qualifikation der jeweiligen Mitarbeiterin die zeitlichen Verpflichtungen in Erziehung und Familie mit neuer Aufgabenverteilung und zeitlichen Anforderungen an die Arbeit relativ eng abgestimmt werden müssen. Diese Aufgabe ist in Zeiten ökonomischer Rezession oder von Beschäftigungsstagnation besonders schwierig, weil es dann kaum noch Flexibilität auf den unternehmensinternen Teilarbeitsmärkten für die verschiedenen Qualifikationsgruppen gibt. Solche Situationen, etwa bei kompletter Schließung von Betriebsteilen, erschweren unter der Voraussetzung, daß niemand entlassen werden soll, die Wiedereinstellung der Frauen nach dem Erziehungsurlaub sehr, weil sie die Gruppe derjenigen vergrößern, für die ein neuer Arbeitsplatz gefunden werden muß.

Zur Umsetzung des Programms Familie und Beruf

Kern dieses Programms ist die Rückkehrgarantie für Beschäftigte, die nach dem gesetzlichen Erziehungsurlaub ihren Arbeitsplatz aufgeben, und die nach einer bestimmten, in begrenztem Rahmen frei zu wählenden Frist auf einen angemessenen, das heißt der bisherigen Qualifikation entsprechenden Arbeitsplatz im Unternehmen zurückkommen wollen. Orientierungsrahmen für die konkreten Maßnahmen war die erste Gesamtbetriebsvereinbarung zu diesem Programm, die im März 1987 abgeschlossen wurde; Ende 1991 und Ende 1994 wurde die Vereinbarung mit Modifikationen verlängert, die den bisherigen Erfahrungen Rechnung tragen sollten.

Die zentralen Regelungen gelten seit 1987 unverändert. Auf Antrag wird verheirateten und ledigen Müttern und Vätern mit Kindern unter einem Jahr eine Wiedereinstellungszusage gegeben, wenn sie drei Monate vor Ablauf des gesetzlichen Erziehungsurlaubs eine Aufhebung des Beschäftigungsverhältnisses mit dem Unternehmen vereinbaren, um ihre Kinder weiter betreuen und erziehen zu können. Diese Frist kann bis zur Vollendung des siebten Lebensjahres eines Kindes ausgedehnt werden; diese auch bei mehreren Kindern geltende Obergrenze kann nur in Notfällen ausnahmsweise durch Einzelfallregelung überschritten werden. Die am Programm teilnehmenden Frauen und Männer verzichten während dieser Zeit auf eine andere Erwerbstätigkeit; sie können sich auch nicht arbeitslos melden, weil sie der Idee des Programms entsprechend nicht dem Arbeitsmarkt zur Verfügung stehen. Das Unternehmen fordert, während der Familien- und Betreuungszeit an Bildungsveranstaltungen teilzunehmen, die die Qualifikation erhalten, und sieht auch gelegentliche Urlaubs- und Krankheitsvertretungen, die mit den familiären Aufgaben vereinbar sind, als qualifikationssichernd an. In der Protokollnotiz zur Fassung der Vereinbarung vom Dezember 1994 wird von einem „Dokument“ gesprochen, das die Teilnehmerinnen zur Kontrolle und Steuerung der Fortbildung und Vertretungstätigkeiten erhalten sollen.

Die Wiedereinstellungsgarantie ist rechtlich verbindlich, sie muß jedoch zwingend sechs Monate vor Ablauf der vereinbarten Unterbrechung der Beschäftigung durch eine Rückmeldung geltend gemacht werden. Garantiert wurde urspünglich eine Beschäftigung auf Basis von mindestens der Hälfte der zum Zeitpunkt der Rückkehr tariflich geltenden Wochenarbeitszeit, später heißt es, daß „die Arbeitszeit – je nach den Wünschen der Mitarbeiterinnen (wie Mitarbeiter) und unter Berücksichtigung betrieblicher Belange – 50 bis 100 Prozent der tariflichen Wochenarbeitszeit betragen“ kann.

Damit hatte die Personalverwaltung von Anfang an einen großen Handlungsspielraum bei der Zuweisung von Arbeitsplätzen an die Zurückkehrenden. Probleme, die gegebene Zusage auch tatsächlich einzulösen, werden von den Verantwortlichen der Personalentwicklung nicht gesehen, da es keine Zusage für eine Rückkehr auf den alten Arbeitsplatz oder in den früheren Betrieb gibt, die Personalabteilung also auch bei Stellenabbau in bestimmten Bereichen glaubt, noch Handlungsspielraum zu haben. Vertreterinnen des Betriebsrates sind ebenfalls der Meinung, daß die aus dem Programm zurückkehrenden Arbeitskräfte auch angesichts von Personalreduzierungen durch Vorruhestandsregelungen wieder beschäftigt werden können, weil die jüngere Generation gegenüber den Älteren häufig über höhere Qualifikationen verfüge. Mit wachsenden Zahlen von Anspruchsberechtigten führt jedoch die Planung der Rückkehr zu einem erheblichen organisatorischen Aufwand. Für jede Mitarbeiterin und jeden Mitarbeiter, die zurückkehren wollen, muß in der Regel eine entsprechende persönliche Lösung im Rahmen von Teilzeitarbeit gefunden werden. In diesem Zusammenhang wird übereinstimmend hervorgehoben, daß der Rückkehr an den alten Arbeitsplatz nicht nur organisatorische Gründe entgegenstehen können. An der Entscheidung darüber, welchen Arbeitsplatz zurückkehrende Frauen erhalten sollen, brechen in einer Reihe von Fällen auch Kontroversen über die Einschätzung von Motivation und Leistung der Rückkehrerinnen auf, so daß die Personalverwaltung den neuen Arbeitsplatz in einer neuen Abteilung oder in einem anderen Betrieb des Unternehmens suchen muß. Auch befragte Frauen in Vorgesetztenpositionen sind der Meinung, daß nur gute und bewährte Mitarbeiterinnen ihren Arbeitsplatz wieder erhalten sollten (EG 14, S. 21).

Aus Anlaß der Neuformulierung der Gesamtbetriebsvereinbarung Familie und Beruf hat der Betriebsrat im Herbst 1991 versucht, die Regelung in einer Reihe von einzelnen Punkten in seinem Sinne zu verändern, konnte sich mit seinen Vorschlägen aber kaum durchsetzen. Erstens sollten sich die Rückkehrerinnen möglichst spät, mit einer Frist von vier Wochen vor dem bei Beginn vereinbarten Rückkehrtermin, noch entscheiden können, ihre Tätigkeit wieder aufzunehmen. Dagegen wurde jedoch in der Vereinbarung an der geltenden Regelung von sechs Monaten festgehalten. Zweitens sollte erreicht werden, daß den zurückkehrenden Belegschaftsmitgliedern ein Arbeitsplatz in dem Werk zur Verfügung gestellt wird, in dem sie früher gearbeitet hatten. Der Betriebrat hat offenbar in diesem Punkt ständig auf eine verbindlichere Regelung gedrängt, jedoch ohne Erfolg, wie eine Formulierung in der Protokollnotiz zur Fassung vom Dezember 1991 zeigt, mit der sich die Unternehmensleitung alle Möglichkeiten offenhält: Es „wird auf die Ergänzung ‚Die Wiedereinstellungszusage gilt für einen ... Arbeitsplatz im jeweiligen Werk‘ verzichtet. Es bleibt bei der bisherigen Handhabung, daß in der Regel ein Arbeitsplatz im jeweiligen Werk angeboten wird.“ Das gleiche gilt für den dritten, dem Betriebsrat wichtigen Punkt, nämlich die

„Festschreibung auf Teilzeitarbeit“ (EG 12, S. 20). Hierzu heißt es in der Protokollnotiz: „Die Berücksichtigung von Unternehmensbelangen kann in wirtschaftlich belastenden Situationen dazu führen, eine Vollzeittätigkeit auszuschließen. Es besteht jedoch auch kein Anspruch auf eine Teilzeitstelle.“ Alle drei Punkte scheiterten an dem Interesse des Managements, sich im Umgang mit den Zurückkehrenden eine größere Flexibilität zu erhalten. Viertens wurde über die Anrechnung der Unterbrechungszeiten und damit verbundene Zahlungen des Unternehmens – auch des Arbeitnehmeranteils – insbesondere für die betriebliche Altersversorgung ohne Erfolg verhandelt. Fünftens ging es darum, einige Unklarheiten über die Geltungsdauer der Vereinbarung auszuräumen, die in den ersten Phasen dazu geführt hatten, daß Frauen bei der Familienplanung sich in „Zugzwang“ sahen. So wurde als Stichtag der letzte Geltungstag der Vereinbarung festgelegt: Betriebsangehörige mit einer Geburt bis zu diesem Zeitpunkt können am Programm teilnehmen, für sie gilt die Rückkehrgarantie nachwirkend mit entsprechenden Fristen. Diese Anpassungen wurden auch unter dem Einfluß der neuen gesetzlichen Regelung vorgenommen, die bis zu drei Jahren Erziehungsurlaub vorsieht. Schließlich war dem Betriebsrat noch wichtig, die Weiterbildung von gering qualifizierten Arbeitskräften durch eine Verpflichtung des Unternehmens sicherzustellen; in der Vereinbarung ist es bei Kann-Bestimmungen geblieben.

Von der Möglichkeit einer Aufhebung des Beschäftigungsverhältnisses mit Wiedereinstellungsgarantie haben in den Jahren 1987 bis 1997 durchschnittlich 50 Prozent der anspruchsberechtigten Beschäftigten, in der Regel Frauen, Gebrauch gemacht. Man kann davon ausgehen, daß von den übrigen Frauen ein Teil gleich nach der Geburt eines Kindes aus dem Unternehmen ausscheidet oder umgekehrt vor allem aus finanziellen Gründen schon während des gesetzlichen Erziehungsurlaubs oder spätestens mit dessen Ende in die Berufstätigkeit zurückkehrt. Mit der Verlängerung dieses Urlaubs auf drei Jahre könnte die Attraktivität des Programms für viele Frauen gesunken sein. So wird in der Personalabteilung im Jahre 1997 eine wachsende Zahl offener, nicht beendeter Verträge beobachtet:

„Und die einzige plausible Erklärung, die uns im Moment einfällt, ist, daß seit der Erziehungsurlaub mit Beginn 1994 auf drei Jahre verlängert worden ist, daß eigentlich seit der Zeit die Mütter zunehmend mehr im Erziehungsurlaub weiteren Nachwuchs bekommen. Und damit der Anspruch nochmals auf Erziehungsurlaub entsteht ... Ich habe so ein bißchen den Eindruck daraus, daß unser Modell damit viel an Aktualität verliert. Weil damit zumindest – sagen wir mal – so ungefähr fünf Jahre abgedeckt sind nicht als betriebliche, sondern als gesetzliche Pause ... Ich hatte immer den Verdacht, daß die Ausdehnung des

Erziehungsurlaubs dieses Modell vielleicht obsolet werden lassen würde, kann das aber im Moment noch nicht bestätigen. Dazu ist der Zeitraum noch zu kurz." (EG 20, S. 4)

Bis Ende 1999 hatten 1.466 Beschäftigte das Modell Familie und Beruf in Anspruch genommen; 1.182 dieser Verträge waren bis dahin beendet worden, davon 55 Prozent mit der Rückkehr in das Unternehmen. Nimmt man die Frauen hinzu, die das Programm nicht in Anspruch nehmen, dann macht etwa jede vierte unter den Frauen, für die das Programm gedacht ist, im Sinne des Unternehmens Gebrauch davon. Diesem Anteil unter den weiblichen Beschäftigten ermöglicht das Programm, über den gesetzlichen Erziehungsurlaub hinaus Kindererziehung und Beruf miteinander zu vereinbaren, und wird vor allem für Unterbrechungen im Rahmen des betrieblichen Programms von durchschnittlich viereinhalb Jahren genutzt. Rechnet man den gesetzlichen Erziehungsurlaub hinzu, dann unterbrechen die Teilnehmerinnen am Programm ihre Erwerbstätigkeit im Durchschnitt sechs Jahre (s. Tabelle 4 im Anhang). Je länger die Familienpause dauert, um so stärker dürfte die Distanzierung von Betrieb und Arbeit zunehmen und in Verbindung mit ungelösten Problemen der Kinderbetreuung dazu führen, daß die Frauen nicht zurückkehren. Wie sich bei der Darstellung einzelner Beschäftigtengruppen noch zeigen wird, sind diese Durchschnittszahlen interpretationsbedürftig, geben jedoch einen deutlichen Hinweis darauf, daß die Mehrheit der Frauen, die vor dem Problem der Vereinbarung von Beruf und Kindererziehung stehen, dieses Programm nicht dazu nutzen kann, nach einer Unterbrechung wieder ins Unternehmen zurückzukehren. Von einer befragten Expertin wird auf ein anderes Unternehmen der Branche hingewiesen, das dieser absehbaren Entwicklung mit der Neuregelung Rechnung getragen habe, den Müttern und Vätern bis zum siebten Lebensjahr des Kindes ein Jahr Familienpause zuzugestehen, das sie zu einem von ihnen gewählten Abschnitt während dieser sieben Jahre nehmen können.

Um Probleme bei der Kinderbetreuung von beschäftigten Müttern lösen zu helfen, existiert im größten Werk des Unternehmens schon lange ein Betriebskindergarten, in dem Mitte der neunziger Jahre zusätzlich Kindertagesstättenplätze eingerichtet werden. Zugleich verlagert sich jedoch der Schwerpunkt dieser auf die Verbesserung der sozialen Rahmenbedingungen von Frauenerwerbstätigkeit gerichteten betrieblichen Politik auf die Förderung der Eigenaktivität von Eltern außerhalb des Unternehmens. Unterstützt werden zum einen mehrere Elterninitiativen beim Aufbau von privaten Kinderbetreuungseinrichtungen, indem das Unternehmen seine Kompetenzen in Rechts- oder Baufragen zur Verfügung stellt. Zum anderen arbeitet die zentrale Personalabteilung mit einer großen Vermittlung individueller Betreuung zusammen und zahlt den Eltern die Vermittlungsgebühr, die auf diesem Weg eine Voll- oder Teilzeitkraft für ihr Kind finden.

Zur Entwicklung der Teilzeitarbeit

Die Gesamtbetriebsvereinbarung zur Einführung von Teilzeitarbeit von 1988 kann als Ausdruck einer betrieblichen Beschäftigungspolitik gesehen werden, Arbeitskräfte zu halten oder vielleicht auch neu zu gewinnen, die aus verschiedenen Gründen keine Vollzeittätigkeit ausüben wollen oder können. Auf seiten des Unternehmens dürfte das ausschlaggebende Motiv zur Förderung von Teilzeitarbeit darin zu finden sein, angesichts eines sich verändernden Verhältnisses zur Erwerbsarbeit Humanressourcen für das Unternehmen zu sichern. Dieses Motiv wird auch in dem konkreten Ziel sichtbar, Frauen in der „Familienphase" an sich binden zu wollen. Um den gleichwertigen Status der Teilzeitbeschäftigung zu unterstreichen, wird in der Vereinbarung ausdrücklich die Gleichbehandlung vollzeit- und teilzeitbeschäftigter Arbeitnehmer hervorgehoben, die auch durch die Beteiligung an Fort- und Weiterbildung gesichert werden soll.

Betrachtet man die Entwicklung der Teilzeit im Unternehmen von 1990 bis 1999, so hat sich, ausgehend von einem sehr niedrigen Anteil von etwa 2,5 Prozent (das sind 1.459 Beschäftigte in den verschiedenen Teilzeitmodellen) die Zahl um 55 Prozent auf einen Anteil von 6,6 Prozent (das sind 2.115 Beschäftigte) in den Werken der deutschen AG erhöht, während die Gesamtzahl der Beschäftigten in dieser Zeit von etwa 65.000 auf 42.300 sank. Dies bedeutet mehr als eine Verdoppelung der in Teilzeit Beschäftigten, dennoch arbeitet auch 1997 immer noch nur ein geringer Anteil in Teilzeit. Die Männer bilden unter den in Teilzeit Beschäftigten zunächst eine kleine Minderheit; ihr Anteil, 1990 bei 3,2 Prozent, nimmt bis 1996 auf 6,8 Prozent zu, er wächst dann in den folgenden Jahren bis 1999 sehr stark auf 33 Prozent der Teilzeitbeschäftigten an, während zugleich der Anteil der Frauen um etwa 26 Prozent sinkt.

Auch wenn sich das Angebot an Teilzeitarbeitsplätzen der Programm-Maxime entsprechend gleichermaßen an Frauen wie Männer richten soll, war es faktisch eine Maßnahme, um die Beschäftigung von Frauen zu erleichtern, und wird im Unternehmen auch so wahrgenommen. Der Zuwachs von Teilzeitarbeitsplätzen in den neunziger Jahren steht auch im Zusammenhang des Programms Familie und Beruf und wird als Ergebnis kontinuierlicher gezielter Aktivitäten der Personalreferate gesehen, vorwiegend die Unterstützung des mittleren Managements in den Betrieben und den Abteilungen für konkrete Veränderungen der Arbeitsplatzverteilung zu gewinnen.

„Die Kollegen aus den Personalreferaten sind also in bestimmte Abteilungen gegangen, nach bestimmten Indikatoren, sei es, daß da relativ viele Frauen beschäftigt waren, sei es, daß man da Ansatzpunkte für eine vermehrte Teilzeittätigkeit gesehen hat in manchen Funktionen, und hat also dann auch noch einmal aufgeklärt, informiert über die Gestaltung von Teilzeitarbeit und über alle Chancen und alle Probleme, die mit Teilzeit verbunden sind ... Und der Personalleiter eines Werkes hat jetzt irgendwann ... gesagt ..., daß wir einen Zuwachs von 50 Teilzeitarbeitsplätzen [in diesem Werk] hatten im letzten Jahr ..., und sagte, man macht sich keinen Begriff davon, wieviel Überzeugungsarbeit im Detail bei der vermehrten Bereitstellung von Teilzeitarbeitsplätzen zu leisten ist." (EG 11, S. 22)

Die befragten Expertinnen in der Personalabteilung meinen, daß die Vorbehalte in weiten Teilen des Managements gegenüber den Motiven, Teilzeit arbeiten zu wollen, in den Jahren seit Abschluß der Gesamtbetriebsvereinbarung abgenommen haben. Habe man bis weit in die achtziger Jahre das Interesse an Teilzeitarbeit noch als reduziertes Engagement im Beruf und verstärkte Hinwendung zu außerberuflichen Bedürfnissen interpretiert, würden heute auch Flexibilisierungs- und Rationalisierungschancen für das Unternehmen gesehen. So könne sich bei einer Überprüfung von Arbeitsaufgaben ergeben, daß ein Teil der Aufgaben ersatzlos wegfallen könne, es könne aber auch so aussehen, daß Arbeitsgebiete umorganisiert würden und einer Arbeitskraft in Teilzeit nur noch ein Teil der vorherigen Aufgaben verbleibe. Zunehmend würde jedoch praktiziert, einen Arbeitsplatz in seinem bisherigen Zuschnitt zu erhalten und mit zwei Beschäftigten zu besetzen.

Im Bereich der kaufmännischen und verwaltenden Tätigkeiten sei es noch relativ leicht, Teilzeitarbeit einzuführen, auch wenn es dort schon organisatorischen Mehraufwand gebe, um die Funktion einer Stelle über die gesamte betriebliche Arbeitszeit aufrechtzuerhalten. In den Betriebsbereichen mit voll kontinuierlicher Produktion seien diese Probleme erheblich größer, weil die Zeit, in der die Ansprechbarkeit etwa für bestimmte Laboruntersuchungen gegeben sein müsse, sich kaum reduzieren lasse.

Erhebliche Vorbehalte gibt es auf seiten des Managements gegenüber der Teilzeitarbeit hochqualifizierter Mitarbeiterinnen und Mitarbeiter in leitenden Positionen. Während es noch möglich erscheint, Expertenfunktionen aufzuteilen, wird es fast als ein unüberwindbares Hindernis angesehen, Führungsverantwortung für Menschen in einer bestimmten Funktion auf mehrere Personen in Teilzeit aufzuteilen. Ziel- und Führungsvorgaben seien dann nicht mehr als klare Linie und eindeutige Orientierungsmöglichkeit erkennbar, wenn solche Aufgaben von mehreren Personen wahrgenommen würden, zur zeitlichen Abstimmung käme das Problem der täglichen, sehr aufwendigen „Geschäftsübergabe“ hinzu – alles in allem werden in solchen Positionen bei Teilzeitarbeit erhebliche Reibungsverluste befürchtet.

Für den Betriebsrat hat die Erweiterung der Teilzeitarbeit hohe Priorität; Betriebsratsmitglieder sehen daher den Hauptmangel der bisherigen Regelungen im Unternehmen darin, daß in der Gesamtbetriebsvereinbarung keine verbindlichen Festlegungen über den Umfang der in einem Zeitraum einzurichtenden Teilzeitarbeitsplätze enthalten sind, und daß vor allem für Frauen, die in Teilzeit arbeiten wollen, kein Anspruch auf eine solche Regelung besteht. Die Arbeitgeberseite verweigere eine Vereinbarung, die mehr als eine deutliche allgemeine Zielvorgabe ist, weil sie aus organisatorischen und finanziellen Gründen das Dispositionsrecht über die zeitliche Verteilung der Arbeit behalten wolle. Es gibt aber in diesem Punkt keinen grundlegenden Dissens, weil beide Seiten die Notwendigkeit sehen, Teilzeitregelungen in zum Teil mühsamer Überzeugungsarbeit gegenüber mehr oder weniger „egoistischen“ Abteilungs- und Betriebsinteressen durchzusetzen. Offensichtlich kommt bei der Umsetzung des Programms den direkten Vorgesetzten eine entscheidende Rolle zu. Es müsse „von unten nach oben“ gearbeitet werden, weil die Akzeptanz von Gruppen- und Abteilungsleitern, zum Teil auch von skeptischen Kollegen sichergestellt werden müsse.

Bei Einzelmaßnahmen, die meist dazu dienen, ausgehend von einer konkreten persönlichen Situation für eine bestimmte Beschäftigte einen Teilzeitarbeitsplatz zu schaffen, arbeiten Personalmanagement und Betriebsrat zusammen, soweit er von den Beschäftigten eingeschaltet wird. Mitglieder des Betriebsrates sehen einerseits Chancen für vermehrte Teilzeitarbeit, weil tendenziell in vielen Bereichen die Betriebszeiten verlängert würden und die Personalkosten bei hoher Automatisierung vergleichsweise gering seien. Widerstand gäbe es eher in einzelnen Betrieben oder Abteilungen, der dann von seiten der Personalabteilung mehr oder weniger sanft ausgeräumt werden müsse. Insgesamt wird das Programm zur Teilzeitarbeit von beiden Seiten als erfolgreich eingeschätzt: „Aber gut, ich denke, man kriegt die meisten Frauen auf Teilzeit“ (EG 12, S. 33), wie es ein Betriebsratsmitglied ausdrückt. So kann für den Bereich der Teilzeitarbeit von Ansätzen eines Co-Managements gesprochen werden – immer vorausgesetzt, es besteht hieran Interesse von seiten des Unternehmens, konkret des oberen Managements und der Personalabteilung.

Acht Jahre nach Einführung der Vereinbarung arbeitet mit einem Anteil von 75 Prozent die große Mehrheit teilzeitbeschäftigter Frauen in der klassischen Vormittagstätigkeit. Die übrigen verteilen sich auf mehrere andere Modelle: wöchentlicher Wechsel zwischen zwei und drei Tagen Vollzeittätigkeit, Halbtagstätigkeit am Nachmittag und – ganz selten – Arbeitsplatzteilung im Wochenablauf (EG 20, S. 11). Dies ist die Folge eines für die Frauen nahezu unauflöslichen Widerspruchs zwischen den Rahmenbedingungen im Betrieb, der vorherrschenden zeitlichen Struktur der Kinderbetreuung und auch eigenen Wünschen nach „produktiver" Nutzung des Vormittags. Die Betreuungsmöglichkeiten, die Frauen für ihr Kind beziehungsweise für ihre Kinder finden, schränken ihre persönliche Flexibilität für Teilzeitarbeit erheblich ein. So gibt es am Nachmittag deutlich weniger öffentliche Betreuungsangebote in Kindergärten und Schulen, und nahezu unmöglich werden Lösungen, wenn sich etwa für zwei Kinder nur eine Betreuung zu verschiedenen Tageszeiten finden läßt. Ungeachtet dieser schwierigen Ausgangslage wird von Expertinnen der Personalentwicklung bemängelt, daß eine Reihe von Frauen selbst ihre Situation nicht mit mehr Engagement, Phantasie und persönlichen Zielsetzungen angeht und statt dessen vom Betrieb fertige Vorschläge für die eigene Situation erwartet.

Neben einer Zahl von 50 bis 60 gelingenden Teilzeitarrangements im Jahr bleibt, so das Fazit nach einem Jahrzehnt mit Erfahrungen in diesem Bereich, in vielen Fällen ein nicht zu lösender Gegensatz zwischen Bedürfnissen und Interessen vor allem von Mitarbeiterinnen mit Kindern und den Möglichkeiten des Unternehmens, den Wünschen zur Flexibilisierung und Reduzierung der persönlichen Arbeitszeit entgegenzukommen.

Erprobung von Telearbeit seit 1997

Als Ergänzung zur Regelung von Teilzeitarbeit kann die sehr viel später, im Juli 1997, abgeschlossene Gesamtbetriebsvereinbarung zur Erprobung der neuen Arbeitsform Telearbeit gesehen werden; sie soll eine Beschäftigung ermöglichen, „bei der die Arbeit grundsätzlich sowohl im Betrieb als auch zu Hause erledigt werden kann" (zum Beispiel tageweiser Wechsel). Arbeitsrechtlich abgegrenzt von Heimarbeit, handelt es sich in der Regel um DV-gestützte Tätigkeiten am PC zu Hause, wobei vorausgesetzt wird, daß die Tätigkeit als Telearbeit ausgeführt werden kann, die Beschäftigten dafür persönlich geeignet sind und eine „hinreichende Trennung“ von privater und beruflicher Sphäre möglich ist. Weiterhin wird angesichts der großen Dispositionsfreiheit der oder des Beschäftigten und der besonderen Anforderungen an die Kommunikation mit Vorgesetzten und Kollegen davon ausgegangen, daß ein hohes Maß an gegenseitigem Vertrauen und persönlicher Verantwortung vorhanden sein muß.

Wie über die Vereinbarung von Teilzeit wird auch über Telearbeit im Einvernehmen von unmittelbaren Vorgesetzten und Beschäftigten nach Zustimmung durch den Betriebsrat entschieden; es handelt sich hier um die gleiche Akteurskonstellation. Frauen mit Kindern können für die während des Erziehungsurlaubs mögliche begrenzte Teilzeitarbeit die Form der Telearbeit wählen, wenn sie die von der Gesamtbetriebsvereinbarung geforderten Voraussetzungen erfüllen.

Weitere Elemente der Frauenförderpolitik im Unternehmen: Öffnung von Ausbildungsberufen und Formen der Rekrutierung und Karriereförderung

Der Konzern ist intern divisional nach den verschiedenen Geschäftsfeldern organisiert. Entsprechend dieser Gliederung bilden sich in den verschiedenen Abteilungen und Werken die überkommenen Domänen von Frauen- und Männerarbeit ab, zu denen etwa gering qualifizierte angelernte Frauenarbeit in der hochautomatisierten Pharmaproduktion, Berufe mit einfachen bis mittleren Qualifikationen für Frauen in der Verwaltung und bestimmte Bereiche für qualifizierte Frauenarbeit in den Forschungsabteilungen gehören. Die ausgeprägte Segregation von Tätigkeiten nach dem Geschlecht wird ergänzt und vertieft durch Momente geschlechtshierarchischer Arbeitsteilung in einzelnen Feldern wie der Verwaltung oder den Labors.

Mit ähnlicher frauenpolitischer Zielsetzung wie in den Gesamtbetriebsvereinbarungen zur Vereinbarkeit von Familie und Beruf und zur Teilzeitarbeit führt das Unternehmen weitere Fördermaßnahmen im Bereich der Personalentwicklung durch, um die Geschlechtersegregation abzubauen. Unter Berufung auf die bereits genannten Grundsätze im Leitfaden des Bundesministeriums für Jugend, Familie, Frauen und Gesundheit lautet das frauenpolitische Credo, das seit Mitte der achtziger Jahre in internen wie in öffentlichen Äußerungen vertreten wird, Frauen seien gezielt im Rahmen einer allgemeinen Strategie der Qualifikationsentwicklung und nicht primär mit speziellen Maßnahmen zu fördern. So werden etwa Quotenregelungen abgelehnt, weil sie einen erheblichen Eingriff in die unternehmerische Dispositionsfreiheit bedeuten, zusätzlichen Verwaltungsaufwand verursachen und bei der innerbetrieblichen Umsetzung auf größere Widerstände stoßen würden (vgl. Hefftner 1990).

Die betriebliche Erstausbildung hat in der deutschen AG nach wie vor Priorität für die Rekrutierung des künftigen Personals entsprechender Qualifikationen. Im Rahmen der Frauenförderpolitik hat sich das Unternehmen seit langem vor allem die Förderung von Mädchen in gewerblich-technischen Berufen zum Ziel gesetzt und informiert dazu verstärkt an Schulen seiner Einzugsbereiche über diese Berufe oder will Vorbehalte bei späteren potentiellen Vorgesetzten abbauen. Obwohl das Unternehmen kontinuierlich und hinreichend über seine Ausbildungspolitik informiert, ist der Anteil der Mädchen an den Auszubildenden in den entsprechenden Berufen 1992 noch verschwindend gering. Darin konnte bis dahin auch die Einstellungspolitik der Ausbildungsabteilung nichts ändern, die Mädchen als „Pionierinnen" aus der Überzeugung heraus gegenüber männlichen Jugendlichen unterstützt, Frauen in Männerberufen ein Chance zu geben. Freilich werden auch erhebliche Schwierigkeiten für den Erfolg solcher Pionierinnen in den Betrieben gesehen.

„Aber all die Stellen, an denen die Frauen nach der Ausbildung im technischen Bereich eingesetzt sind, sind ja auch typische Arbeitsplätze dieses Berufs, nur unterscheiden sich die nicht in der Qualität, aber in der Schwere der Ausübung. Und es ist schon so, es ist fast ein pädagogisches Prinzip vom Leichten zum Schweren, daß wir uns vorarbeiten müssen, was die Akzeptanz der Frauen angeht, über Bereiche, in denen sie garantiert akzeptiert sind, ja. Und sonst würden wir sie ja doch, die Pionierinnen, ... verheizen." (EG 13, S. 25)

Unter den Bewerbungen für einen Ausbildungsplatz als Chemikant oder Chemikantin – den Ausbildungsberuf, der mit der Neuordnung 1987 den alten Chemie-Facharbeiter abgelöst hat – gibt es eine vergleichbare Situation. 1992 befinden sich hier unter den 550 Auszubildenden in drei Lehrjahren 10 Mädchen; dieser Anteil steigt bis 1997 auf 7 Prozent an, nachdem das Nachtarbeitsverbot für Frauen gefallen ist und die ausgebildeten Chemikantinnen auch im voll kontinuierlichen Drei-Schicht-Betrieb eingesetzt werden können. Als Grund für das Scheitern von Mädchen im Bewerbungsverfahren werden das mangelnde Verständnis und fehlende Kenntnisse in Mathematik und den naturwissenschaftlich-technischen Fächern genannt. Hingegen gibt es in der Ausbildung zum Laboranten beziehungsweise zur Laborantin zur gleichen Zeit einen Frauenanteil von etwa 30 Prozent im

Schwerpunkt Chemie- und fast 60 Prozent im Schwerpunkt Biologielaborantin mit gleichbleibender Tendenz.

Von seiten eines Ausbildungsleiters wird darauf verwiesen, daß im Rahmen der allgemeinen Potentialförderung etwa ein spezielles Ausbildungsprogramm für Mädchen für ihn nicht denkbar sei, weil die Ausbildungsinhalte für beide Geschlechter gleich seien und angesichts der kleinen Ausbildungsgruppen im Alltag für die Mädchen keine Minderheitensituation auftreten würde. Angesichts der offensichtlich hohen Barrieren bei Mädchen, sich auf einen Männerberuf und damit auf die Rolle von Pionierinnen einzulassen, bleibt jedoch die Frage, ob nicht über die immer wieder bekundete allgemeine Bereitschaft hinaus gezielte institutionelle Maßnahmen in der Ausbildung von Mädchen notwendig wären. Zu vermuten ist, daß in der gewerblich-technischen Ausbildung als einer traditionellen beruflichen Männerdomäne organisationskulturelle Faktoren wirksam sind, die den Mädchen den Alltag in der Ausbildung sehr erschweren können. Ein wichtiger Schritt zur Veränderung des männlich geprägten Milieus, die Beschäftigung von Ausbilderinnen, wird vom Unternehmen unterstützt, hat aber angesichts der Tatsache nur begrenzte Wirkung, daß dem Management Teilzeitarbeit in dieser Position nicht denkbar erscheint und diese Karrieren von den Frauen häufig abgebrochen werden (EG 13, S. 16 ff.).

Eine Verschiebung von der betrieblichen Erstausbildung zur externen Rekrutierung mit Folgen für die Geschlechterhierarchie zeichnet sich bei Verwaltungstätigkeiten, insbesondere im Bereich der Personalverwaltung, ab. Bereits in den achtziger Jahren kommt es im Zuge von Rationalisierungsmaßnahmen, insbesondere durch den verstärkten Einsatz DV-gestützter Bearbeitung von Routinevorgängen, zum Wegfall einfacher Verwaltungstätigkeiten in der Personalverwaltung; die verbleibenden Schreibarbeiten werden jetzt von den Sachbearbeiterinnen mit erledigt. Auf der anderen Seite benötigen diese Beschäftigten, um Personalangelegenheiten kompetent bearbeiten zu können, sehr viel größere Sachkenntnisse etwa des Arbeitsrechts, des Sozialversicherungsrechts oder betrieblicher Arbeitszeitmodelle und ihrer Implikationen. Die von Baethge/Oberbeck (1986, S. 303) allgemein konstatierte Tendenz einer „disproportionalen Verteilung der fachberuflichen Entwicklungsmöglichkeiten“, nach der einer Zunahme einschlägig qualifizierter Kaufleute eine Abnahme von Sekretärinnen, Bürohilfskräften und Schreibkräften gegenübersteht, trifft auch für das Unternehmen zu. Damit sind erhöhte Ansprüche an die Ausbildung im Bereich der Personalsachbearbeitung verbunden, durch die die Trennungslinie geschlechtshierarchischer Arbeitsteilung verschoben wird. Sie verläuft verstärkt zwischen Frauen, die in der Regel eine kaufmännische Erstausbildung absolvieren, und Männern, die Betriebswirtschaftslehre oder Jura an einer Universität oder Fachhochschule studiert haben. Diese Trennlinie ist relativ durchlässig, das heißt, im „qualifizierteren" Segment finden wir eine Minderheit weiblicher Beschäftigter; in der Regel besteht jedoch in der Vergütung von Frauen und Männern faktisch eine Differenz von zwei Stufen des Entgelttarifs. Entsprechend dieser Verschiebung ist der Anteil der Sachbearbeiter zurückgegangen, die auf dem Wege der betrieblichen Erstausbildung gewonnen werden. Für Frauen, die zum Beispiel als Büroassistentin ausgebildet wurden, setzt ein Aufstieg in eine Sachbearbeiterposition eine zusätzliche formale Qualifizierung, etwa eine Fachausbildung als Personalfachfrau, voraus, außerdem die sichtbare und bei ihnen von den Vorgesetzten in der Regel nicht vermutete Bereitschaft zur Übernahme verantwortungsvoller Tätigkeiten und zur Mobilität im Konzern. Frauen in diesem Feld müssen sich in einem Verdrängungswettbewerb durchsetzen.

Anders als in den bisher betrachteten Segmenten gilt für den Bereich Forschung und Entwicklung, daß die Wissenschaftler, meist nach der Promotion, extern rekrutiert werden, wenn die Bewerber gelernt haben, selbständig wissenschaftlich zu arbeiten, und genügend methodische und empirische Erfahrungen gesammelt haben. Die Tätigkeit in den Labors kann sie recht bald zu gefragten Experten in einem Arbeitsfeld machen, sie kann aber auch den Einstieg in eine Karriere bedeuten, in deren Verlauf die Forschungstätigkeit mehr und mehr von Managementaufgaben in der FuE-Organisation abgelöst wird. Die Rekrutierungspraxis unterscheidet sich in den beiden einbezogenen Abteilungen erheblich. Im ersten Fall werden in einer eher traditionellen Praxis die freien Stellen nicht ausgeschrieben, sondern an Interessenten vergeben, die von Fachvertretern an den Universitäten empfohlen werden. Es handelt sich um ein professionsorientiertes informelles Verfahren, das auf langjährigen Beziehungen und Kooperationen mit Universitätsinstituten beruht.

„Es gibt in Deutschland ungefähr eine Handvoll Universitäten, die [in dem Fach] ausbilden, und wir kennen also alle die Professoren dort, die Studien haben, und wir wissen oder wir können uns umhören, wenn dort jemand fertig wird und wir suchen jemand, dann haben wir also unser Ohr überall. Wir kommen ja auch selber aus den Universitäten, es gibt also die Göttinger Mafia und die Bonner Mafia und die Weihenstephaner Mafia, daß heißt also, die kennen wir alle noch ... Zum Teil sind es Kondoktoranden da und die dort Assistenten sind oder die Professoren, die uns selbst ausgebildet haben." (EG 5, S. 6 f.)

In der zweiten Abteilung, in der anorganische Chemie die Hauptrolle spielt, verschafft man sich in einem offeneren und formalisierten Verfahren über Ausschreibungen und daraus resultierende Bewerbungen ein Bild vom Potential möglicher Nachwuchskräfte. Neben der fachlichen Qualifikation, die festzustellen als nicht besonders schwierig angesehen wird, geht es auch um die persönliche Qualifikation.

„Ja gut, der Bewerber muß natürlich aufgeschlossen sein, er muß kontaktfreudig sein, er muß bereit sein zu kooperieren im Team, er muß auf Mitarbeiter zugehen können, wir müssen erkennen, ob er Führungsqualitäten besitzt ... Er muß auch in gewisser Weise belastbar sein, denn es geht ja schon manchmal etwas hektisch zu." (EG 18, S. 46)

In den Augen der befragten Abteilungsleiter, die für die Rekrutierung verantwortlich sind, spielt das Geschlecht für Entscheidungen in den Auswahlverfahren keine Rolle. Der Anteil von Frauen unter den Bewerbungen sei nach wie vor sehr gering und liege in den meisten Bereichen unter 10 Prozent. Vor allem wird darauf hingewiesen, daß es auch im Hinblick auf die persönliche Qualifikation keine erkennbaren Unterschiede zwischen Bewerberinnen und Bewerbern gebe. Widerspruchslos und eindeutig ist allerdings dieses Urteil nicht. Unter den nicht fachbezogenen Qualifikationen werden der Kommunikations- und der Selbstdarstellungsfähigkeit große Bedeutung zugeschrieben, diese Fähigkeiten äußern sich nach Meinung der Experten auch in geschlechtsspezifischer Form. Sprächen für die Frauen ihre Fähigkeiten, auf andere einzugehen und ausgleichend zu wirken, wird andererseits von ihnen angenommen, daß sie vergleichsweise seltener eine Ellenbogen-Mentalität besitzen, die als Durchsetzungsfähigkeit schon wichtig sei: „Kann ich den irgendwo hinschicken? ... Wird der seine Sache, unsere Sache dort vertreten können?" (EG 15, S. 12) Dies ist eine Qualifikation, die bewußt oder unbewußt, wie die Befragten zugestehen, in stärkerem Maße von Männern erwartet wird. Aufgrund des geringen Anteils unter den Wissenschaftlern haben es die Frauen entsprechend schwer, in Führungspositionen aufzusteigen; hinzu kommt, daß Frauen, die wegen der Erziehung ihrer Kinder etwa halbtags arbeiten, häufig nicht als geeignet angesehen werden, „höhere Aufgaben" zu übernehmen. Die Einstellung weiblichen akademischen Nachwuchses in den FuE-Abteilungen wird, so könnte man zusammenfassen, insgesamt gesehen im Unternehmen nicht durch besondere Maßnahmen gefördert, die Frauen werden relativ konsequent nach Kriterien beurteilt, die sich auf eine von Männern dominierte Organisations- und Berufskultur beziehen.

7.6 Erfahrungen mit den Programmen Familie und Beruf und mit Teilzeitarbeit in einzelnen Betriebsbereichen

7.6.1 Ungelernte und angelernte Frauen

Tätigkeitsbereiche in Pharmaproduktion und Wirtschaftsbetrieben

a) Pharmaproduktion

In diesem Betrieb der Pharmaproduktion wird ein sehr erfolgreich vertriebenes Medikament abgefüllt und verpackt. Während des Untersuchungszeitraums wurden die Anlagen weiter automatisiert; die Anzahl der Mitarbeiterinnen und Mitarbeiter verringerte sich von 43 auf 30, obwohl nunmehr die Verpackung einbezogen wurde. Es gibt zwei Meister und zwei Vorarbeiter. Der Anteil der Frauen liegt seit längerem bei etwa 60 Prozent, sie führen die einfachen angelernten Tätigkeiten an der Abfüllinie durch, zu denen neben der Beobachtung der Abfüllmaschine vor allem die optische Kontrolle von durchfahrenden Flaschen gehört. Den zum Teil mit schwerer körperlicher Arbeit verbundenen Vorgang des Reinigens und Sterilisierens der Flaschen sowie das Aufsetzen und den Transport der Flaschen erledigen Männer; dies sind auch die höher bewerteten Tätigkeiten. Die Arbeiten sind damit nach einem klassischen Muster geschlechtsspezifischer Aufgabenzuweisung auf Frauen und Männer verteilt: Frauen, von denen einige eine tätigkeitsfremde Ausbildung haben, übernehmen die mit hoher Konzentration, einem genauen Blick und mit Ausdauer verbundenen Arbeiten optischer Kontrolle, die die Männer nach dem Urteil ihrer Vorgesetzten zu sehr anstrenge, sie ungeduldig und nervös werden lasse. Diese minder qualifizierten Frauenarbeitsplätze dürften auch auf längere Sicht erhalten bleiben, weil sie für das Unternehmen kostengünstiger als weitere Rationalisierungsschritte sind. Für die Frauen selbst sind die Tätigkeiten nicht nur erträglich, sondern nach dem Urteil der Vorgesetzten nehmen sie ihre Arbeit wichtig, sind stolz, Fehler zu finden, sehen sich als persönlich sehr verantwortlich an: „Und die ziehen aus ihrer einfachen Tätigkeit das Maximum an Selbstwertgefühl, was sie kriegen können." (EG 14, S. 42)

Bisher gibt es im Betrieb Erfahrungen mit vier Frauen, die nach der Geburt ihrer Kinder Erziehungsurlaub genommen haben. Zwei Mütter sind schon längere Zeit zurück und teilen sich einen Arbeitsplatz – „so eine Art *job sharing*". Das Verhalten von zwei weiteren Frauen verdeutlicht, daß aus verschiedenen Gründen die Möglichkeiten des Modells nicht ausgeschöpft werden. Einmal kann es bei langer Betriebszugehörigkeit darum gehen, die Zeit des Erziehungsurlaubs zu begrenzen, aus finanziellen Gründen wie aber aus einer über lange Jahre gewachsenen Einstellung zur Berufstätigkeit. Eine andere Frau will vorzeitig in den Betrieb zurück, um einer beklemmenden Familiensituation zeitweise zu entgehen und sie damit vielleicht zugleich für sich erträglicher zu machen.

Was die Möglichkeit weiterer Teilzeitarbeit in ihrem Bereich angeht, ist die Betriebsleiterin grundsätzlich sehr dafür, auf diesem Wege dazu beizutragen, daß Erziehungsarbeit und Berufstätigkeit besser miteinander vereinbart werden können. Zugleich sieht sie jedoch bei „knapper Personaldecke" und den maschinengebundenen Tätigkeiten verstärkt Probleme bei Urlaub oder Krankheit der Mitarbeiterinnen, die nur durch weiteres zusätzliches Personal gelöst werden könnten. Es gebe allerdings in ihrem Betrieb keine Nachfrage nach Teilzeitarbeit, was nach ihrer Ansicht mit beiden Gründen zusammenhänge: ein ganzes Einkommen zu benötigen und nicht auf die Familie allein beschränkt sein zu wollen.

b) Wirtschaftsbetriebe

Diese Wirtschaftbetriebe versorgen in mehreren Einrichtungen, vor allem einer großen Kantine, einem Kasino und einem Restaurant, die Mitarbeiter eines Werkes des Konzerns. Mit 85 Prozent ist der Anteil der Frauen unter den 120 Beschäftigten sehr hoch; die 40 Arbeitskräfte in Teilzeit sind fast ausschließlich Frauen. Der überwiegende Teil der Frauen übt gering qualifizierte Tätigkeiten aus, viele von ihnen haben ursprünglich eine Ausbildung in einem anderen Beruf absolviert und wechselten nicht zuletzt wegen der Bezahlung zum Unternehmen; eine kleinere Gruppe von Frauen arbeitet als Restaurantfachfrau oder als Bürokauffrau. Die Männer arbeiten entweder als angelernte Lageristen oder Küchenhelfer beziehungsweise als Köche oder Restaurantfachleute. In den Vorgesetztenpositionen gibt es drei Männer und zwei Frauen. Für die Frauen besteht in begrenztem Umfang die Möglichkeit, zur Kassiererin aufzusteigen, eine Aufgabe, die nicht jede zu übernehmen bereit ist, weil sie mit hohen Anforderungen an Aufmerksamkeit und Genauigkeit, Bereitschaft zu kontinuierlicher Freundlichkeit und der Fähigkeit, Streß zu ertragen, verbunden ist. Durch Rationalisierungsmaßnahmen wie neue Technologien im Küchenbereich und EDV-gestützte Warenwirtschaftssysteme wurden in fünf Jahren 17 Arbeitskräfte eingespart; dies führte zu einer deutlichen Verjüngung der Belegschaft.

In den ersten vier Jahren nach Abschluß der Vereinbarung „Familie und Beruf" haben in diesem Betrieb nach der Geburt eines Kindes acht Frauen das Modell in Anspruch genommen, vier Frauen haben nur von der gesetzlichen Regelung des Erziehungsurlaubs Gebrauch gemacht. Nach Einschätzung des Betriebsleiters sei für die Entscheidung der Frauen und ihrer Familien ausschlaggebend, ob sie hinreichende Möglichkeiten finden, ihre Kinder versorgen zu lassen, daneben würden auch finanzielle Aspekte eine Rolle spielen. Das betriebliche Modell erfüllt danach die Aufgabe, solchen Frauen die Kindererziehung wesentlich zu erleichtern, die in ihrer Familie diese Möglichkeiten nicht finden, die aber auch vorübergehend auf ihr Einkommen verzichten können. Die mit dem Modell verbundene Rückkehrgarantie einzulösen, stieß in dem Moment auf Schwierigkeiten, als nach den ersten drei Jahren mehrere frühere Mitarbeiterinnen in den Betrieb zurück wollten: inzwischen waren einige Stellen ohne Befristung wieder besetzt worden.

„Wollen ist das eine und Können ist das andere. Ihre Planzahl, macht ja jeder, ob das ein Budget ist für Geld oder Budget für Personal, das plant man auf eine längere Frist. Und mittelfristig und langfristig – und da kann es durchaus sein, daß keine [Rückkehrerin] mehr ‚reinpaßt'. Deswegen muß die Personalabteilung ganz schön arbeiten, um zu sehen, wie schaffen wir das denn. Und es kann nur eine Zentrale innerhalb des Werkes geben, die eben dann versucht, den Betrieben, die Ausfall haben, warum auch immer, Rückkehrerinnen anzubieten." (EG 17)

Eine Rückkehr an den früheren Arbeitsplatz kann nach den Erfahrungen dieses Betriebsleiters nur einer begrenzten Zahl von Frauen ermöglicht werden, häufig ist es notwendig, ein Angebot in einem anderen Betrieb des Werkes anzunehmen. Flexibilität wird insbesondere auch deshalb erwartet, weil Rückkehrerinnen häufig Teilzeitarbeit wünschen. Auch wenn bei vermehrter Teilzeitarbeit ein deutlich höherer Organisationsaufwand gesehen wird, unterstützt der Betriebsleiter die Schaffung von Teilzeitarbeitsplätzen.

In diesem Betrieb mit sehr hohem Frauenanteil führt die Wiedereinstellung in der früheren Entgeltgruppe, in der Regel auf Halbtagsbasis, offenbar zu einem verstärkten Konkurrenzverhältnis zwischen diesen Frauen und jungen, relativ gut ausgebildeten Frauen, die sich benachteiligt sehen. Insgesamt werden das Programm und seine Realisierungsmöglichkeiten über den Weg der Teilzeitarbeit vom Leiter des Betriebes unter der Voraussetzung als sehr positiv eingeschätzt, daß es nach einer Anlaufphase von drei bis fünf Jahren zu einem „rollierenden System" kommt, die Zahl der in Erziehung gehenden und die der Rückkehrerinnen zum jeweiligen Zeitpunkt gleich ist

– freilich nicht auf der Ebene des Betriebes oder einer Abteilung, sondern auf der des gesamten Werkes. Größere Schwierigkeiten, Teilzeitarbeit vorwiegend am Vormittag einzurichten, scheint es aufgrund der besonderen zeitlichen Aufgabenstruktur in diesem Betrieb nicht zu geben.

Erfahrungen und Urteile der Frauen in angelernten Tätigkeiten

In den Augen der fünf Frauen, die in den Wirtschaftsbetrieben oder der Pharmaproduktion tätig sind und sich in einer Gruppendiskussion äußerten, können viele potentielle Interessentinnen nicht am Programm Familie und Beruf teilnehmen, weil sie aus finanziellen Gründen durchgängig auf eine Ganztagsbeschäftigung angewiesen sind. Umgekehrt sei es jedoch auch so, daß manche Mutter wegen fehlender Unterstützung der nächsten Familienangehörigen, anderer Verwandter oder von Freunden gezwungen seien, Familienurlaub zu nehmen. Von allen wird die Meinung vertreten, das Programm ermögliche es den Frauen, die daran teilnehmen könnten, sich vorübergehend der Kindererziehung zu widmen und zugleich Berufsarbeit als Perspektive behalten zu können. Übereinstimmend wird hervorgehoben, daß Kindererziehung und Hausarbeit die Frauen nicht ausfüllen, daß sie zugleich unabhängig sein und das Gefühl haben wollen, sich auf die eigenen Kräfte und Mittel verlassen zu können. Eng mit dem Interesse, längerfristig nicht allein auf den Ehemann angewiesen zu sein, ist die Perspektive verbunden, sowohl in der konkret ausgeübten Tätigkeit wie den mit ihr verbundenen Kooperationsbeziehungen und informellen Kontakten Anerkennung zu finden.

„Auch in den drei Jahren [zu Hause] ... habe ich gesagt: wenn die Möglichkeit besteht, ich möchte wieder meinen Arbeitsplatz haben, und mit dem Gedanken war ich auch die drei Jahre zu Hause, und da habe ich nie gedacht, ich bleibe jetzt ganz zu Hause, obwohl es war ja auch eine sehr schöne Zeit; aber irgendwo ist es wieder schön, wenn man, man hat dann ganz andere Aufgaben auch. Es dreht sich nicht alles nur um Haushalt, Kind, Ehemann, es kommt noch was anderes dazu." (GG 6, S. 29)

Hinzu kommt die Tatsache, daß auch ungeachtet von Rationalisierungsmaßnahmen, welche die Frauen miterleben, das Unternehmen als attraktiver Arbeitgeber eingeschätzt wird.

Eigene Wünsche und Ansprüche können nach den Aussagen der Frauen deshalb nicht verfolgt und durchgesetzt werden, weil sie vor Beginn des Erziehungsurlaubs teilweise nur sehr mangelhaft informiert würden und bei ihrer Rückkehr die Zuweisung von Arbeitsplätzen primär nach betrieblichen

Interessen erfolge; zu beiden Zeitpunkten spielen die direkten Vorgesetzten, insbesondere Meister und Betriebsleiter, für die letztlich gefundene Lösung eine entscheidende Rolle. In erheblichem Umfang werden Einzelentscheidungen in Aushandlungsprozessen zwischen den Frauen, dem Betriebsrat und den Vorgesetzten auf dieser unteren Ebene getroffen. Da Arbeitsorganisation und Tätigkeitsstrukturen wie auch die Einstellungen der direkten Vorgesetzten zur Frauenarbeit und zur Frauenförderung sich von Betriebsteil zu Betriebsteil sehr unterscheiden, ergibt sich in den Wahrnehmungen und im Urteil der Frauen ein sehr heterogenes Bild der durchgeführten Maßnahmen.

So sind auch unter den Teilnehmerinnen an der Gruppendiskussion nicht alle Informationen bekannt, die für die eigene Entscheidung, am Programm teilzunehmen oder nicht, ausschlaggebend sein können. Einzelne Frauen haben den Eindruck gewonnen, daß ihre direkten Vorgesetzten selbst nicht über alle Informationen verfügen oder sie nicht ohne intensives Nachfragen weitergeben. So scheint es vor Abschluß der Vereinbarung bereits eine „Grauzone“ für die Vereinbarung von Teilzeitarbeit gegeben zu haben. Insgesamt spielen offenbar informelle Kommunikation und die Vertrauensfrauen für die Weitergabe von Informationen eine große Rolle.

Steht die Entscheidung an, nach dem Erziehungsurlaub in den Betrieb zurückzukehren, hat der Wunsch höchste Priorität, an den alten Arbeitsplatz zurückzukehren. Da jetzt in der Regel Teilzeitarbeit gewünscht wird, ist die Gesamtbetriebsvereinbarung zu diesem Punkt ebenso wichtig wie die Rückkehrgarantie. Im Einzelfall kann eine subjektiv-emotionale Einschätzung überwiegen, die den Platz im Betrieb vor allem unter dem Gesichtspunkt der Vertrautheit mit konkreten räumlichen, organisatorischen und sozialen Bedingungen bewertet; diese Frauen können sich einen Wechsel innerhalb des Werkes nur schwer vorstellen.

Häufig sehen sich Frauen, wollen sie auf ihre alte Stelle zurück, mit Rationalisierungsmaßnahmen und Stellenabbau konfrontiert, der dazu führt, daß Personal freigesetzt wird oder an andere Betriebsbereiche „abgegeben“ werden muß. In solchen Fällen wird es schwierig, noch eine Rückkehrerin aufzunehmen, zumal die damit verbundenen Teilzeitregelungen auch nach dem Urteil der Frauen zu einem erheblichen organisatorischen Mehraufwand führen.

In Berichten betroffener Frauen wird das Urteil der betrieblichen Experten bestätigt, nach dem es sehr von den direkten Vorgesetzten abhängt, ob nach der Rückkehr aus dem Familienurlaub ein Teilzeitarbeitsplatz zur Verfügung gestellt beziehungsweise geschaffen wird. Für die Verhandlungssituation ist auch die aus der Abhängigkeit und dem relativ geringen eigenen Einfluß der Frauen herrührende Angst davor wichtig, die eigenen Ansprüche offen anzumelden. So spricht eine Beschäftigte in der Pharmaproduktion davon, daß unter den Frauen weithin noch das „Hierarchiedenken" existiere, das die Vorgesetzten dann ausnutzen würden. Frauen in diesen Bereichen „die machen sich ja selbst zu Opfern, dieses ....., nicht beschweren gehen wollen, weil ich muß ja mit diesem Mann weiter zusammenarbeiten" (GG 6, S. 23).

In dem Gefühl von Ohnmacht kommt eine spezifische Seite des in diesem Beschäftigungssegment dominierenden Geschlechterverhältnisses zum Vorschein, eine asymmetrische Machtbeziehung, die im betrieblichen Alltag oder etwa in Gesprächen um die Veränderung der Arbeitszeit sich bemerkbar mache, auch wenn das nicht thematisiert werde, und die auch Folgen habe, wenn eine Frau sich dagegen auflehne.

Wie zwei weitere Berichte von Frauen aus der Pharmaproduktion zeigen, werden offensichtlich in diesem hochautomatisierten Bereich sehr differenzierte Arbeitszeitregelungen und die eingespielten, zum Teil informellen Arbeitsbeziehungen der Frauen untereinander als zusätzliche Faktoren wirksam, die eine Rückkehr aus dem Erziehungsurlaub an einen gleichwertigen Arbeitsplatz mit Teilzeit erschweren. Beide Frauen arbeiten seit Ende der siebziger Jahre im Unternehmen und haben seit der Geburt ihres Kindes 1983 beziehungsweise 1985 jeweils eine hürdenreiche Berufsbiographie als „Teilzeitpionierinnen" durchlaufen. Die eine Arbeiterin ist drei Jahre nach der Geburt ihres Kindes zurückgekehrt. Während dieser Schritt durch einen Platz im Kindergarten erleichtert wurde, gab es für sie zunächst Schwierigkeiten, einen Teilzeitarbeitsplatz zu erhalten. Ihr Wunsch wurde abgelehnt, und Informationen über die gerade getroffene Betriebsvereinbarung zur Teilzeitarbeit wurden zurückgehalten – sie vermutet deshalb, weil ihr Arbeitsbereich mit regelmäßigem Zwei-Schicht-Betrieb von der Werkleitung als ungeeignet für Teilzeitarbeit eingestuft worden sei. Nach einem halben Jahr setzte der Betrieb die Vereinbarung um, und die Frauen in ihrer Abteilung entschieden sich mit Mehrheit für das Modell einer Vier-Tage-Woche mit 32 Stunden. Seitdem arbeitet sie in diesem Modell als Springerin in der Funktion einer Kolonnenführerin an verschiedenen Anlagen und hat ihren festen Arbeitsplatz verloren. Ihre Arbeit erscheint ihr jetzt schwerer und belastender: „... jede Anlage hat schon einen anderen Ablauf, und als Kolonnenführerin ... Die Abrechnung läuft anders ... nach einem Monat kommt man wieder an eine Anlage, da denkt man wieder: oh Gott, wie war das jetzt?“ (GG 6, S. 8)

Sie sieht sich von ihren Kolleginnen wenig anerkannt, weil in ihrer Tätigkeit als Springerin auch sichtbar wird, daß sie einen Tag weniger als die anderen im Betrieb ist. Die Arbeitssituation einer weiteren Teilnehmerin am Gruppengespräch hat sich in ähnlicher Weise durch die Kindererziehung verschlechtert. Nach der Geburt ihrer Tochter 1981 hat sie wegen des guten Arbeitsplatzes weiter gearbeitet und sich, fünf Jahre vor der Betriebsvereinbarung, vergeblich um eine Halbtagstätigkeit bemüht. Weil sie die tägliche Trennung von ihrer Tochter nicht mehr ertragen konnte, kündigte sie, als diese 18 Monate alt war. Vier Jahre später wurde sie vom Betrieb gefragt, ob sie als Aushilfe zurückkommen wolle. Sie zögerte, weil ihr Mann in Wechselschicht arbeitete und die Tochter vor der Einschulung stand, nahm das Angebot dann doch an und erhielt mit Einführung der Betriebsvereinbarung ebenfalls einen Platz als Springerin; sie arbeitet an der Maschine und vertritt zeitweise Kolleginnen im Betriebsbüro.

„Und ich hatte einen schönen festen Platz gehabt; und seitdem ich rolle, bin ich leider ein fliegender Holländer. Ich muß sagen, ich arbeite an allen Anlagen gerne, und erst mal hat mir das nie soviel ausgemacht ... Aber wenn ich manchmal sehe: die Frauen haben einen festen Platz ..., nur eben manchmal ist es so, daß die Frauen zusammen Kaffee trinken gehen ..., zum Beispiel nach Feierabend, die machen ein Treffen von der Maschine, oder wenn einer Geburtstag also hat ... Man gehört nirgendwo dazu.“ (GG 6, S. 12)

Die mit der Teilzeitarbeit verbundenen häufigen Wechsel des Arbeitsplatzes bedeuten für diese Arbeiterin vor allem, daß sie keine Erwartungen an eine stabile Arbeitssituation entwickeln kann, von regelmäßiger informeller Kommunikation und informellen Beziehungen unter den Frauen tendenziell ausgeschlossen und auf diesem Wege zur Außenseiterin wird. Teilzeitarbeit in der 32-Stunden-Woche bedeutet für beide Arbeiterinnen eine zweifache Mehrbelastung und damit eine gravierende Verschlechterung ihrer Arbeitssituation. Aus dem flexiblen Arbeitseinsatz ergeben sich höhere Anforderungen an Kenntnisse und Erfahrungen, und zugleich geraten sie im Hinblick auf Anerkennung und Integration in informelle Beziehungen in eine Randposition.

7.6.2 Sekretärinnen und Sachbearbeiterinnen

Tätigkeitsbereiche in einem Werk der Kunstfaserproduktion

Die untersuchte Abteilung der weitgehend dezentralisierten Personalverwaltung des Konzerns ist für mehrere Produktionsbereiche in einem Werk und damit für insgesamt etwa 3000 Mitarbeiter zuständig. In den mikropolitischen Auseinandersetzungen um die Zuweisung von Tätigkeiten an Frauen, die aus dem Familienurlaub zurückkehren, und um die Entwicklung von Teilzeitmodellen ist sie einer der wichtigen institutionellen Akteure. In der Abteilung selbst sind acht Beschäftigte tätig, unter ihnen vier Frauen, von denen eine Teilzeit arbeitet. Die Erfahrungen in der Abteilung und mit den betreuten Bereichen beziehen sich auf die Einführungsphase des Modells Familie und Beruf und damit auf Diskussionen und Einschätzungen im Vorfeld konkreter Entscheidungen. Möglichkeiten zur Teilzeitarbeit gibt es nach Einschätzung des Abteilungsleiters vor allem bei kaufmännischen Angestellten in den Betriebsbüros des Werkes, in der Produktion selbst taucht das Problem angesichts des hohen Anteils von Männern praktisch nicht auf.

In den ersten Jahren nach Abschluß der Gesamtbetriebsvereinbarung war die Einführung von Teilzeitarbeit im Werk generell durch Umstrukturierungsmaßnahmen und die Stillegung einzelner Produktionslinien sehr erschwert. Der Personalabteilung fiel die schwierige Aufgabe zu, für die freigesetzten Mitarbeiter entsprechend einer Vereinbarung mit dem Betriebsrat in anderen Bereichen des Werkes einen gleichwertigen Arbeitsplatz zu finden. Ihre Aufgabe, Teilzeitvereinbarungen zu fördern, nimmt die Personalabteilung zunächst dadurch wahr, daß sie informiert und bei neu zu besetzenden Stellen bittet, die Möglichkeit zu prüfen, ob nicht eine Mitarbeiterin aus dem Programm Familie und Beruf im Rahmen einer Teilzeitregelung wieder eingestellt werden kann. Auch in diesem Bereich taucht dann das Problem auf, keine Planungssicherheit zu haben, wenn eine Mitarbeiterin das Programm in Anspruch nimmt, selbst entscheidet, wann sie zurückkommt, und inzwischen ihre Stelle in der Regel auf Dauer neu besetzt werden muß. In diesem Bereich, in dem es sich um Angestelltentätigkeiten im Rahmen des „Normalarbeitstages" handelt, wird dann offenbar von den Müttern nachdrücklich eine Teilzeitbeschäftigung am Vormittag gefordert. Nur schwer finde die Personalabteilung bei diesen Frauen Verständnis dafür, daß in der Regel ein Arbeitsplatz ganztags besetzt sein müsse und andere denkbare Modelle der Zeitaufteilung zwischen zwei Frauen ernsthaft in Erwägung gezogen werden sollten.

Zum ersten Punkt, der zeitlichen Synchronisierung der persönlichen Interessen mit der betrieblichen Planung, wird berichtet, daß es vergleichsweise geringere Probleme bei solchen Frauen gibt, die während der Zeit in der Familienphase Kontakt zu ihrer Abteilung halten, Urlaubsvertretungen übernehmen oder sich weiterbilden. Anders sehe es dagegen aus, wenn Frauen ihre Entscheidung, zurückzukehren, mehrfach bis zum letztmöglichen Zeitpunkt hinausschieben, oder wenn ein ausschließlich finanzielles Interesse an der Tätigkeit erkennbar sei und direkte Vorgesetzte wie frühere Mitarbeiter mit dem Engagement und der Leistung der Kollegin nicht zufrieden gewesen seien. Der zweite Punkt, die Suche nach einer Teilzeitlösung, ist in der Regel mit schwierigen, konflikthaften Verhandlungsphasen verbunden, wobei nach Einschätzung des Leiters der Personalabteilung Lösungen leichter im „reinen Verwaltungsbereich" zu finden sind. Wenn es nicht gelinge, zu einem von beiden Seiten angestrebten Zeitpunkt eine Lösung zu finden, zugleich aber die mit dem Modell verbundenen Zusagen eingelöst werden müßten, könne es zu einer für alle Beteiligten unerfreulichen „Parksituation" kommen: die frühere Abteilung müsse die Rückkehrerin unabhängig von vorhandenen Aufgaben und ihrer eigenen Stellenlage vorübergehend aufnehmen.

In der Personalabteilung wurde auch eine modellhafte erste Teilzeitlösung jenseits des Programms Familie und Beruf realisiert. Die Mitarbeiterin hatte sich aufgrund ihres Interesses, ihren Arbeitsplatz zu behalten, nach den Erfahrungen im eigenen Arbeitsbereich dafür entschieden, das Programm nicht in Anspruch zu nehmen und bereits nach dreimonatigem Erziehungsurlaub zurückzukehren, wenn eine Halbtagsstelle für sie gefunden würde. Dies wurde ihr in einem gleichsam „persönlichen" Modell ermöglicht: sie arbeitet vormittags oder nachmittags in Abhängigkeit vom Schichtsystem ihres Mannes, der ebenfalls im Werk beschäftigt ist.

Erfahrungen und Urteile der Frauen

Die Sekretärinnen oder Sachbearbeiterinnen in diesem Werk sind insofern zur „Stammbelegschaft" zu rechnen, als sie in der Regel nach ihrem Schulabschluß die Ausbildung zur Bürogehilfin im Unternehmen begonnen haben und zum Zeitpunkt der Geburt ihres ersten Kindes etwa 15 Jahre hier berufstätig sind. Von denen, die Kinder erziehen, nimmt nur etwa die Hälfte das Programm Familie und Beruf in Anspruch, von diesen Frauen war zum Zeitpunkt der Befragung noch keine in das Unternehmen zurückgekehrt.

Die übrigen – und zu dieser Gruppe zählen alle Teilnehmerinnen an der Gruppendiskussion – kommen oder wollen nach dem gesetzlichen Erziehungsurlaub zurück. In dieser Gruppe ist die Sorge ausschlaggebend, bei längerer Unterbrechung entweder die bisherige Tätigkeit und damit den vertrauten Arbeitsbereich und die mit ihm verbundenen Zukunftserwartungen zu verlieren oder angesichts von Umstrukturierungen ihren Arbeitsplatz im Unternehmen zu gefährden. Daneben spielt auch bei diesen Frauen der Wunsch eine Rolle, nicht allein auf Haushalt und Kindererziehung verwiesen zu sein.

Auch wenn diese Frauen ihre Berufstätigkeit nur für relativ kurze Zeit unterbrechen, gelingt es nicht allen unter ihnen, auf den alten Arbeitsplatz zurückzukehren. Von drei Frauen mit Kindern in der Gruppendiskussion konnte eine aufgrund außergewöhnlich günstiger Umstände die Tätigkeit, die sie vor dem Erziehungsurlaub ausgeübt hatte, auf einer Halbtagsstelle fortführen; sie gilt im Werk auch deshalb als Modellfall, weil sie ihre Arbeitszeit mit ihrem Mann abstimmt, der im gleichen Werk im Wechsel von Früh- und Spätschicht arbeitet. Eine zweite Teilnehmerin an der Gruppendiskussion war vor der Geburt ihres Kindes als technische Zeichnerin tätig gewesen; sie kehrte aus privaten wie aus beruflichen Gründen nach einem Jahr in den Betrieb zurück:

„Ja, erstens ... mein Lebensgefährte und ich, wir sind nicht verheiratet, wir ... haben also auch nicht vorgehabt, zu diesem Zeitpunkt zu heiraten; und daraufhin wegen allem Drum und Dran, eben Versichertsein und dergleichen, habe ich dann gesagt, dann nehme ich nur dieses Jahr und gehe wieder arbeiten. Weil ich auch wußte, wenn ich jetzt noch länger wegbleibe, weiß ich nicht, was dann noch auf mich zukommt. Ich meine, ich wußte jetzt schon: mein Arbeitsplatz, den ich bisher hatte, der fällt weg; und was ist, wenn ich also noch länger wegbleibe, da war ein großes Fragezeichen ..." (GG 7, S. 3)

Zur Gefährdung des Arbeitsplatzes kommt die Form der eigenständigen Lebensplanung hinzu, die im Modell Familie und Beruf wenig Platz hat. Weil sie ihre berufliche Qualifikation auf Dauer gefährdet sah, wechselte sie den Tätigkeitsbereich und arbeitet seitdem als Schreibkraft sechs Stunden täglich. Sie ist als Springerin auf verschiedenen Arbeitsplätzen eingesetzt, muß im Hinblick auf die Arbeitszeit sehr flexibel sein und hat den Eindruck, daß ihr Tätigkeitsumfang dem einer vollen Arbeitskraft entspricht. Seitdem sie ihr Kind hat, sieht sie sich sehr unter Druck, nicht „auszufallen"; für kurzfristigen Urlaub bei Krankheit ihres Kindes findet sie nach eigener Wahrnehmung wenig Verständnis von unmittelbaren Vorgesetzten.

Für eine dritte Teilnehmerin an der Gruppendiskussion mit Kind war es nicht möglich, nach dem gesetzlichen Erziehungsurlaub zurückzukehren, weil sie zunächst ihre Tochter nicht versorgen konnte und ihr Mann sie gedrängt hat, sich allein um Kind und Familie zu kümmern. Während des Erziehungsurlaubs nahm sie an Weiterbildungsmaßnahmen teil, das war „immer im theoretischen Bereich", so daß sie sich um Vertretungen bemüht. Unterstützung findet sie in den Abteilungen, in denen man sie kennt, nach ihrer Wahrnehmung nicht jedoch von seiten der Personalabteilung. Zwischenzeitlich sei ihr auch nahegelegt worden, auf eine Wiedereinstellung in der gleichen Vergütungsgruppe freiwillig zu verzichten und einen Teilzeitarbeitsplatz mit geringeren Qualifikationsanforderungen anzunehmen. Schließlich wird ihr nach dreieinhalb Jahren eine Halbtagsstelle zugewiesen, jedoch nur als Springerin und befristet auf einem „Parkplatz", eine Stelle, auf der sie sich zunächst dagegen wehren muß, unterqualifiziert mit Eingabetätigkeiten am Computer beschäftigt zu werden. An diesem Beispiel wird deutlich, daß das Programm Familie und Beruf im Ausnahmefall zu einem schwer auflösbaren Dilemma führen kann: Wenn bis zum Ablauf der Frist keine andere, unbefristete Halbtagsstelle für sie gefunden werde, sei sie gezwungen, eine Ganztagsstelle anzunehmen oder zu kündigen. Aber auch wenn es dieser Mutter gelingen sollte, aus diesem Dilemma herauszukommen, wird sie vielleicht, wie auch die oben beschriebenen Frauen in der Produktion, weiterhin als Springerin arbeiten müssen, nach ihrer Erfahrung in mehreren Tätigkeitsfeldern und mit höheren Belastungen. Dies ist eine Situation, denen nach Berichten in der Gruppendiskussion auch persönliche Bekannte ausgesetzt sind, die aus dem Modell zurückgekommen sind. Der Kampf dieser Mutter an zwei Fronten ist ein besonders eindringliches Beispiel für die Schwierigkeit, eine erfolgreiche Balance zwischen Familienorientierung und Interessen an einer qualifizierten Erwerbstätigkeit herzustellen. Auf der einen Seite muß sie sich mit Widerständen ihres Mannes gegen eine Berufstätigkeit auseinandersetzen, auf der anderen Seite sieht sie sich in ihrem Interesse an einer Halbtagsarbeit vom Unternehmen nicht hinreichend unterstützt und muß sich mehrfach gegen Versuche wehren, sie in unterqualifizierten Tätigkeiten einzusetzen.

Die Erfahrungen der beiden letztgenannten Rückkehrerinnen dürften auch mit allgemeinen Vorbehalten der unmittelbaren Vorgesetzten gegenüber den Berufswegabsichten von Sekretärinnen zusammenhängen, die einem Tätigkeitssegment angehören, in dem viele Frauen nach einer ersten längeren Phase von Berufstätigkeit mit einer Familiengründung für längere Zeit oder für immer aus dem Beruf ausscheiden.

Die Meinungen und Interessen der Frauen unterscheiden sich deutlich von der Einschätzung des Managements. Sie sehen sich von ihren Aufgaben in Erziehung und Haushalt nicht ausgefüllt, sie betonen übereinstimmend ihren Anspruch, eine qualifizierte berufliche Tätigkeit auszuüben, wobei das Interesse an einem eigenen persönlichen Bereich und an Selbständigkeit hervorgehoben wird, die letztlich auch den Kindern zugute komme. Alle Teilnehmerinnen an der Gruppendiskussion unterstreichen, daß man nach der Geburt eines Kindes nicht allzu lange zögern dürfe, in das Unternehmen zurückzukehren, da ansonsten der Arbeitsplatz gefährdet oder auf Dauer neu besetzt worden sei.

Bei der Wahrnehmung der Einstellung und der Aktivitäten von Personalabteilung und unmittelbaren Vorgesetzten zum Programm Familie und Beruf gehen die Meinungen etwas auseinander. Einig sind die Frauen sich darin, daß von seiten des Unternehmens auf allen Ebenen nicht ausreichend informiert würde, man müsse sich selbst kümmern, wenn man präzise Informationen haben wolle. In diesem Zusammenhang wird vermutet, die Vorgesetzten würden es eher vermeiden wollen, daß zunehmend Halbtagstätigkeiten in Anspruch genommen werden. Demgegenüber wird den Mitarbeiterinnen und Mitarbeitern der Personalabteilung in Einzelfällen Engagement bei der Realisierung des Programms zugesprochen. Umgekehrt wird beklagt, daß einzelnen unmittelbaren Vorgesetzten die Frauen und ihre Probleme gleichgültig und sie nur daran interessiert seien, daß die Arbeit gemacht wird. In diesen Fällen einer traditionellen Orientierung an der unmittelbaren Nutzung von Arbeitskraft wird ein vielleicht in Jahren aufgebautes Kooperationsverhältnis im Falle der Mutterschaft abrupt abgebrochen.

„Ich habe auch manchmal den Eindruck, daß ... den Vorgesetzten das absolut nicht interessiert, ob ich komme oder jemand anders den ganzen Tag kommt, das ist denen völlig egal. Hauptsache, die Arbeit wird gemacht ... Daß die also auf Persönlichkeit oder so, daß man da also schon -zig Jahre gearbeitet hat, und jetzt hört man auf: ‚mein Gott, die kriegt ein Kind, na ja, die kann ich sowieso nicht mehr verwenden, wer weiß, wie viele Stunden die nur noch kommen will, das ist für mich absolut uninteressant, ich brauche also eine neue Kraft, die wieder acht Stunden, teilweise sogar zehn Stunden für mich zur Verfügung steht'. Aber daß man halt vorher vielleicht schon ein gewisses Vertrauensverhältnis aufgebaut hat, man kennt sich schon, man weiß, wie der arbeitet und so, ich glaube, das ist absolut uninteressant." (GG 7, S. 20 f.)

Wenn die Frauen auch eine Halbtagstätigkeit solange als unumgänglich akzeptieren, wie ihre Kinder sich noch nicht selbst versorgen können, wird doch eine Reihe von problematischen Begleiterscheinungen gesehen. Zunächst ist auch unter diesen Frauen mit eigenen Erfahrungen umstritten, ob gerade die Tätigkeit von Sekretärinnen geteilt werden kann. Auf der einen Seite wird darauf verwiesen, die beiden Frauen, die sich eine Stelle teilen, müßten die damit verbundenen organisatorischen Probleme wie auch Terminprobleme außerhalb der Arbeit durch persönliche Absprachen und Zeitflexibilität lösen. Auf der anderen Seite wird berichtet, solche Flexibilität werde nicht erreicht, es komme vielmehr zu „chaotischen" Arbeitsabläufen. Darüber hinaus wird bezweifelt, ob Frauen, die sich ein Sekretariat teilen, auf dem „gleichen Level" sind, das heißt, die gleiche Einsatzbereitschaft und die gleiche Art zeigen, Probleme anzugehen. Zweitens wird die Einschätzung der Experten bestätigt, daß die Orientierung am „Normalarbeitstag" und an den damit verbundenen Leistungsnormen auch unter Kolleginnen und Kollegen verbreitet sei. Fraucn in Halbtagsarbeit würden ineffizient arbeiten, nicht viel leisten und nur „beschäftigt" werden. Drittens wird der allgemeinere arbeitspolitische Vorbehalt geäußert, daß Teilzeitprogramme für Frauen in Verbindung mit der Kindererziehung dazu führen, daß ein neuer Bereich von Ungleichheit zwischen Männern und Frauen entstehe, solange Männer nicht in vergleichbarer Weise halbtags arbeiten.

7.6.3 Chemiewerkerinnen, Chemie- und Biologielaborantinnen

Tätigkeitsbereiche

In die Fallstudie wurden zwei Abteilungen aus verschiedenen Bereichen der Forschung und Entwicklung des Unternehmens einbezogen. In der einen Abteilung mit 120 Mitarbeitern werden Pflanzenkrankheiten untersucht und Pflanzenschutzmittel entwickelt, sie ist in vier Institute und Bereiche mit 20 Labors untergliedert, zu denen ein großes Prüflabor und Flächen für Freilandversuche gehören. Neben Agrarwissenschaftlern und Biologen in den Leitungsfunktionen sind in dieser Abteilung vor allem Biologielaboranten und -laborantinnen und eine kleinere Zahl von angelernten Arbeitskräften beschäftigt. Die Arbeitsbedingungen sind im Hinblick auf Automatisierungsgrad und Zeitdruck in den Labors sehr verschieden, die Arbeit ist inzwischen ohne Computerunterstützung nicht mehr denkbar und in ersten Bereichen durch Robotereinsatz zum Beispiel beim Ansetzen von Präparaten völlig automatisiert worden. Der Anteil der Laborantinnen an den Laborfachkräften liegt in der Abteilung bei etwa 30 Prozent, wobei es keine direkte geschlechtsspezifische und -hierarchische Aufgabenzuschreibung gibt. Die Situation in den Labors wird vom Abteilungsleiter als die einer „verschworenen Gemeinschaft" mit „ein bißchen Korpsgeist" beschrieben, man könnte sie als eine Subkultur interpretieren, in der Frauen und Männer zusammenwirken, sich jedoch jenseits ihrer formell zugeschriebenen Aufgaben deutlich unterscheiden. Momente gesellschaftlicher Leitbilder und von Selbstbildern eines Geschlechterarrangements sind hier nach wie vor offensichtlich einflußreich.

„Und da spielen die Frauen sicherlich eine große Rolle. Wenn Sie ein Labor haben, das nur Männer hat, ist die Erfahrung: das ist ein Sauladen, weil da kein Mensch aufräumt und alles rumliegt und weiß nicht was. Ein Labor, wo es nur Frauen gibt, da ist ewig Zoff, das ist nun mal so." (EG 15, S. 33)

In der anderen Abteilung mit insgesamt 160 Mitarbeitern und 18 Labors werden im wesentlichen anorganische Industriechemikalien entwickelt; die enge Verbindung dieser Entwicklungsarbeit mit Ingenieurtechnik, Anwendungstechnik und der Produktion der Substanzen prägt auch den Charakter der Laborarbeit. Der Anteil der Frauen unter den Chemiewerkern und Laborfachkräften liegt bei knapp 40 Prozent, schwankt erheblich je nach konkretem Aufgabenbereich und kann auch in dieser Abteilung als Ausdruck einer Öffnung von geschlechtshierarchischer Aufgabenzuschreibung angesehen werden. Die engen Grenzen dieser Öffnung werden jedoch darin sichtbar, daß aufgrund der Verbindung von Laborarbeit mit Betriebsversuchen und Produktion einige Tätigkeiten als Domänen für Männer gelten. So wird darauf geachtet, daß in den einzelnen Labors und hier wiederum in den Arbeitsgruppen ein „ausgewogenes" Verhältnis unter den Mitarbeitern erhalten bleibt.

„Und das ist natürlich, um ein konkretes Beispiel zu nennen, in einer Gruppe, wo viele Betriebsversuche laufen, sicherlich nicht machbar, daß ein Mann und vier Damen dort tätig sind. Das läßt sich in diesem Bereich nicht machen, die Damen können also sehr schlecht dann die schweren Gegenstände, die schweren Behältnisse bewegen, und das gibt Probleme sicherlich auch im Betrieb. Das ist also ein Grund, wo wir darauf achten, daß wir ein ausgewogenes Verhältnis haben." (EG 18, S. 24)

Deutlich sichtbare Elemente einer Geschlechterhierarchie finden sich in allen Labors; der Anteil der Frauen nimmt unter den höheren Qualifikationsgruppen ab und variiert zudem mit den konkreten Aufgaben in den Labors. So finden sich unter den angelernten Beschäftigten, die neben Hilfsfunktionen in großem Umfang einfache Prüfarbeiten übernehmen, fast keine Männer. Der Anteil der Frauen mit einer betrieblichen Erstausbildung liegt im Durchschnitt gesehen bei weniger als einem Drittel und ist unter den Chemotechnikern und den unmittelbaren Vorgesetzten sehr gering. „Boxenchefs“ mit einer Ausbildung als Chemotechniker, das heißt Leiter einer Arbeitsgruppe von drei oder vier Mitarbeitern im Labor, sind in der Regel Männer.

In beiden Abteilungen kehrt eine Reihe von Werkerinnen und Laborantinnen im Zeitraum von ein bis zwei Jahren nach der Geburt ihres Kindes auf ihren Arbeitsplatz zurück, ohne den gesetzlichen Erziehungsurlaub ausgeschöpft und ohne das Programm Familie und Beruf in Anspruch genommen zu haben. Die Gründe sind auch hier die Notwendigkeit, ein bestimmtes Familieneinkommen zu sichern, Angst, den Arbeitsplatz zu verlieren, oder auch die Einstellung, nicht ohne die soziale Einbindung in den Kollegenkreis und den Betrieb zu Hause bleiben zu wollen. In der ersten Abteilung befanden sich zum Zeitpunkt der Befragung fünf Mitarbeiterinnen im Erziehungsurlaub und neun im Modell Familie und Beruf; auch in der zweiten Abteilung liegt die Gesamtzahl der vorübergehend aus Gründen der Kindererziehung nicht arbeitenden Frauen bei etwa zehn Prozent der Gesamtzahl der Beschäftigten.

Durch diese Situation entstehen für den Arbeitseinsatz große Probleme, weil die Stellen für die Dauer des gesetzlichen Erziehungsurlaubs freigehalten werden müssen und die Vorgesetzten deshalb die Vakanzen nur vorübergehend besetzen können. Bei einem relativ kurzen Erziehungsurlaub von ein bis zwei Jahren sind die Probleme in der Regel lösbar; entweder wird versucht, im Rahmen der verbliebenen Kapazitäten die Situation „vom Labor insgesamt aufzufangen“, oder es werden befristete Arbeitsverträge vergeben. Nehmen die Frauen am Programm Familie und Beruf teil, wird der Arbeitsplatz in der Regel inzwischen neu besetzt. Diese Strategie erscheint den Abteilungsleitern notwendig und auch deshalb gerechtfertigt, weil viele dieser Frauen nicht frühzeitig und verbindlich erklären würden, ob sie überhaupt und zu welchem Zeitpunkt sie zurückkommen möchten. Zusätzlich würde der allgemeine Personalabbau, der Anfang der neunziger Jahre die Personalpolitik des Unternehmens kennzeichnet, den Spielraum bei Stellenbesetzungen einengen. In beiden Abteilungen ist zum Zeitpunkt der Befragung noch keine der Frauen aus dem Programm Familie und Beruf in den Betrieb zurückgekehrt. Die Abteilungsleiter sehen deshalb für eine längere Übergangssituation erhebliche Probleme, die zurückkehrenden

Frauen wieder einzugliedern, zumal unter den Bedingungen von Personalabbau. Längerfristig erwarten sie eine entspanntere Situation dadurch, daß die Fluktuation verstärkt in beide Richtungen verlaufe und vorübergehend ins Programm wechselnde und zurückkehrende Frauen sich die Waage halten könnten. Darüber hinaus wird für die Frauen, die in Tätigkeiten mit höheren Anforderungen an Wissen und Erfahrungen zurückkehren, zusätzlich die Notwendigkeit gesehen, die mit der Unterbrechung der Berufsarbeit entstandenen Lücken in der Qualifikation zu schließen.

Das größte Problem resultiert jedoch auch in den FuE-Abteilungen aus dem Wunsch von Rückkehrerinnen, nur noch Teilzeit, in der Regel halbtags, zu arbeiten. Auf diesen Punkt konzentrieren sich die Gespräche und Aushandlungsprozesse zwischen den Frauen und unmittelbaren Vorgesetzten, Abteilungsleitern und Mitarbeitern der Personalabteilung. Die Abteilungsleiter stehen diesem Wunsch nach eigenem Bekunden grundsätzlich offen gegenüber, sie sehen jedoch neben dem Vorteil, daß eine Halbtagskraft in derselben Zeit produktiver als eine Ganztagskraft arbeite, eine höhere Anfälligkeit für Fehlzeiten und einen erheblichen organisatorischen Aufwand, in solchen Fällen Ersatz zu finden. Nach dem Urteil der Abteilungsleiter hängt die Möglichkeit, den zurückkehrenden Frauen Teilzeitarbeit in der Regel am Vormittag zu ermöglichen, vor allem von zwei Faktoren ab: von der Organisation des Arbeitsablaufs im Labor und von der Position der Beschäftigten in ihrer Arbeitsgruppe. „Normale Laborarbeit" könne so aufgegliedert werden, daß jemand am Tage nur vier Stunden anwesend ist, zugleich müsse jedoch im Laborbetrieb insgesamt eine „gewisse Kontinuität" aufrechterhalten werden können. Teilzeitarbeit im Labor sei deshalb nur in begrenztem Maße möglich. In solchen Bereichen von Forschung und Entwicklung, in denen kontinuierlich und unter Termindruck etwa Prüfarbeiten durchgeführt werden, erscheine es dagegen sehr schwierig, Aufgaben für Teilzeitarbeitsplätze auszugliedern. Zweitens nehmen nach Ansicht der Abteilungsleiter mit wachsenden Anforderungen an Qualifikation und Verantwortung die Schwierigkeiten zu, Aufgaben für Teilzeitarbeit abzugrenzen und aus der auf Vollzeittätigkeiten zugeschnittenen Arbeitsorganisation herauszulösen. Insbesondere erscheine es schwer vorstellbar, daß Vorgesetztenfunktionen in Teilzeit wahrgenommen würden.

An einer sehr hypothetischen, nicht annähernd die reale Problemlage treffenden Frage wird deutlich, daß Erziehungsurlaub nur für diejenigen vorstellbar erscheint, die zumindest vorübergehend als entbehrlich angesehen werden – und das sind Beschäftigte in weniger qualifizierten Positionen ohne über ihre direkte Aufgaben hinausreichende Verantwortung. Danach gefragt, ob er sich vorstellen könne, daß auch Männer in verantwortungsvollen Positionen Erziehungsurlaub nehmen, antwortet einer der Experten:

„Es ließe sich sicherlich auch organisieren, nur es fiele uns schwer, und ich meine, daß auch unsere Aufgaben damit nicht mehr so voll erfüllbar wären ... Das heißt, wir müßten dann wesentlich früher für entsprechende Nachfolger sorgen, die müßten ja auch an die Aufgaben herangeführt werden ... und wir wollen ja auch keinen Abbruch in der Arbeitsleistung. Das würde für uns bedeuten: mehr organisatorischen Aufwand, mehr Maßnahmen, und hinterher, wenn die Betreffenden wieder zurückkämen, hätten wir ... das Problem, entsprechend der Qualifikation die Mitarbeiter wieder einzusetzen ... Dann wären die Mitarbeiter auch unzufrieden, wenn sie früher als Boxenchef tätig waren, jetzt müßten sie in ihren alten Bereich, zum Beispiel ... dann als normaler Laborant tätig sein. Das ist doch gar nicht machbar, das wirkt doch demotivierend, das können Sie guten Gewissens gar nicht handhaben." (EG 18, S. 34 f.)

In dieser Antwort wird sehr deutlich, daß das Programm Familie und Beruf nur für bestimmte Aufgaben als geeignet angesehen wird, mit denen sehr begrenzte oder keine Karriereerwartungen verbunden sind. Letzten Endes erscheint es doch nur als Lösung für Frauen vorstellbar, nicht jedoch vereinbar mit der männlichen „Normalerwartung" an Tätigkeiten und Karriere.

Erfahrungen und Urteile der Frauen

Wie die Sekretärinnen und Sachbearbeiterinnen haben auch die Chemiewerkerinnen und Laborantinnen in der Regel nach dem Schulabschluß ihren Berufsweg im Unternehmen C begonnen und arbeiten jetzt in der Abteilung zur Entwicklung anorganischer Industriechemikalien. Die Mehrheit der sieben Teilnehmerinnen an der Gruppendiskussion ist schon zwei Jahrzehnte im Beruf, vier von ihnen haben Kinder. Zwei Mütter haben mit Beginn des Programms Familie und Beruf Halbtagsstellen erhalten, eine weitere Chemiefachwerkerin hat eine zwölfjährige Tochter, stand also weit vor Beginn der Laufzeit des Programms vor dem Problem, Kindererziehung und Berufsarbeit miteinander verbinden zu müssen, die vierte Mutter hat, vor allem aus finanziellen Gründen, den gesetzlichen Erziehungsurlaub nur 15 Monate und das Programm gar nicht in Anspruch genommen; sie arbeitet ganztags. Auch in dieser Gruppe ist die Sorge ausschlaggebend, bei längerer Unterbrechung entweder in einen anderen Bereich versetzt zu werden und den vertrauten Arbeitsbereich zu verlieren oder sogar die Beschäftigung im Unternehmen zu gefährden. Von allen Frauen wird engagiert die Meinung vertreten, sie wollten nicht allein auf das Leben zu Hause verwiesen sein. Eine der halbtags arbeitenden Mütter ist erst aufgrund ihrer Erfahrungen im Erziehungsurlaub dazu gekommen, für ihren weiteren Lebensweg auf jeden Fall an einer beruflichen Tätigkeit festzuhalten.

„Also wo ich schwanger war, habe ich gesagt: ‚Gott sei Dank, du brauchst nie mehr arbeiten', und nach zwei Jahren habe ich gesagt: ‚Darf das denn mein Leben sein, das kann doch nicht mein Leben sein!' Und dann haben die mich hier von ... angerufen, und dann habe ich gesagt: ‚Na ja, dann habe ich wenigstens mal vier Wochen, wo ich was anderes sehe', und dann habe ich mich dann wirklich so dran festgehalten und habe dann Gott sei Dank die Möglichkeit gekriegt, dann also hier zu bleiben." (GG 5, S. 11)

„Hier kommt man hin ..., da waren nur junge Frauen, da sprach nicht eine vom Kind, die sprachen von ihren Freunden, die sprachen vom Kino, die sprachen von Politik, das können Sie nicht mit Müttern machen, das ist unmöglich. Das ist ätzend, wenn Sie nur so mit Frauen zusammen sind, die sich also wirklich nur über ihre Kinder unterhalten können ..." (GG 5, S. 43)

Diese Mutter hat auf der Basis ihrer Halbtagsarbeit ein tragfähiges Arrangement zwischen Familie und Beruf gefunden; dazu gehört auch, daß sie zwar Weiterbildungsveranstaltungen besucht, sich aber keine Hoffnungen auf einen beruflichen Aufstieg macht, im Grunde auch nicht an einer Veränderung des beruflich Erreichten interessiert ist.

Einen zweiten, historisch „älteren" Typus des Arrangements verkörpert die Chemiefachwerkerin, die ebenfalls wegen des Kindes ihren Beruf nicht aufgegeben hat und nach einer sechsmonatigen Unterbrechung schon seit mehr als zehn Jahren wieder ganztags arbeitet. Die erheblichen Probleme, die allein aus der Notwendigkeit resultieren, eine gesicherte Betreuung für die Tochter zu finden, konnten gelöst werden, weil der Ehepartner im gleichen Werk im Schichtdienst arbeitet und besondere Umstände dazu geführt hatten, daß die Mutter der Chemiefachwerkerin relativ viel Zeit hatte, um das Kind zu betreuen. Auf ihrem Berufsweg hat diese Chemiefachwerkerin inzwischen insofern ein gutes Stück zurückgelegt, als sie jetzt als Ausbilderin und Vertreterin der Laborleiterin arbeitet, ohne allerdings über die formalen Voraussetzungen für eine entsprechende Höherstufung zu verfügen. Weil sie keine Zeit hatte, abends über vier Jahre hin die zusätzliche Ausbildung zur Chemotechnikerin zu durchlaufen, sieht sie sich heute angesichts einer erheblichen Diskrepanz zwischen ihren Aufgaben und der Bezahlung in einer beruflichen Sackgasse, die die Personalverantwortlichen wohl nicht durch eine Beförderung zu beseitigen bereit sind.

Die Probleme, die die Abteilungsleiter nennen, wenn im Bereich von Forschung und Entwicklung insbesondere für junge Mütter Möglichkeiten der Teilzeitarbeit geschaffen werden sollen, sind diesen Frauen wohlbekannt. Sie sehen auch die Schwierigkeiten, die darin liegen können, im Rahmen der Arbeitsfunktionen organisatorische Lösungen zu finden, sind jedoch insgesamt eher skeptisch, ob die Verantwortlichen sich wirklich für die Frauen engagieren. Sie akzeptieren die Notwendigkeit, auf die besonderen Bedingungen des jeweiligen Arbeitsablaufs Rücksicht zu nehmen, und glauben, daß in den Bereichen Anwendungstechnik und Prüfung noch am ehesten Möglichkeiten für Teilzeitarbeit bestehen, weil hier in größeren Teams mit mehr gleichartigen Aufgaben gearbeitet wird. In der traditionellen Laborarbeit, in der zwei oder drei Kräfte einem Laboranten zuarbeiten, sei es schon schwieriger, Aufgaben für Teilzeittätigkeiten auszugrenzen.

Die Teilnehmerinnen an der Gruppendiskussion glauben, daß sich im letzten Jahrzehnt die Voraussetzungen für die Beschäftigung von Frauen im Unternehmen insgesamt verbessert haben, was in den FuE-Abteilungen in einem wachsenden Anteil beschäftigter Frauen sichtbar werde. Die Ziele, die auf Unternehmensebene gesetzt und öffentlich wirksam vertreten würden, müßten nach ihrer Meinung jedoch in den einzelnen Betrieben und Abteilungen sehr viel konsequenter umgesetzt werden. Die Frauen beklagen die Undurchschaubarkeit der Stellensituation in den Betrieben und die Tatsache, in Gesprächen mit Vorgesetzten über den eigenen Berufsweg häufig nur Absichtserklärungen zu hören, die später wieder relativiert oder zurückgenommen würden. Einige haben den Eindruck, daß ihre Interessen in Zeiten eines Personalabbaus in Konkurrenz zu anderen Gruppen, etwa gerade ausgebildeten Nachwuchskräften, geraten und auch deshalb nicht berücksichtigt werden. Diese Frauen besuchen keine der im Karriereweg vorgesehenen Fortbildungen. Es wird zwar die Chance gesehen, auch als Frau den Berufsabschluß als Chemotechnikerin zu machen, zugleich wird jedoch unterstrichen, daß dies aufgrund der Belastung durch Hausarbeit und Kindererziehung sehr mühevoll sei. Einige meinen, für Frauen seien das „vier verlorene Jahre", auch wenn der Chef jetzt zur Fortbildung dränge, seien die Aufstiegschancen äußerst ungewiß, während ein Mann immer eine entsprechende Stelle finden würde. Die geschlechtshierarchische Segmentierung, die auch in diesem eher offenen Berufsfeld angelegt ist, wird von den Frauen sehr deutlich erfahren.

7.6.4 Naturwissenschaftlerinnen in Forschung und Entwicklung

Tätigkeitsbereiche

In den beiden Forschungs- und Entwicklungsabteilungen, die in die Fallstudie einbezogen wurden, arbeiten promovierte Chemikerinnen, Biochemikerinnen und Agrarwissenschaftlerinnen als Laborleiterinnen und in weiteren Funktionen, etwa in hochqualifizierten Beratungstätigkeiten des Vertriebs oder der Registrierung neuer Produkte. In der Abteilung für Pflanzenkrankheiten und Pflanzenschutz werden drei unter zwanzig Labors von Frauen geleitet, in der zweiten Abteilung arbeitet eine Frau in dieser Funktion.

Diese Wissenschaftlerinnen arbeiten in Feldern, die erst in jüngerer Vergangenheit für Frauen geöffnet worden sind; das Unternehmen sieht seit den frühen achtziger Jahren eine wichtige personalpolitische Aufgabe darin, Frauen gerade in den naturwissenschaftlichen Bereichen zu fördern. Die Abteilungsleiter kennen die Politik des Unternehmens und unterstreichen, daß sie Frauen und Männern grundsätzlich gleiche Chancen einräumen wollen, sie sehen jedoch zugleich nicht alle Stellen in gleicher Weise als geeignet für beide Geschlechter an.

Eine vergleichbare Ambivalenz des „ja, aber" wird auch in der Einschätzung des Programms Familie und Beruf sichtbar. Auf der einen Seite unterstützen die Abteilungsleiter ebenso wie einige weitere Vorgesetzte mit großem persönlichem Engagement in Einzelfällen solche Mitarbeiterinnen, die wegen der Geburt ihres Kindes Erziehungsurlaub nehmen. Es sind vor allem Erfahrungen bei der Erziehung der eigenen Kinder, die zu einer grundsätzlich großen Aufgeschlossenheit gegenüber den Problemen dieser Frauen führen. Auf der anderen Seite sehen die Vorgesetzten nur wenige organisatorische Möglichkeiten, eine leitende Mitarbeiterin in einer Vorgesetztenposition vorübergehend zu ersetzen.

> „Okay, die eine Laborleiterin kriegt jetzt ihr Baby, dann ist sie erst mal weg ... So, das heißt also, da müssen wir ... versuchen, über die Runden zu kommen, wir können also diese Stelle nicht neu besetzen ..., das heißt, die anderen müssen die Arbeit mit übernehmen sozusagen, das heißt, ihre Aufgabengebiete werden so irgendwie verteilt über das ganze Institut, das Labor wird formal aufrechterhalten, einer ist dann also auch formal der Vertreter für die Zeit, ... aber Teilaufgaben werden also von den anderen Laborleitern wahrgenommen, die müssen also mehr malochen, wenn Sie so wollen. Machen es aber auch, glaube ich, ohne ..., also das ist kein Argument, das sind also alles junge Leute und wollen Kinder." (EG 15, S. 18)

So entsteht vermutlich auch bei viel Gutwilligkeit aller Beteiligten großer Druck auf die Wissenschaftlerinnen im Mutterschaftsurlaub, die Kolleginnen und Kollegen nicht länger als notwendig allein zu lassen oder, mit der Entscheidung für einen längeren Erziehungsurlaub, die bisherige Position als Laborleiterin aufzugeben. Für die Abteilungsleiter müssen die Entwicklungen in ihrem Bereich „kalkulierbar" sein, und dies wird sowohl durch eine zu große Gruppe junger Frauen wie aber auch durch längeren Erziehungsurlaub erschwert. So sehr das Management im Einzelfall junge Mütter zu unterstützen bereit ist: der Arbeitsablauf in den Labors, die hohen Qualifikationsvoraussetzungen, die lange Einarbeitungszeit, die Notwendigkeit, immer auf dem neuesten Stand des Wissens zu sein, und die große Verantwortung der leitenden Mitarbeiterinnen lassen es den Abteilungsleitern nur schwer vorstellbar erscheinen, daß das Programm Familie und Beruf auch für diese Gruppe von Frauen geeignet ist. Und in der Tat nimmt keine leitende Angestellte in den beiden Abteilungen das Programm des Unternehmens in Anspruch.

Diese Einschätzung der Tätigkeit von Wissenschaftlerinnen mit Führungspositionen im Betrieb bestimmt auch das Urteil über die Möglichkeit von Teilzeittätigkeiten für diese Frauen. Im Management herrscht die Meinung vor, daß nur für eine sehr kleine Gruppe der leitenden Angestellten Teilzeitarbeit in Frage komme und Vorgesetztenfunktionen eigentlich nicht aufgeteilt werden können. Den befragten Experten erscheint es notwendig, daß eine Vorgesetzte kontinuierlich anwesend und immer ansprechbar ist und ihr Labor gleichsam im Griff behält. Veränderte organisatorische Zuordnungen, die zu einer Aufteilung von Vorgesetztenfunktionen führen würden, erscheinen, gemessen am Leitbild der sich mit ganzer persönlicher Energie engagierenden und auf den Beruf konzentrierenden Führungskraft, undenkbar. Die Teilzeitkräfte, so die unausgesprochene Schlußfolgerung, engagierten sich nur begrenzt und würden daher auch im Kernbereich ihrer Aufgaben nicht das leisten, was möglich wäre.

Erfahrungen der Naturwissenschaftlerinnen in Forschung und Entwicklung

Drei der fünf Teilnehmerinnen, die sich an der Gruppendiskussion beteiligen, haben Kinder, eine der Mütter ist im gesetzlichen Erziehungsurlaub und wird anschließend eine Halbtagstätigkeit in einem neuen Bereich aufnehmen, die beiden übrigen arbeiten Vollzeit. Das Programm Familie und Beruf spielt nach den Ergebnissen der Diskussion für Frauen in diesen Positionen keine Rolle. Übereinstimmend berichten die Mütter von der großen persönlichen Unterstützung durch Kollegen und Vorgesetzte, die es ihnen sehr erleichtert habe, den Mutterschaftsurlaub zu nehmen und sich nach der Rückkehr wieder in ihrem Arbeitsbereich einzuarbeiten. Unter ihnen ist eine Biologin, die ein Labor leitet und diese Tätigkeit für 18 Monate unterbrochen hat, während der Unterbrechung jedoch ständigen Kontakt zu ihrem Labor gehalten und teilweise an Besprechungen teilgenommen hat. Die zweite Mutter hat vier Kinder, die alle schon volljährig sind; bevor sie vor mehr als einem Jahrzehnt zurück nach Deutschland kam, hat sie sieben Jahre in der Vertretung des Unternehmens in einem Entwicklungsland gearbeitet. In dieser Zeit, als ihre Kinder teilweise noch im Vorschulalter waren, hätten die Vorgesetzten sehr viel Verständnis für ihre persönliche Situation gehabt und sehr unbürokratisch auf ihre Absicht reagiert, vorübergehend halbtags zu arbeiten und dann schrittweise ihre Arbeitszeit wieder zu erhöhen. Die dritte Mutter wird nach einem einjährigen Erziehungsurlaub ins Unternehmen zurückkehren und dann halbtags arbeiten – allerdings nicht mehr in der Ländersachbearbeitung mit vielen Dienstreisen und ihrem Mann als Kollegen, sondern in einem neuen Aufgabengebiet mit „ein bißchen mehr Schreibtischarbeit".

Die fünf Teilnehmerinnen an der Diskussion haben sich offensichtlich mit großer Kompetenz und hohem Engagement als Pionierinnen in Berufen durchgesetzt, die bis vor kurzem nahezu ausschließlich Männerdomänen waren. Als sie vor etwa einem Jahrzehnt ins Unternehmen kamen, sahen sie sich einer „Männerwelt" gegenüber; einige von ihnen haben sich von Anfang an aktiv mit den daraus resultierenden Problemen auseinandergesetzt. Eine Konsequenz ihrer Erfahrungen ist, daß sie für sich nur eine Chance sehen, wenn sie ihre künftigen Berufswege im Rahmen der im Unternehmen üblichen, von Vorstellungen männlicher Normalkarriere geprägten Muster planen. Ist dies in einem männlich-wissenschaftlich geprägten Umfeld schon schwer genug, so verändert die Geburt eines Kindes die Voraussetzungen für ein erfolgreiches Agieren in diesem beruflichen Kontext erheblich: die Kontinuität der Berufsarbeit wie das dominante Muster der Ganztagsarbeit stehen für diese Frauen in Frage. Ihre durchweg männlichen Vorgesetzten lassen sie nicht darüber in Zweifel, wie die Verteilung zwischen Kindererziehung und Familienarbeit auf der einen Seite, beruflicher Tätigkeit auf der anderen Seite aussehen sollte. Weil die Vorgesetzten Teilzeitarbeit insbesondere für diejenigen in einer Führungsposition ablehnen, kommen die hochqualifizierten Wissenschaftlerinnen in erhebliche Konflikte.

Sie versuchen, den Anforderungen der Kindererziehung wie denen des Berufes gleichzeitig gerecht zu werden, nehmen allenfalls den gesetzlichen Erziehungsurlaub und geraten dann, wenn sie weiterhin Vollzeit arbeiten, in die klassische Doppelbelastung berufstätiger Frauen, haben es allerdings infolge ihres beruflichen und sozialen Status leichter als viele andere Frauen, externe bezahlte Hilfe zu organisieren.

Die Erfahrungen der bereits erwähnten Laborleiterin haben ihr offensichtlich recht schnell klargemacht, daß unter den gegebenen organisatorischen Bedingungen keine Alternative zur Rückkehr in die Vollzeittätigkeit denkbar war.

„Ich muß noch sagen, ich bin während meiner 15 Monate regelmäßig hier gewesen, also was weiß ich, immer zwei- bis dreimal im Monat. Ich habe auch Konferenzen mitgemacht ..., da war auch viel telefonischer Kontakt ... Trotzdem war es für das Labor nicht einfach in der Zeit, ohne jemanden zu existieren, weil da einfach auch zwischenmenschlich zu viel Kompetenz, Streitigkeiten und dergleichen dann ausbrechen, und wenn da irgend jemand fehlt, der reguliert, ist das ... Das Klima im Labor war, als ich wiederkam, mehr als schlecht. Ich habe bestimmt ein halbes Jahr Seelenmassage der einzelnen gebraucht, um wieder einigermaßen Tritt zu fassen, also daß die Mitarbeiter wieder etwas mehr kooperativ auch gegeneinander waren." (GG 4, S. 12)

„Das gilt für den Laborbereich, wenn ich dieses Modell in Anspruch nehme, das gilt natürlich auch für die anderen Bereiche, ich meine Position, die ich im Augenblick habe, verliere, und ich mache diese Tätigkeit sehr gerne. Ich hätte sicherlich auch die Möglichkeit gehabt oder hätte versucht eine Halbtagsbeschäftigung, die ist aber dann wieder ganz anders strukturiert, dann wird man sehr stark auf den Schreibtisch reduziert. Reduziert aber nicht negativ sehen, ja." (GG 4, S. 10)

Diese Biologin wählt im Konflikt zwischen Kindererziehung und Beruf vor dem Hintergrund ihrer eindeutigen beruflichen Interessen und ihrer bisherigen Erfahrungen im Unternehmen die permanente Doppelbelastung, weil sie die Tätigkeit, die sie sehr gern macht und zu der auch ihr Aufgabenbereich als Vorgesetzte gehört, nicht aufs Spiel setzen möchte. Sie grenzt sich damit auch von einem „Parallelfall" ab, von einer Kollegin, die ursprünglich auch ihr Labor als Leiterin behalten wollte, in Gesprächen mit den Vorgesetzten dann jedoch darauf verzichtete, „bevor sie in Mutterschutz ging, schon die Nachfolgerin dann da hatte in ihrem Labor" und über deren zukünftigen Arbeitsbereich erst bei ihrer Rückkehr entschieden wird. Nach Meinung der Teilnehmerinnen an der Gruppendiskussion führt eine solche Regelung häufig im Ergebnis dazu, daß der bisher angestrebte Berufs- und Karriereweg im Unternehmen verlassen, möglicherweise abgebrochen wird. Dies gilt verstärkt dann, wenn eine Teilzeittätigkeit angestrebt wird, wie dies eine der

Mütter schildert. Wenn sie demnächst halbtags arbeitet, dann nicht mehr in ihrer bisherigen interessanten Tätigkeit mit internationalen Kontakten und vielen Dienstreisen, sondern am Schreibtisch mit der Aufgabe, die Registrierung neuer Produkte vorzubereiten. Im Konflikt zwischen Familie und Beruf – und zusätzlich den beruflichen Interessen ihres Mannes – stellt sie ihre Interessen zurück und gibt den erreichten Status im Unternehmen auf.

„Ich habe mir auch gedacht, wo kommst du hin, weil mir klar war, daß die Ländersachbearbeitung, der Kontakt nach draußen, nicht sein kann, oder mein Mann hätte versetzt werden müssen, und dann habe ich mir schon überlegt, was ist. Andersrum habe ich gesagt, weil es bisher eben nicht üblich war, daß Leitende Halbtagsstellen gekriegt haben, mir auch gedacht, ich muß quasi nehmen was kommt, wenn ich wirklich nur halbtags arbeiten will." (GG 4, S. 12)

Die dritte Mutter hatte zunächst durch die offenbar große Flexibilität der Arbeitszeitregelung in der Zweigniederlassung in einem Entwicklungsland die Möglichkeit, ihre Aufgaben und das Ausmaß der Teilzeittätigkeit ihren familiären Belastungen anzupassen. Da ihr Mann bei der Rückkehr nach Deutschland keinen Arbeitsplatz erhielt, übernahm sie eine volle Stelle und hatte die Möglichkeit, ihre vier Kinder im werkseigenen Kindergarten unterzubringen. Sie ist mit zwei Mitarbeitern in einem Spezialgebiet des Pflanzenschutzes als Beraterin tätig, stellt Anträge für Genehmigungen und bereitet Markteinführungen vor.

Die beiden Frauen, die keine Kinder haben, teilen die skeptische Einschätzung der Mütter im Hinblick auf die Vereinbarkeit von Familie und Beruf. Sie unterstreichen die Diskrepanz zwischen dem programmatischen Versprechen auf ein Aufrücken qualifizierter Frauen in der Hierarchie, so daß ihr Anteil wenigstens der Geschlechterrelation unter den Beschäftigten insgesamt entspricht, und der Realität. Tatsächlich würden Frauen mit Kindern eher bescheidene Ziele verfolgen, indem sie versuchen, den zu Beginn der Karriere erreichten Status auch angesichts von Erziehungsarbeit zu halten, zumal bestimmte Karriereschritte wie Auslandsaufenthalte faktisch stärker den Männern ermöglicht würden. Bei Teilzeitarbeit sei die Gefahr ohnehin sehr groß, nicht entsprechend der Qualifikation und nicht in einer verantwortlichen Position beschäftigt zu werden. In größeren Abteilungen kommt es, wie bei angelernten Arbeiterinnen, offensichtlich häufiger dazu, keinen festen Aufgaben- und Verantwortungsbereich mehr zu erhalten und als „Feuerwehr" benutzt zu werden. Der für Frauen schon unter „normalen" Umständen schwierige Karriereschritt des Auslandsaufenthaltes sei nahezu ausgeschlossen, wenn Erziehungsurlaub genommen werde; insbesondere wenn beide Partner im Unternehmen beschäftigt sind, habe die Frau kaum eine Chance.

Die Diskussionen über Maßnahmen zur betrieblichen Frauenförderung werden unter den leitenden Mitarbeiterinnen deshalb informiert und engagiert geführt, weil sich nach der Betriebsvereinbarung ein informeller Arbeitskreis als „Anlaufstelle" gebildet hat, in dem informiert wird, Erfahrungen weitergegeben und die verschiedenen Maßnahmen des Unternehmens diskutiert werden. Ausschlaggebend für die Entstehung des Arbeitskreises waren die Erfahrungen der Sonderstellung, die diese Frauen als Pionierinnen in der Männerwelt der Forschung und Entwicklung machten, und die häufig unausgesprochenen Konflikte mit den Männern, die durch ihr erstmaliges Erscheinen in dieser Welt ausgelöst wurden. Die Informationen über die Maßnahmen zur Frauenförderung im Unternehmen oder über konkrete Verfahrensfragen mußten sich die Frauen selbst unter relativ hohem Arbeitsaufwand beschaffen; sie beklagen deshalb, daß diese Informationen eher unter dem Gesichtspunkt der Imagepflege nach außen kommuniziert als in zureichender Weise innerhalb der Betriebe an die Betroffenen weitergegeben würden. Es sei ein mühsamer Weg, das in den Vereinbarungen Angekündigte konkret bei den jeweiligen Vorgesetzten, die oft auch nicht informiert seien, einzufordern. Die Gesprächsrunde übernehme für die Frauen Funktionen, die bei Männern oft informelle Kontakte oder Gespräche am Stammtisch hätten, und ergänze die als unzureichend empfundene Aktivität des Unternehmens. Weil die Leitenden aus der Betriebsratsarbeit herausfallen, organisieren sie sich auf dieser informellen Ebene selbst, informieren auch über Fort- und Weiterbildung oder geben Ratschläge für die Interessenwahrnehmung in Situationen wie dem Vorgesetztengespräch.

Angesichts dieser Situationsinterpretation überrascht es nicht, daß diese Frauen Quotenregelungen als „zwiespältig" und notwendiges Übel einschätzen. Sie schwanken zwischen dem Vertrauen auf ihre eigene Kompetenz und der Einsicht in die Notwendigkeit, angesichts der gesellschaftlichen Verhältnisse, konkret des Widerstandes der Männer, eine solche Regelung in Anspruch nehmen zu müssen. Die abwertende Behandlung als „Quotenfrau" wird einerseits befürchtet, andererseits sehen die Frauen jedoch, daß in vielen Fällen sich in einer solchen Bemerkung die Angst vor verstärkter Konkurrenz ausdrückt.

In dem Verhalten der Naturwissenschaftlerinnen werden Momenten einer selbstorganisierten „subkutanen" Interessenvertretung sichtbar, die jedoch in ihren Schwerpunkten nicht auf das Förderprogramm konzentriert ist; es geht ihnen um Informiertheit und Reaktionsfähigkeit in Entscheidungssituationen, in denen jeweils konkrete individuelle Interessen auf dem Spiel stehen.

7.7 Schlußfolgerungen

Die Politik betrieblicher Frauenförderung im Unternehmen C wurde von Anfang an maßgeblich von der Initiative und kontinuierlichen Aktivität leitender Mitarbeiterinnen und des Personalvorstandes geprägt. Wie in den beiden anderen untersuchten Unternehmen läßt sich die Umsetzung der Ziele auch hier als *top down*-Strategie charakterisieren, die jedoch in diesem Falle als eine dritte Variante auftritt. Im Unterschied zu den übrigen Fällen gehören die zuständige Gewerkschaft und der Betriebsrat nicht zu den Initiatoren, der Betriebsrat wirkt jedoch dann im Rahmen der neu geschaffenen beratenden Arbeitskreise und seiner Rechte im Personalbereich als wichtiger Akteur an der Umsetzung der Maßnahmen mit. Zum anderen werden die Ziele im Rahmen einer organisatorischen Integration der Fördermaßnahmen in die Personalentwicklung umgesetzt. Auf diesem Wege wurden eine eigenständige Organisationsform und eine mögliche Konkurrenz von Kompetenzen vermieden, wie sie bei der Institutionalisierung einer Frauenbeauftragten befürchtet wurden. Mit der Integration in die übrigen Personalaufgaben erhofften sich die Initiatoren eine stärkere Akzeptanz von frauenfördernden Maßnahmen im Unternehmen. Die gewählte Variante der *top down*-Strategie läßt sich schließlich dadurch charakterisieren, daß die Ziele der Frauenförderung im Unternehmen mit einer Reihe von einzelnen Vereinbarungen realisiert werden sollten, von denen diejenigen zu Familie und Beruf und zur Teilzeitarbeit den Kernbereich ausmachen und das weitaus größte Aktivitätsfeld in der Praxis der Umsetzung bilden. Die für das Unternehmen C charakteristische Frauenförderpolitik ist in ein Selbstverständnis eingebettet, nach dem das Unternehmen primär an der Entwicklung von beruflichen Kompetenzen und der Förderung von Aufstiegschancen aller Beschäftigten interessiert ist und vor diesem Hintergrund in allen Bereichen Frauen in gleicher Weise wie Männer fördere.

Die Konzentration der Frauenförderpolitik des Unternehmens auf das Programm Familie und Beruf und, damit verbunden, auf Teilzeitarbeitsplätze für zurückkehrende Frauen und die organisatorische Integration der Durchführung in die Personalentwicklung führen dazu, daß die für die Zukunft dieser Frauen ausschlaggebenden Entscheidungen dezentral, in den verschiedenen Abteilungen unter erheblichem Einfluß der unmittelbaren Vorgesetzten, fallen. Die Wirkungen der Frauenförderpolitik lassen sich daher am Verlauf und an den Ergebnissen der mikropolitischen Aushandlungsprozesse ablesen, in denen die jeweiligen arbeitsorganisatorischen Gegebenheiten, die Erfahrungen der Vorgesetzten mit der Arbeit von Frauen und ihre impliziten Leitbilder wie das gesamte organisationskulturelle Umfeld, zu dem auch die informellen Beziehungen unter den Beschäftigten gehören, eine Rolle spielen. Die in die Fallstudie einbezogenen verschiedenen Funktionsbereiche spiegeln sehr verschiedene Segmente von Frauenarbeit im Unternehmen wider. Die Analyse der Aushandlungsprozesse bei der Rückkehr der Frauen aus dem Programm zeigt jedoch, daß die auftretenden Probleme, Argumentationen und Lösungen in allen Bereichen eine sehr ähnliche Struktur aufweisen. Dies gilt sowohl für die Sichtweise der betrieblichen Experten, das heißt der involvierten Vorgesetzten, wie diejenige der befragten Frauen. Differenzen zeigen sich allerdings zwischen Lösungen für Frauen mit geringen oder mittleren Qualifikationen auf der einen, für hochqualifizierte Frauen auf der anderen Seite.

Die befragten Vorgesetzten sehen die arbeitsorganisatorischen Bedingungen und ihre Veränderung durch Rationalisierung als entscheidenden einschränkenden Rahmen, der es sehr erschwert, eine aus dem Programm zurückkehrende, ehemals in der Abteilung tätige Mitarbeiterin wieder in einer vergleichbaren Position zu beschäftigen, noch dazu halbtags an Vormittagen. Diese Bedingungen verändern sich im Lauf der neunziger Jahre erheblich: Der allgemeine Rationalisierungsdruck im Unternehmen wird infolge von Überkapazitäten, wachsenden Kosten und zunehmender Konkurrenz zwei Jahre nach Einführung des Programms erheblich stärker spürbar. Ab 1995 hat die Frauenförderung mit neuen Rahmenbedingungen zu rechnen: im Zuge der grundlegenden Restrukturierung des Unternehmens erhalten Qualitätsmanagement und flexibler Mitarbeitereinsatz zentrale Bedeutung; durch Aufgabendelegation und Eigenverantwortung sollen die Mitarbeiter auf neue Weise ins Unternehmen einbezogen werden. 1992, zum Zeitpunkt der Hauptbefragung, sehen die Vorgesetzten durchgängig Schwierigkeiten, in ihren Abteilungen die aus dem Programm zurückkehrenden Frauen auf Arbeitsplätzen unterzubringen, die den früheren entsprechen. Nach der gesetzlichen Frist für den Erziehungsurlaub sind die ehemaligen Stellen inzwischen in der Regel neu und auf Dauer besetzt, der allgemeine Stellenabbau läßt kaum Handlungsspielraum für Alternativen. Hinzu kommt für das Management ein gewisses Maß an Unsicherheit, weil die Frauen relativ kurzfristig den Zeitpunkt ihrer Rückkehr festlegen und, in den ersten Jahren, ein Ungleichgewicht zwischen gehenden und zurückkommenden Frauen besteht. In Einzelfällen werden Frauen, weit entfernt davon, entsprechend der betrieblichen Zusage wieder eingestellt zu werden, in für sie fremden Abteilungen vorübergehend „geparkt". Diese Schwierigkeiten sind den Frauen im Unternehmen nicht unbekannt und haben zur Folge, daß ein erheblicher Anteil von ihnen nur den gesetzlichen Erziehungsurlaub in Anspruch nimmt.

Weiter erschwert wird die mikropolitische Aushandlungssituation durch den Wunsch der Mehrheit der aus dem Programm zurückkehrenden Frauen nach Halbtagsarbeit am Vormittag. Die Mehrheit der befragten Vorgesetzten macht die Einführung von Halbtagstätigkeiten von Arbeitsinhalt und -organisation abhängig und sieht darüber hinaus Grenzen im organisatorischen Mehraufwand, der bei Engpässen durch Urlaub und Krankheit notwendig werde. Dem überwiegenden Wunsch der Frauen, halbtags am Vormittag zu arbeiten, wird die Forderung nach mehr zeitlicher Flexibilität entgegengesetzt. Darüber hinaus gibt es bei qualifizierten Tätigkeiten mit Führungsaufgaben grundsätzliche Vorbehalte gegen jede Form der Aufgabenteilung, weil in jedem Fall die Qualität einer umfassenden persönlichen Arbeitsleistung für den Organisationsablauf dann infolge vieler Abstimmungsprobleme erheblich leiden würde.

Nur für einen kleinen Anteil unter den Frauen, die aus dem Programm zurückkehren, wird offenbar eine Lösung gefunden, die auch ihrem Interesse an der Verbindung von Familie und Berufsarbeit entspricht. Die Mehrheit der in den Gruppendiskussionen zu Wort kommenden Frauen kann nach ihrer Rückkehr nicht an der Stelle ihres Berufsweges wieder anknüpfen, an der sie den Betrieb verlassen hatte. Die Interpretationen der Frauen entsprechen insofern den Aussagen der befragten Experten, als häufig eine verschlechterte Arbeitssituation außerhalb des früheren Arbeitsbereichs in Kauf genommen werden muß. Im Extremfall kommt es dazu, Frauen ohne weitere konkrete Perspektive zu „parken", häufiger finden sie sich als Springerinnen wieder, für die kürzere flexible Arbeitszeiten den Verlust an überschaubaren Tätigkeiten wie gewachsener sozialer Beziehungen bedeuten. Insoweit wird im Unternehmen für viele Frauen das Ziel der Betriebsvereinbarung nicht erreicht, durch eine besondere Förderung die Nachteile zu kompensieren, die durch die doppelten Aufgaben in Beruf und Kindererziehung entstehen. Weil sich die zurückkehrenden Frauen mit verkürzten, häufig auch flexibleren Arbeitszeiten in eine weiter rationalisierte Arbeitsorganisation einfügen müssen, nimmt für sie in vielen Fällen die Belastung am Arbeitsplatz deutlich zu. In schwierigen Aushandlungsprozessen gelingt es vielen Frauen zwar, Halbtagsarbeit zu bekommen, jedoch nicht selten um den Preis, gegenüber ihrer früheren Stellung im Betrieb in den Status einer Ausnahmeregelung zu geraten und unter den Kolleginnen stärker an den Rand gedrängt zu werden. Diese Erfahrung wird vor allem in der Produktion und in produktionsnahen Bereichen, aber auch von Chemiewerkerinnen und Laborantinnen im Bereich Forschung und Entwicklung gemacht. Qualifizierte Frauen nehmen aus der Befürchtung heraus, in der Konkurrenz zu ihren Kolleginnen und Kollegen in der Karriereplanung Terrain zu verlieren, das Programm in der Regel erst gar nicht in Anspruch, sondern nehmen die Doppelbelastung von Beruf und Familie in Kauf und suchen für sich individuelle Lösungen. Im Unternehmen C konnten nur einige, allerdings typische Segmente von Frauenarbeit untersucht werden; die Ergebnisse stützen insgesamt die These, daß betriebliche Frauenförderung nicht zu organisatorischen Veränderungen und damit zu einer nennenswerten Neuverteilung der Tätigkeiten unter Männern und Frauen führt.

Im Verlauf der neunziger Jahre kommt es mit der Konzentration der konkreten Maßnahmen auf die beiden genannten Programme zu einer Kanalisierung und „Normalisierung" betrieblicher Frauenförderung, die zugleich deren Reichweite begrenzt. Weitere Felder werden nicht erschlossen, vielmehr bringen Erweiterungen der gesetzlichen Regelung des Erziehungsurlaubs für die bestehenden Programme des Unternehmens die Gefahr der Stagnation mit sich. An der Tatsache, daß die Leitbilder und wesentlichen Regeln der Arbeitsorganisation von männlichen Vorstellungen über Arbeit und Leistung geprägt sind, vermag die zunehmende Teilzeitarbeit von Frauen wenig zu ändern. Aufgrund ihres geringen Anteils an der Kernbelegschaft des Unternehmens werden Frauen mit ihren besonderen sozialen Fähigkeiten und Kommunikationskompetenzen auch im Rahmen neuer Formen von Gruppenarbeit in der Produktion und damit verbundener Mitarbeiterverantwortung nicht verstärkt in neue Aufgabenbereiche einbezogen.

Nach 1994 kommen – wie im Unternehmen B – nach der gesetzlichen Aufforderung Maßnahmen gegen sexuelle Belästigung am Arbeitsplatz als neuer Arbeitsbereich von Frauenpolitik hinzu. Im Unternehmen werden unter der Leitlinie „Prävention durch Information" drei Schwerpunkte gesetzt: Fortbildung der Mitarbeiterinnen und Mitarbeiter aller Hierarchiestufen, Informationsbroschüren und Infomationswände in den Betrieben sowie spezielle Ansprechstellen zur Beratung und Hilfe in Einzelfällen. Die Tatsache, daß diese umfangreiche Informationsarbeit eine große Bandbreite von Reaktionen hervorruft, „großes Erstaunen, Verblüfftheit, Ablehnung, Interesse, Aggressionen, Schmunzeln bis hin auch zu Betroffenheit und Nachdenklichkeit“ (EG 20, S. 27), deutet darauf hin, daß diese Aktionen die „Nachtseite“ des Geschlechterarrangements im Unternehmen treffen. Indem nicht nur auf gravierende individuelle Fälle der Verletzung von Frauen aufmerksam gemacht wird, sondern wichtige, in der Regel verborgene Elemente der männlich geprägten Organisationskultur öffentlich gemacht werden, könnten mit dem neuen Arbeitsfeld äußerst beständige Grundlagen dieser Organisationskultur in Frage gestellt werden.

8. Transformationen und Grenzen betrieblicher Frauenförderung

Die Ergebnisse der empirischen Studie geben eine überwiegend negative Antwort auf die Frage, ob Programme zur Frauenförderung in privaten Unternehmen in der Bundesrepublik seit Ende der achtziger Jahre die besonderen Interessen von Frauen berücksichtigt und ihre Diskriminierung aufgrund der geschlechtshierarchischen Verteilung von Erwerbsarbeit abgebaut haben. Die auf dem umfangreichen Material dreier detaillierter Fallstudien beruhenden Analysen belegen, daß frauenpolitische Zielsetzungen durch die Institutionalisierung und die Umsetzungsprozesse in weitreichender Weise transformiert werden. Realisiert werden am Ende nur solche Ziele, die mit der Modernisierungspolitik in den Unternehmen und ihren personalpolitischen Konzepten kompatibel sind.

Mit der Überprüfung der Wirksamkeit von Frauenförderprogrammen im Zusammenhang der These der geschlechtshierarchischen Verteilung von Erwerbsarbeit setzt sich die Studie einen übergreifenden Analyserahmen. Den Ausgangspunkt bilden die theoretischen Überlegungen in Kapitel 2; sie sehen die berufliche Arbeitsteilung als Ergebnis eines langen historischen Prozesses, in dem ökonomische, politische und soziokulturelle Einflüsse zu einem bestimmten „Zuschnitt" der Berufe geführt haben. Die Wirksamkeit der Geschlechterdifferenz in der Organisation gesellschaftlicher Arbeit wie auch die ihr korrespondierende Verteilung der Familienarbeit zwischen den Geschlechtern haben Formen geschlechtshierarchischer Arbeitsteilung stabilisiert, deren Veränderung mit den Programmen betrieblicher Frauenförderung auf die Tagesordnung gesetzt wurde. Diese je nach Branche und Beschäftigtensegment variierenden Formen geschlechtshierarchischer Arbeitsteilung werden nicht nur durch zentrale personal- und arbeitspolitische Entscheidungen auf Unternehmensebene, sondern durch vielfältige Praktiken und Routinen auf der Ebene von Abteilungen hergestellt und kontinuierlich reproduziert. An dieser ständigen Reproduktion sind insbesondere Managementstrategien der Rationalisierung, der Rekrutierung und der Personalentwicklung beteiligt. Das Untersuchungskonzept der Studie konzentriert sich darauf, frauenpolitisch relevante Entscheidungen auf drei Ebenen aufzuspüren, und unterscheidet die gesellschaftspolitische Makroebene, die Mesoebene der zentralen Unternehmensprozesse und die Mikroebene der Aushandlungen in den Abteilungen. Die Veränderung bisheriger Strukturen der Arbeit und ihrer Verteilung zwischen den Geschlechtern wird, so die These, nur in dem Maße möglich, in dem bisher wirksame Momente der Machtausübung auf der ökonomischen, technischen und autoritativ-administrativen Ebene im Unternehmen zur Stabilisierung geschlechtshierarchischer Arbeitsteilung in mikropolitischen Prozessen aufgebrochen werden können.

Wie die empirischen Resultate zur Verbreitung von Frauenförderprogrammen in sieben Branchen bis 1996 zeigen, sind es vor allem große Unternehmen, die Vereinbarungen zur Frauenförderung abschließen, gibt es in der Mehrheit der Unternehmen keine Institutionalisierung dieser Förderung in einer eigenständigen Organisationsform und konzentriert sich die überwiegende Zahl der Programme auf die Unterstützung junger Mütter, die Berufsarbeit und Familie miteinander vereinbaren wollen. In der Regel werden unternehmensexterne gesellschaftspolitische Impulse für diese Förderung aufgenommen und mit unternehmensspezifischen Interessen und Legitimationen, etwa der Bindung qualifizierter Arbeitskräfte an das Unternehmen, verbunden. Mit der Konzentration auf Programme zur Vereinbarkeit von Beruf und Familie wird ein bestimmter Pfad der Transformation von Programmatik in konkrete Förderpolitik eingeschlagen, der dazu beigetragen hat, es jungen Müttern zu erleichtern, nach Geburt und Mutterschaftsurlaub ihre Erwerbstätigkeit fortzusetzen. Zu diesem Weg der Frauenförderung gehört vor allen Dingen, Möglichkeiten für Teilzeitarbeit bereitzustellen, und zu vermuten ist, daß die wachsende Zahl von Teilzeitarbeitsplätzen zwar vor allem der Strategie einer Flexibilisierung aller Unternehmensabläufe zum Erfolg verhilft, in diesem Rahmen aber auch Interessen von Frauen an Teilzeitarbeit Berücksichtigung finden können.

Diese Interessen von Frauen signalisieren eine Aufkündigung der auf die Familie konzentrierten weiblichen Lebensperspektive. Nicht nur die wachsende Zahl von Frauen, die über eine gute Schulbildung und eine qualifizierte Berufsausbildung verfügen, dürfte Erwerbsarbeit als unverzichtbar für ihr Leben ansehen und diesem Bereich tendenziell Vorrang in ihrem Leben einräumen.

Die Erfolgsmeldungen über die schnelle Verbreitung der Unternehmensaktivitäten zur Vereinbarkeit von Beruf und Familie geben keine Auskunft über die Umsetzungsprozesse und die durch sie ausgelösten Veränderungen der geschlechtshierarchischen Arbeitsteilung in den Unternehmen. Diesem Ziel dienten die drei Fallstudien, in denen der Prozeß der Zielformulierung in den Unternehmen, die Institutionalisierung der Frauenförderung und Schritte der konkreten Umsetzung beschlossener Vereinbarungen untersucht werden. Sie folgen dem in Kapitel 3 beschriebenen Weg der Organisationsanalyse und rekonstruieren für Teilbereiche die Praxis der Frauenförderung in verschiedenen Betrieben der drei einbezogenen Unternehmen, die sich relativ früh, 1987, 1988 und 1989, mit verbindlichen Vereinbarungen in der Frauenpolitik engagierten.

Gesellschaftspolitische und unternehmensinterne Einflüsse auf die Vereinbarung von Frauenförderprogrammen

Betrachtet man die Genese der Initiativen zur Frauenförderung in den drei Fällen, so wird sichtbar, daß für das Zustandekommen von Vereinbarungen in zwei Unternehmen die Aktivität externer gesellschafts- und arbeitspolitischer Akteure eine entscheidende Rolle spielt, während im dritten Unternehmen die internen frauenpolitischen Akteure im zentralen Personalmanagement den Entscheidungsprozeß stärker beeinflußt haben. Für alle drei Fälle dürfte jedoch gelten, daß ohne die institutionellen und persönlichen Beziehungen, die die Grenzen zwischen Unternehmen und Gewerkschaften, Arbeitgeberverbänden wie politischen Parteien überschritten, keine der beobachteten Initiativen zum erfolgreichen Abschluß gekommen wäre. Dem widerspricht auch nicht das Bündel von Argumenten, mit denen in allen Fällen von Unternehmensseite die Einführung von Vereinbarungen zur Frauenförderung begründet wird: dem in Zukunft zu erwartenden Mangel an qualifizierten Arbeitskräften, den erhöhten subjektiven Ansprüchen an Erwerbsarbeit, damit verbunden auch Ansprüchen von Frauen, Berufs- und Familienarbeit miteinander verbinden zu können, und der Notwendigkeit eines frauenfreundlicheren Unternehmensleitbildes. Nach den mikropolitischen Analysen sind diese Argumente für die Einführung der Förderprogramme zwar nicht ausschlaggebend gewesen, dennoch sollte ihre Funktion für die unternehmensinterne Legitimierung der Vereinbarungen nicht unterschätzt werden.

Die Übergänge von der Makroebene der gesellschaftspolitischen Thematisierung von Frauenförderung zur Mesoebene der Unternehmen lassen sich zwei Mustern zuordnen. In zwei der drei Fälle geht die Initiative von den jeweiligen Industriegewerkschaften aus, wobei sich wiederum die Konstellationen der einflußreichen Akteurinnen und Akteure deutlich voneinander unterscheiden. Die langjährige frauenpolitische Diskussion in der Industriegewerkschaft Metall und die Verabschiedung von „Eckpunkten zur Frauenförderung" im Jahre 1989 bilden eine programmatische und auf umfassende konkrete Maßnahmen zielende Basis für Vereinbarungen in den Unternehmen. Zusätzlich zu den konsensorientierten, kooperativen industriellen Beziehungen werden in dem Automobilunternehmen (Fall A) die engen lokalen Beziehungen zwischen dem Frauenausschuß der IG Metall und den Betriebsrätinnen und Vertrauensfrauen im Unternehmen wirksam. Sie dürften ebenso eine entscheidende Rolle bei der Konzipierung und Aushandlung der Vereinbarung gespielt haben wie der Betriebsratsvorsitzende, der an der langjährigen gewerkschaftlichen Arbeit zur konzeptionellen Entwicklung der Frauenförderpolitik beteiligt war. Auch in dem Unternehmen der Genußmittelindustrie (Fall B) ging der Gesamtbetriebsvereinbarung eine längere Diskussion in der zuständigen Industriegewerkschaft voraus; von den Beteiligten wird es der beharrlichen Aktivität zweier Gewerkschaftsfunktionärinnen zugeschrieben, daß diese Diskussion zu einer Initiative im Unternehmen führte.

Demgegenüber wird die Initiative in dem Chemieunternehmen (Fall C) von Akteurinnen im Personalmanagement vorangetrieben und steht im Zusammenhang früherer Aktivitäten zur Förderung von Frauen in gewerblich-technischen Berufen und erster Maßnahmen für Alleinstehende. Darüber hinaus war das Unternehmen in die vom Bundesministerium für Jugend, Familie, Frauen und Gesundheit Anfang der achtziger Jahre vergebene Studie zur Entwicklung eines Leitfadens zur Frauenförderung einbezogen. Der Betriebsrat schließt sich der Initiative an, will jedoch die Akzente stärker auf die Weiterbildung un- und angelernter Frauen und ihre Förderung nach der Familienpause setzen. In diesem Fall geht die Initiative von einer gleichstellungspolitischen Allianz einflußreicher Akteure innerhalb des Managements aus, führt durch die Mitwirkung der betrieblichen Interessenvertretung zum Erfolg und nimmt Einfluß auf eine Vereinbarung zwischen dem

Arbeitgeberverband der Branche und der zuständigen Industriegewerkschaft.

Institutionalisierung von Frauenförderung: *top down*-Strategie und Integration in die Unternehmensorganisation

Frauenförderpolitik wurde in der Bundesrepublik mit wachsendem Nachdruck durch Initiativen der Frauenbewegung und durch die Frauenforschung unterstützt, die primär in den verschiedenen gesellschaftspolitischen Handlungsarenen der politischen Parteien und der Gewerkschaften wirksam werden, in den Institutionen des öffentlichen Dienstes oder in privaten Unternehmen jedoch nur langsam sichtbaren Einfluß gewinnen. Die Institutionalisierung von Frauenförderung im öffentlichen Dienst und in den Privatunternehmen ist daher Ergebnis einer umfassenden gesellschaftspolitischen Diskussion, zentraler politischer Entscheidungen und auch des etablierten Systems industrieller Beziehungen. In beiden Varianten, den Gleichstellungsgesetzen wie den Branchen- oder Unternehmensvereinbarungen, läßt sich von Institutionalisierung als *top down*-Strategie sprechen. Gleichstellungsgesetze formulicren, verbunden mit der Quotenregelung, einen differenzierten Ziel- und Maßnahmenkatalog, schaffen Frauenbeauftragte, sehen ein umfassendes Regelwerk der Mitwirkung bei allen Maßnahmen und begrenzte Kontrollinstrumentarien wie das aufschiebende Veto vor. Im Vergleich zum öffentlichen Sektor bestehen die privaten Unternehmen in sehr viel stärkerem Maße darauf, dem Management und hier insbesondere der Personalentwicklung ihren Spielraum gegenüber Maßnahmen der Förderpolitik zu erhalten. Aber auch eine erfolgreiche Institutionalisierung im öffentlichen Sektor bietet noch keine Gewähr dafür, Maßnahmen wirksam umsetzen zu können, wie ein Beispiel aus dem Bereich öffentlich-rechtlicher Sparkassen in Hessen (Schön 1999) zeigt. Die neuen Akteurinnen müssen sich in machtbestimmten Aushandlungsprozessen erst ihren Einfluß erkämpfen, der ihnen von den Fachabteilungen und dem Personalrat nicht ohne weiteres gewährt wird. So kann auch die Institution der Frauenbeauftragten nicht verhindern, daß bisherige Routinen der Personalbewertung und -entwicklung ihren Einfluß behalten, da sie nicht mit eigenständigen organisationsinternen Machtressourcen ausgestattet ist.

Wie sehr private Unternehmen zögern, Frauenförderpolitik zu institutionalisieren, zeigen die Ergebnisse der im Rahmen der Studie durchgeführten Gesamterhebung zur Verbreitung von Frauenförderprogrammen. Nur 12 von 133 einbezogenen Unternehmen sehen die Institution der Frauenbeauftragten vor, 34 weitere nennen Kommissionen mit regelmäßigen Beratungen. Bei den drei intensiv untersuchten Unternehmen spiegelt sich die Einflußkonstellation der maßgeblichen Akteure in der Form der Institutionalisierung wider: Unternehmen A richtet das Amt einer Frauenbeauftragten ein, sowohl auf Konzernebene wie auf derjenigen der einzelnen Werke, und nimmt damit einen Regelungsmodus wie im öffentlichen Sektor auf. Dies wird vor dem Hintergrund des besonderen Charakters der industriellen Beziehungen und der längeren Geschichte als staatsnahes Unternehmen verständlich. Der Konflikt um die erste Besetzung der neuen Position dokumentiert, daß inhaltlich-konzeptuelle Vorstellungen unabhängig von diesem relativ weitreichenden Regelungsmodus sehr konfliktträchtig werden können und wie ein solcher Konflikt um das Selbstverständnis von Frauenförderung wiederum die Institutionalisierung beeinflußt. Die erste, extern rekrutierte Frauenbeauftragte scheiterte mit einem eher abstrakt-konzeptionell begründeten Programm, das letztlich auf die Veränderung von Machtstrukturen und das Herauslösen der Frauen aus dem überkommenen organisatorischen Geschlechterarrangement zielte. Danach wurde die Funktion der Frauenbeauftragten faktisch beschnitten und, ebenso wie in den beiden anderen Fällen, in die Personalentwicklung integriert. Zu ihrer Unterstützung wurde eine Kommission gebildet, in der Personalleiter, die Frauenbeauftragten in den Werken und Vertreter des Betriebsrates zusammenwirken sollten. Angesichts der geringen personellen und sachlichen Ausstattung, ohne Entscheidungskompetenzen und Vetorechte sowie ohne Einfluß auf Entscheidungen in der Personalentwicklung sehen sich die Frauenbeauftragten vor erheblichen Akzeptanzproblemen. Dies hat auch damit zu tun, daß ihre Tätigkeit angesichts eines mehrfachen Loyalitätszwangs ständiges Konfliktpotential in sich birgt. Zunächst sind sie den Frauen und ihren Interessenvertreterinnen insbesondere in den Frauenausschüssen des Betriebsrates verpflichtet, die selbst jedoch wiederum aufgrund ihrer marginalen Position gegenüber den Männern im Betriebsrat, für die Frauenförderung tendenziell eine geringe Bedeutung hat, ein Schattendasein führen. Zweitens haben die Frauenbeauftragten in ihrer Arbeit auch die Interessen des Unternehmens und der Personalentwicklung zu berücksichtigen. Drittens wird die Institution Frauenförderung neben den etablierten industriellen Beziehungen aufgebaut und konzentriert sich mehr oder weniger notgedrungen auf Themen, die nicht nur mit dem Management, sondern auch mit der Betriebsratsmehrheit konsensfähig sind.

In den Unternehmen B und C wird keine neue Instanz geschaffen; die neuen Aufgaben werden der Personalverwaltung zusätzlich zu ihren bisherigen Arbeiten übertragen. Während im Fall B zusätzliche Projektgruppen bei den Personalverwaltungen der Betriebe die Arbeit koordinieren sollen und im Gesamtbetriebsrat eine besondere beratende Funktion für diese Aufgaben eingerichtet wird, wird im Fall C ein paritätisch von Arbeitnehmervertretern und Personalmanagement besetzter Arbeitskreis gegründet, der die Integration der Fördermaßnahmen in die Personalentwicklung organisatorisch erleichtern soll. Eine mögliche Konkurrenz von Kompetenzen zwischen eigenständiger Frauenförderung und bisheriger Personalverantwortung soll auf diesen Wegen von vornherein verhindert werden.

Vergleicht man die Umsetzung der Frauenförderpolitik in den drei Unternehmen, so wird deutlich, daß die Institutionalisierung einer Frauenbeauftragten für die Realisierung der Förderziele vergleichbar geringe Vorteile gebracht hat. Frauenbeauftragte müßten über sehr viel stärker in der Unternehmensorganisation abgesicherte Eingriffs- und Kontrollinstrumente verfügen, um ihre Ziele erreichen zu können. Zu vermuten ist, daß mit wachsendem eigenständigem Einfluß auch Konflikte mit dem Management und der betrieblichen Interessenvertretung zunehmen, deren Koalition in den beobachteten Fällen häufig das Ergebnis von Aushandlungsprozessen bestimmt.

Zur Umsetzung der Vereinbarungen: der Einfluß von Aushandlungsarenen auf der Mikroebene der Unternehmen

Betrachtet man das Verhältnis von allgemeinen Zielen und detaillierten Zielvorgaben wie Umsetzungsregeln für Maßnahmen der betrieblichen Frauenförderung, so werden erhebliche Lücken in den Vereinbarungen deutlich. Weder gibt es genaue Zielvorgaben, noch sind eigenständige Kompetenzen der neuen Instanzen oder mit Konsequenzen verbundene Erfolgskontrollen ihrer Arbeit vorgesehen. Weil es durchgehend nur Beratungs- und Initiativrechte gibt, können Einzelmaßnahmen der Frauenförderung in der Unternehmensorganisation letztlich nur mit Zustimmung der für die Personalmaßnahmen zuständigen Akteure erfolgreich umgesetzt werden; dies sind in der Regel Werkleiter, Abteilungsleiter beziehungsweise unmittelbare Vorgesetzte. Zwar gibt es in der Rahmenvereinbarung der Unternehmen A und B eine Reihe von Vorgaben für die Personalentwicklung, wie etwa ein Programm zur Berufswahlvorbereitung für Mädchen, die Förderung interner Weiterqualifikation zur Facharbeiterin, Meisterin oder Sachbearbeiterin und die Forderung verstärkter Berücksichtigung von Frauen bei Einstellungen. Diese Programmpunkte lassen sich jedoch nicht umstandslos auf Unternehmensebene durchsetzen, sondern nur mit Zustimmung, wenn nicht sogar aktiver Unterstützung der für Organisation und Arbeitsabläufe unmittelbar Verantwortlichen. Die mehrheitlich dezentralen Akteure an den „Nahtstellen" zwischen Organisation und Arbeitsgestaltung auf der einen, Personaleinsatz und -entwicklung auf der anderen Seite erweisen sich in den Fällen B und C als einflußreiche Teilnehmer in der Verhandlungsarena, in der neben ihnen das zentrale Personalmanagement, die für die Frauenförderung zuständige Akteurin und die betriebliche Interessenvertretung versuchen, angesichts konkreter Interessen von Frauen an einer bestimmten Maßnahme zu einem Ergebnis zu kommen.

So entsteht ein Verhältnis wechselseitiger Beeinflussung und Abhängigkeit zwischen Meso- und Mikroebene im Betrieb, durch das die *top down*-Strategie, die für die Initiierung und die Vereinbarung von Maßnahmen des zentralen Managements charakteristisch ist, gebrochen wird und betriebliche Interessen, die sich auf Technik und Organisation der Arbeitsabläufe wie auf die Arbeitsanforderungen beziehen, gegen Interessen an Frauenförderung ausgespielt werden können. Diese der Förderpolitik entgegenlaufenden Interessen werden dann sichtbar und manifest, wenn die konkrete Umsetzung von Zielen der Frauenförderung auf Rationalisierungsmaßnahmen zur Veränderung des Zuschnitts von Arbeitsplätzen und des Personaleinsatzes stößt.

Betriebliche Modernisierung als Schranke für Frauenförderung

In allen Unternehmen verschlechtern sich die Ende der achtziger Jahre vorhandenen günstigen ökonomischen Daten; der Aufbau der Frauenförderung fällt in eine Phase der Modernisierungspolitik mit wachsendem Druck auf die Personalkosten, neuen Formen technisch-organisatorischer Rationalisierung und teilweiser Ausgliederung von Fertigungsbereichen mit hohen Anteilen un- und angelernter Frauenarbeit. Diese Modernisierungspolitik führt im Fall A zwischen 1989 und 1994 zu einem besonders gravierenden Beschäftigungsabbau von etwa 18 Prozent der Gesamtbelegschaft, in dessen Verlauf der Frauenanteil allerdings weit überproportional zurückgeht. Ein Rückgang, wenn auch nicht in dramatischem Umfang, muß auch für Einzelbereiche wie die Zahlen weiblicher Auszubildender konstatiert werden, die als wichtige Indikatoren für die strukturelle und qualitative Verbesserung der Frauenbeschäftigung gelten. Sie hängen zum Teil mit der Ausgliederung von Fertigungen mit einem hohen Anteil von Frauenarbeit zusammen. In den beiden anderen Fällen ist der Beschäftigungsrückgang zwar nicht so dramatisch, erschwert die Frauenförderpolitik jedoch dadurch, daß die Spielräume für Personalpolitik sehr eingeschränkt werden.

In den drei Unternehmen wird mit neu eingeführten Konzepten von Team- und Gruppenarbeit, des Qualitätsmanagements, verstärkter Eigenverantwortlichkeit, eines flexibleren Mitarbeitereinsatzes und damit verbundenen Arbeitszeitmodellen die Tendenz sichtbar, die Qualifikationsanforderungen zu erhöhen und auf neue Weise Arbeit zu intensivieren. In begrenzten Bereichen bietet sich dadurch die Möglichkeit, Qualifikationen von Frauen zu nutzen. Generell läuft diese Tendenz jedoch den Zielsetzungen betrieblicher Frauenförderung entgegen. Die Dominanz von Männern als Facharbeitern in der Metall-, der Genußmittel- und der chemischen Industrie hat eine deutliche geschlechtshierarchische Segmentation geschaffen, durch die den Frauen un- und angelernte Tätigkeiten in einzelnen Produktionsbereichen zugewiesen wurden. In Zeiten neuer Formen des Arbeitseinsatzes, der in der Regel mit Personalabbau verbunden ist, haben Frauen, auch wenn ihre Weiterbildung unterstützt wird, wenig Chancen, in Kernbereiche männlich dominierter Facharbeit vorzudringen und die bisherige Form geschlechtshierarchischer Verteilung von Arbeit aufzubrechen.

Rahmenbedingungen für die Reproduktion und Stabilität geschlechtshierarchischer Arbeitsteilung, wie sie etwa in aktuellen Managementstrategien zum Ausdruck kommen, werden von den Akteuren in mikropolitischen Aushandlungsprozessen häufig dazu genutzt, um Ansprüche von Frauen abzuwehren, durch die Arbeitsplatzzuschnitt und Arbeitszeit verändert würden. Diesen Akteuren gelingt es aufgrund ihres Gewichts als Experten wie als Verantwortliche für den Arbeitseinsatz, erfolgreich Argumente zur Geltung zu bringen, die sich auf die vorgeblichen Sachzwänge der technischen und organisatorischen Bedingungen von Arbeit beziehen.

Anders als in der Produktion und in produktionsnahen Bereichen sieht die Entwicklung im Bereich höher qualifizierter Frauenarbeit aus. Hier wachsen im Unternehmen A, beginnend auf einem äußerst niedrigen Ausgangsniveau, die Zahlen von Ingenieurinnen, auch von Volontärinnen und des weiblichen Führungsnachwuchses, während die Zahl der Frauen, die tatsächlich in Leitungs- und Führungspositionen gelangen, stagniert. Dies gilt auch für Unternehmen C und scheint eine eher generelle Entwicklung zu sein, wie eine Studie über Frauen in Führungspositionen in Banken der fünfzehn Länder der Europäischen Union zeigt (Quack 1997). Vieles spricht dafür, daß dieses Ergebnis weniger aus gezielter Frauenförderung als dem wachsenden Anteil von Frauen mit Abitur und Hochschulausbildung und einer veränderten gesellschaftlichen Situation dieser Frauen resultiert. Solche Frauen einzustellen, erscheint den Betrieben mit ihrer Modernisierungspolitik vereinbar, soweit sich Frauen in diesen Tätigkeitsbereichen den Vorstellungen von Ganztagstätigkeit und eines vollen Engagements an ihre beruflichen Aufgaben anpassen. Ingenieurinnen und Naturwissenschaftlerinnen sind immer noch „Pionierinnen“, sie beschreiten den Weg einer individuellen Auseinandersetzung mit männlich geprägten Verhaltenserwartungen und Karrieremustern und befürchten eher Nachteile, wenn sie Maßnahmen der Frauenförderung nutzen. Diese Pionierinnen sehen sich in einem Dilemma: sie können die vorgegebenen beruflichen Anforderungen und berufskulturellen Verhaltensmuster kaum ändern, wollen sich jedoch auch nicht wie Männer verhalten. Nur langfristig dürften die von ihnen entwikkelten Verhaltensweisen und Umgangsformen, die auch informelle Formen der Behauptung gegen das Kartell der Männer einschließen, das Geschlechterarrangement in diesen Berufen verändern.

Bilanziert man die Ergebnisse der Frauenförderung angesichts der Tendenzen betrieblicher Modernisierung, die ihr entgegengerichtet sind, so überwiegen die Mißerfolge die eher geringen Erfolge insbesondere im Bereich hochqualifizierter Frauenarbeit. Diese Erfolge sind insofern unabhängig von Frauenförderung, weil hochqualifizierte Frauen diese Maßnahmen kaum in Anspruch nehmen. Technische Rationalisierung, neue Formen organisatorischer Restrukturierung der Arbeit und damit verbundene Vorstellungen der Weiterentwicklung von Aufgabenverteilung und Qualifikationsanforderungen erweisen sich als Schranke für betriebliche Frauenförderung. In machtbestimmten mikropolitischen Aushandlungsprozessen besteht die große Gefahr, daß Modernisierungspolitik von einflußreichen Akteuren genutzt wird, um Ansprüche einer Politik der Frauenförderung abzuwehren und an der gewachsenen geschlechtshierarchischen Arbeitsteilung festzuhalten.

Die Grenzen der Programme zur Vereinbarkeit von Beruf und Familie

Wie die Ergebnisse der Gesamterhebung von Vereinbarungen zur Frauenförderung zeigen, bilden Programme zur Vereinbarkeit von Beruf und Familie in der weitaus überwiegenden Zahl der Fälle das Zentrum betrieblicher Frauenförderung. Häufig sind sie mit Vereinbarungen zur Teilzeitarbeit verbunden, zumindest stellt sich bei einer Rückkehr der Frauen aus den Programmen für den Betrieb die Frage, ob und wie er dem sehr häufig geäußerten Interesse an Teilzeitarbeit entgegenkommen kann. Diese Verknüpfung des Erziehungsurlaubs mit dem Problem der Teilzeitarbeit bringt den betrieblichen Erziehungsurlaub, auch für die verantwortlichen Akteure in den Unternehmen, in engen Zusammenhang mit betrieblicher Modernisierung.

Die weite Verbreitung von Programmen zur Vereinbarkeit von Beruf und Familie spricht dafür, daß sie einer starken Nachfrage nach Regelungen in diesem Bereich entgegenkommen. Diese Nachfrage ergibt sich aus der veränderten Lebensplanung junger Frauen, die heute Familienarbeit nicht mehr selbstverständlich als Aufgabe einer wichtigen Lebensphase sehen und dementsprechend die eigene berufliche Biographie im Rahmen eines Mehrphasenmodells der Biographie mit einer eigenständigen Familienphase planen würden. Vielmehr kommt es bei einer wachsenden Zahl junger Frauen zu Berufswegen, die unabhängig von den Familienaufgaben verfolgt werden, und damit zwangsläufig zum Problem, wie sich diese Perspektive insbesondere mit Kindererziehung vereinbaren läßt. Die Situation im Unternehmen C wirft ein Schlaglicht darauf, in welchem Maße Frauen an solchen Programmen interessiert sind. Etwa ein Viertel aller Frauen, die das Programm nutzen könnten, macht letzten Endes davon Gebrauch. Dies dürfte jedoch nicht allein Ergebnis der Interessenlage von Frauen, sondern auch der in diesen Programmen angebotenen Problemlösungen sein.

Eine Grenze solcher Programme liegt in der seit 1994 im Vergleich zum gesetzlichen Erziehungsurlaub merklich gesunkenen Attraktivität. Die Vorstellung, sich auf Basis dieser betrieblichen Vereinbarungen für längere Zeit der Familie widmen zu können, hat mit der Verlängerung des gesetzlichen Erziehungsurlaubs auf drei Jahre und der Zahlung von Erziehungsgeld unter bestimmten Bedingungen deutlich an Zugkraft eingebüßt.

Die entscheidenden Grenzen dieser Programme werden jedoch am Ende des Erziehungsurlaubs, bei der Rückkehr in den Betrieb, sichtbar. Die Veränderungsdynamik betrieblicher Modernisierungspolitik hat in der Regel inzwischen Arbeitsanforderungen und Struktur der Arbeitsplätze verändert, so daß den Frauen häufig kein Tätigkeitsbereich angeboten wird, der ihrer Qualifikation und ihrer früheren Arbeit entspricht. Ihre ehemaligen Arbeitsplätze sind nach Ablauf des gesetzlichen Erziehungsurlaubs inzwischen neu besetzt oder unter Umständen Kosteneinsparungen zum Opfer gefallen. Erfolge in den mikropolitischen Aushandlungen werden zusätzlich durch den Wunsch nach Halbtagstätigkeit am Vormittag erschwert. Als Folge fehlender entsprechender Arbeitsplätze werden einzelne Frauen vorübergehend im Unternehmen „geparkt“, in produktionsnahen Bereichen werden sie, ohne eine weitere Perspektive zu erhalten, als Springerin eingestellt mit vielleicht interessanten Aufgaben, aber gegenüber der früheren Tätigkeit erheblich gewachsenen Belastungen und eingeschränkten sozialen Kontakten. Für solche Frauen im Unternehmen C führt die Teilnahme am Programm Familie und Beruf dazu, daß sie wegen fehlender geeigneter Arbeitsplätze, vielleicht jedoch auch wegen zu geringer Verhandlungsmacht der an Frauenförderung Interessierten, von den Berufswegen abgedrängt werden, die sie vor der Geburt ihrer Kinder eingeschlagen hatten. Betriebliche Modernisierungspolitik und machtbestimmte Interessen der meist männlichen Personalverantwortlichen, die Arbeitsstrukturen nur in sehr begrenztem Umfang im Interesse dieser Frauen verändern wollen, sind letztlich die Ursachen für solche negativen Wirkungen der Programme Familie und Beruf.

Der bremsende Einfluß betrieblicher Modernisierungspolitik zeigt sich im Verlauf der neunziger Jahre auch am Beispiel einer privaten Großbank, in der durch betriebliche Umstrukturierung „berufliche Chancen bei längeren Abwesenheitszeiten nachhaltig beeinträchtigt“ werden (Schön 1999, S. 80). Diese Entwicklung forciert dort die interne Konkurrenz zwischen den Beschäftigten und führt tendenziell zu schnellerer Rückkehr; auch in diesem Fall sinkt die Bereitschaft, das Programm überhaupt in Anspruch zu nehmen, je höher Qualifikation und Position der Frauen sind.

Ende der Gleichstellungspolitik?

Bringt man das Ergebnis der Umsetzung der drei näher untersuchten Frauenförderprogramme auf einen Nenner, so führen die Diskrepanz zwischen allgemeinen Grundsätzen und selektiver Konkretisierung von Maßnahmen, die Institutionalisierung im Rahmen der Personalentwicklung und die Abhängigkeit von mikropolitischen Aushandlungen zu einer weitreichenden Transformation der ursprünglichen Zielsetzungen von Frauenförderpolitik. In den Ergebnissen konkreter Umsetzungsprozesse, insbesondere in den Aushandlungsergebnissen bei der Rückkehr von Frauen aus dem Erziehungsurlaub, werden die zentralen Probleme der Geschlechterpolitik in den Unternehmen in den neunziger Jahren sehr klar erkennbar.

Auch wenn im Unternehmen A die Benachteiligung von Frauen als strukturelles Problem gesehen wird und Frauenförderung mit dem Ziel überprüfbarer Maßnahmen an Eckpunkten geschlechtshierachischer Arbeitsteilung anzusetzen versucht, werden die Kriterien des Arbeitsplatzzuschnitts und bisherige Mechanismen der Personalauswahl selbst nicht verändert. Frauenförderung erhält gegenüber der Personalentwicklung nur marginalen Einfluß. Indem das Personalmanagement die Benachteiligung mangelnder Qualifikation oder geschlechtsspezifischer Berufsorientierung der Frauen zuschreibt, glaubt es zugleich, Verbesserungen für die Frauen vor allem durch zusätzliche Qualifizierung und den Abbau geschlechtstypischer Orientierungen erreichen zu können; Strukturen und Reproduktionsmuster geschlechtshierarchischer Arbeitsteilung werden kaum thematisiert. Diese Frauenförderpolitik argumentiert mit einer Defizitzuschreibung, das heißt auf Basis eines „Defizitkonzepts“ (Eva Brumlop) im Hinblick auf die subjektiven Voraussetzungen weiblicher Beschäftigter, die verändert werden müßten. Sie thematisiert allenfalls am Rande die vielfältigen strukturellen Verfestigungen und Schließungsprozesse, die Frauen bestimmte Ausbildungswege, Tätigkeiten und Karrieren verschließen. Das Engagement für Frauen auf Basis einer solchen Zuschreibung subjektiver Defizite kann zu Verbesserungen ihrer Situation führen, bürdet allerdings die in besonderen Belastungen sich niederschlagenden Folgen allein den Frauen auf.

Am Beispiel der Lösungen, die für die aus dem betrieblichen Erziehungsurlaub zurückkehrenden Frauen gefunden werden, können sowohl die Verbindung von fortwirkendem Geschlechterverhältnis in der Organisation der Arbeit und Defizitzuschreibungen wie aber auch begrenzte weiterreichende Veränderungen der Arbeitszeitarrangements zugunsten von Frauen beobachtet werden. Betriebliche Akteure beginnen die veränderte Situation von Frauen in der Gesellschaft und ihre Ansprüche an eine von Familie unabhängige Berufsperspektive anzuerkennen. Dessen ungeachtet wirkt jedoch zugleich die doppelte Vergesellschaftung von Frauen fort, weil nur ein verschwindend geringer Anteil von Männern die Vereinbarung von Beruf und Familie zu ihrem persönlichen Ziel erklärt und an diesem Punkt das Geschlechterarrangement verändert. Den Ansprüchen von Frauen, Kindererziehung, Familienarbeit und Beruf miteinander zu verbinden, tragen die betrieblichen Akteure primär im Rahmen von Strategien Rechnung, die diese doppelte Orientierung von Frauen gegenüber den Anforderungen der Arbeitsorganisation nicht in genügendem Umfang in Anschlag bringen. Dennoch wird mit dem wachsenden Anteil von Teilzeitarbeit, die in engem Zusammenhang mit betrieblichen Flexibilisierungsstrategien zu sehen ist, den Interessen von Frauen in diesem begrenzten Rahmen Rechnung getragen.

Geschlechterpolitik wird von den verantwortlichen Akteuren in den einbezogenen Unternehmen als nachrangig gegenüber der Modernisierungspolitik betrachtet. Auf struktureller Ebene hat dies zur Folge, daß die Verteilung von Tätigkeiten entsprechend der geschlechtshierarchischen Arbeitsteilung sich nur marginal verändert, soweit nicht betriebliche Modernisierungspolitik den Frauen die Türen öffnet. Beispiele hierfür sind veränderte Aufgabenprofile auf neuen Arbeitsplätzen oder das Gewicht des wachsenden Potentials weiblicher Nachwuchskräfte auf dem Arbeitsmarkt. Aber auch Politik mit solchen Zielen hat in den Aushandlungsarenen mit Kräfteverhältnissen zu rechnen, die sich in der Mehrheit auf männlich dominierte Interpretationen des Geschlechterarrangements stützen.

Mitte der neunziger Jahre verändern sich in neuen Programmen die Zielsetzungen von Frauenförderpolitik. Zunehmend wird der Entwicklung und Sicherung des Humankapitals von Frauen in den Programmen Vorrang eingeräumt, so als wollten die Unternehmen jetzt die Frauenförderpolitik der betrieblichen Modernisierungspolitik unterordnen, nachdem Konflikte mit gleichstellungspolitischen Zielen von Frauenförderung allzu deutlich geworden waren. So haben verschiedene Unternehmen die Programme zur Vereinbarkeit von Beruf und Familie reformuliert, um sie stärker als Selektionsinstrument zur Rekrutierung qualifizierter weiblicher Arbeitskäfte nutzen zu können. Für diese neue Phase der Frauenförderpolitik stehen insbesondere die Unternehmen, die die „*Total E-Quality*-Initiative" 1994 mitgegründet oder sich ihr angeschlossen haben. Sie kann als eine übergreifende Initiative in diesem gesellschaftspolitischen Feld gesehen werden, in der neben einer wachsenden Zahl von Unternehmen zwei Bundesministerien, das Institut für Arbeitsmarkt- und Berufsforschung sowie Gewerkschaften und Arbeitgeberverbände zusammenwirken. Anders als in den achtziger Jahren, in denen betriebliche Frauenförderpolitik programmatisch dem allgemeinen Ziel der Gleichstellung von Frauen im Beruf verpflichtet war, wird Frauenförderung jetzt an die Entwicklung von Personalressourcen als wichtiges Element der Modernisierungspolitik in Unternehmen gebunden. Mit der Rede von *E-Quality* will diese Politik bereits semantisch die direkte Konfrontation mit den Besitzständen und Ansprüchen von Männern in den Unternehmen vermeiden. Frauenpolitik soll sich verstärkt auf die Entwicklung der Begabungen, Fähigkeiten und Qualitäten von Frauen richten, nicht mehr unbedingt auf eine Gleichstellung aller Frauen, auch solcher ohne besondere Qualifkationen. Frauenförderung wird damit programmatisch sehr viel stärker an betriebliche Modernisierungspolitik angeschlossen und auf Segmente qualifizierter Frauenarbeit konzentriert. Damit entsteht die Gefahr, daß Frauenpolitik im Unternehmen selbst zur Polarisierung von Frauenbeschäftigung beiträgt und der Abbau geschlechtshierarchischer Arbeitsteilung sich auf diese Segmente konzentriert, insoweit gut ausgebildete Frauen ihre Ansprüche auf Gleichstellung erfolgreich einfordern. Der Zielkonflikt zwischen Frauenförderung und betrieblicher Modernisierung lebt jedoch auch in den *E-Quality*-Programmen fort. Sie konzentrieren sich weitgehend auf die Erleichterung der Vereinbarkeit von Beruf und Familie und sehen sich in diesem Feld vor dem Widerspruch, den Frauen eine begrenzte Familienphase zuzugestehen, von ihnen aber zugleich ständige Qualifizierung zu verlangen und sie einer kontinuierlichen Qualifikationskonkurrenz auszusetzen.

Anhang

Vereinbarungen zur Frauenförderung in sieben ausgewählten Branchen der Privatwirtschaft in der Bundesrepublik Deutschland (1996)[1]

1. Chemie-, Keramik-, Kautschuk-, Mineralöl- und Papierindustrie

Überbetriebliche Regelungen

Gemeinsame Grundsatzpositionen Bundesarbeitgeberverband Chemie/Industriegewerkschaft Chemie „Frauenförderung in der chemischen Industrie" 2/89 - *Anspruchsberechtigte: Frauen; Handlungsfelder: Ausbildung; Stellenausschreibung; Einstellung; Fort- und Weiterbildung; Karriereförderung; Arbeitszeit (Teilzeit); Vereinbarkeit von Beruf und Familie: Wiedereinstieg (nach Kinderbetreuung), geringfügige Beschäftigung während Unterbrechung; Firmenimage/Öffentlichkeitsarbeit; Umsetzungskontrollen: Arbeitskreise*

Gemeinsame Grundsatzpositionen Bundesarbeitgeberverband Chemie/Verband angestellter Akademiker „Chancengleichheit für weibliche Fach- und Führungskräfte" 2/92 - *Anspruchsberechtigte: Frauen; Handlungsfelder: Stellenausschreibung; Einstellung; Fort- und Weiterbildung; Karriereförderung; Arbeitszeit (Teilzeit); Vereinbarkeit von Beruf und Familie: Wiedereinstieg (nach Kinderbetreuung), Anpassungsqualifizierung während/nach Unterbrechung; Umsetzungskontrollen: Arbeitskreise*

1 In dieser Auflistung werden folgende Abkürzungen verwendet: BV = Betriebsvereinbarung, GBR = Gesamtbetriebsrat, GBV = Gesamtbetriebsvereinbarung; KBV = Konzernbetriebsvereinbarung, TV = Tarifvertrag.

Tarifvertrag über Teilzeitarbeit für die chemische Industrie ab 1.7.87 in der Fassung vom 10.1.94 - *Anspruchsberechtigte: Frauen/Männer; Handlungsfeld: Arbeitszeit (Teilzeit)*

Empfehlungen zur Beschäftigungsförderung in der chemischen Industrie v.11.1.94 - *Anspruchsberechtigte: Frauen/Männer; Handlungsfelder: Fort- und Weiterbildung; Arbeitszeit (Teilzeit)*

Gemeinsame Grundsatzpositionen Arbeitgeberverband Keramische Industrie/Industriegewerkschaft Chemie „Chancengleichheit von Frauen und Männern in der Keramischen Industrie“ v.24.3.94 - *Anspruchsberechtigte: Frauen/Männer; Handlungsfelder: Ausbildung; Stellenausschreibung; Einstellung; Fort- und Weiterbildung; Karriereförderung; Arbeitszeit (Teilzeit); Vereinbarkeit von Beruf und Familie: Wiedereinstieg (nach Kinderbetreuung), Anpassungsqualifizierung während/nach Unterbrechung, geringfügige Beschäftigung während Unterbrechung*

Tarifvertrag zur Förderung und Regelung der Teilzeitarbeit in der Kautschukindustrie Hessen, Niedersachsen, Rheinland-Pfalz, Saarland v.23.1.92 *Anspruchsberechtigte: Frauen/Männer; Handlungsfeld: Arbeitszeit (Teilzeit)*

Empfehlungen zur Beschäftigungssicherung in der Kautschukindustrie Hessen, Niedersachsen, Rheinland-Pfalz und Saarland v.26.1.94 - *Anspruchsberechtigte: Frauen/Männer; Handlungsfelder: Fort- und Weiterbildung; Arbeitszeit (Teilzeit)*

Tarifvertrag über Teilzeit in der Papierindustrie v.19.1.94 - *Anspruchsberechtigte: Frauen/Männer; Handlungsfeld: Arbeitszeit (Teilzeit)*

Empfehlungen zur Beschäftigungsförderung in der Papierindustrie v.19.1.94 *Anspruchsberechtigte: Frauen/Männer; Handlungsfelder: Fort- und Weiterbildung; Arbeitszeit (Teilzeit)*

Betriebliche Regelungen

Akzo Faser AG: GBV „Familie und Beruf“ v.13.10.92
Allied Signal Bremsbelag GmbH: BV „Auswahlrichtlinien“ v.3.8.94
ASTA Medica AG: GBV „Familie und Beruf“ v.1.10.91
Bartling Werke: BV „Nachtarbeit für Frauen“ v.29.1.92
BASF AG: BV Programm „Eltern und Kind“ v. 18.4.86
BASF-AG: Vorstand: „Maßnahmen zur Frauenförderung“ 10/90
Bayer AG: GBV „Teilzeitarbeit“ v.13.12.88
Bayer AG: Zentralbereich Personal: „Frauenförderung“ 7/90

Bayer AG: GBV „Pflegefall in der Familie" v.23.6.93
Bayer AG: GBV „Familie und Beruf" v. 31.3.87/1.1.92/1.1.95
Bayer AG: GBV zur Erprobung der „Telearbeit" v.1.7.97
Betrix GmbH & Co.: BV „Gleitende Arbeitszeit" für Mitarbeiter/innen im Innendienst v.17.12.85
Betrix GmbH & Co.: BV Auswahlrichtlinien Arbeitsplatz v.28.1.91
Birkenweg: BV über Erweiterung des Erziehungsurlaubs v.24.10.90
BK Ladenburg: BV „Familie, Beruf, Teilzeitarbeit" v.9.2.93
Boehringer, Ingelheim: BV zur Arbeitszeitgestaltung und zur Arbeitseinsatzplanung (Abt. Fertigung) v.24.5.88
Boehringer, Ingelheim: BV „Familie und Beruf" v.20.4.90
Boehringer, Mannheim: GBV „Familie und Beruf" v.25.8.89
Deutsche BP: BV „Chancengleichheit" v.7.10.91
B. Braun, Melsungen (+ 6 weitere Firmen der Gruppe): Vorstandsbeschluß „Programm Beruf und Familie" v.3.10.89
B. Braun, Melsungen: Vorstand: Teilzeitschichtmodelle mit regelmäßiger Nachtarbeit für Frauen v.22.10.91
Casella AG, Frankfurt: BV „Familie, Beruf, Teilzeitarbeit" v.3.4.89
CeWe Color: BV „Nachtschicht" v.8.11.93
Chemiefaser Guben GmbH: BV „Gleichberechtigung" v.27.8.91
Ciba-Geigy GmbH: BV „Wiederbeschäftigung nach der Familienpause" v.30.10.90
COFA GmbH, Michelstadt: BV Wechselnde Arbeiteinsätze an Konfektionierungsbändern v.3.5.93
Continental AG: GBV über Frauen- und Familienförderung v.25.11.91
Degussa: Erklärung der Firmenleitung: „Wiedereinstellungsgarantie für Mitarbeiter" v.19.9.88
Degussa: GBV über Teilzeitarbeit v.14.7.94
Elida Gibbs GmbH: BV über „Teilzeitbeschäftigung im Bereich Füllen und Verpacken" v.22.12.83
Enka, Obernburg: BV „Elternfreizeit" v.29.6.90
Ettkus, Ettlingen: BV „Schichtarbeit" für Mitarbeiter/innen der Abt. Stapelzuschneiderei v.1.12.89
Fresenius, St. Wendel: BV über Beschäftigung von Teilzeitkräften v.19.2.90
Th. Goldschmidt AG: GBV „Arbeitskreis Frauenförderung" v.5.5.92
Haarmann & Reimer GmbH: BV „Familie und Beruf" v.10.1.90
Henkel KGaA: BV „Familie und Beruf" v.2.8.90
Herberts GmbH, Wuppertal: BV „Familie, Beruf, Teilzeitarbeit" v.1.1.89

Hoechst AG (Werke: Höchst, Bobingen, Gendorf, Gersthofen, Knapsack, Ruhrchemie): BV „Familie, Beruf, Teilzeitarbeit“ v.1.10.88 bzw. 1989
Hüls AG, Werk Marl: BV „Förderung der beruflichen Wiedereingliederung nach der Kindererziehung“ v.10.11.89
Hutschenreuther AG: GBV über Elternurlaub v.8.6.90
ICI GmbH: KBV „Familie und Beruf“ v.7.5.92
Kendall, Neustadt: BV „Elternurlaub“ v.12.2.91
Kutenholz GmbH: BV „Einsatz von Teilzeitkräften mit Jahresarbeitsverträgen“ v.7.4.89
Kutenholz GmbH: BV „Unterstützung der Vereinbarkeit von Familie und Beruf“ v.26.5.89
Märkische Faser AG, Premnitz: BV zur Durchsetzung frauenfördernder Regelungen
Merck AG, Darmstadt: GBV „Berufliche Wiedereingliederung nach der Familienpause“ v.17.8.90
Metallgesellschaft AG: BV über eine Wiedereinstellungszusage nach einer Familienpause v.1.10.92
Neoplastik Kunststoffwerk Salzgitter GmbH: BV „Nachtschicht für Frauen“ v.18.3.92
Nordcolor, Bad Schwartau: BV „Teilzeitverträge“ v.1.1.86
Pegulan-Werke: BV „Teilzeitverträge“ v.4.6.84
Procter & Gamble: BV „Vereinbarkeit von Familie und Beruf“ v.19.7.91
Record Service: BV „Teilzeitarbeit im CD-Bereich“ v.1.12.86
Deutsche Revlon GmbH: BV „Dienstleistungsabend“ für Mitarbeiter/innen im Verkaufsaußendienst v.30.10.89
Rheinische Kunststoffwerke GmbH, Hersbruck: BV über 3-Schichtbetrieb in der Konfektion v.21.7.94
Rosenthal AG, Selb: GBV Elternurlaub v.11.4.90
Saar-Gummiwerk GmbH: BV Wiedereinstellung nach Ablauf des Erziehungsurlaubs v.15.3.90
Sandoz/Wander: BV „Eltern und Kind“ v.26.5.92
Oscar Schaller & Co.: GBV „Familie und Beruf/Elternurlaub“ v.16.1.91
Schering AG: BV „Aufnahmerichtlinien für Kindertagesstätte“ 12//82
Schering AG: BV „Teilzeitarbeit“ v.17.12.84
Schering AG: BV zur Familienphase v.28.9.90
Felix Schoeller GmbH & Co. KG, Osnabrück: BV „Vereinbarkeit von Berufstätigkeit und Kindererziehung sowie Pflege schwerkranker Angehöriger“ v.30.4.93

Schuller GmbH, Wertheim: BV „Vereinbarkeit von Familie und Beruf“ v.8.11.91
Deutsche Shell: BV „Elternurlaub“ v.11.3.91
Spinnstoff-Fabrik Zehlendorf: BV „Familie, Beruf, Teilzeitarbeit“ v.1.3.89
Dr. Thomae GmbH: BV „Familie und Beruf“ v.28.6.89
Thüringische Faser AG Schwarza: BV Sonderregelungen für kündigungsgeschützte Arbeitnehmer v.13.12.91
Triangeler Dämmstoffwerk GmbH: BV „Teilzeitarbeit“ v.12.6.92
Triangeler Dämmstoffwerk GmbH: BV „Schichtzeiten“ v.26.1.94
VEBA Oel: Unternehmensleitung: Mädchen in gewerblich-technischen Berufen, seit 1978
Villeroy & Boch AG: GBV zur beruflichen Aus-, Fort- und Weiterbildung v.31.3.89
Wacker-Chemie: BV „Familie und Beruf“ v.5.3.91
WAFA-Kunststofftechnik: BV über Nachtarbeit für Frauen v.26.3.93
WAFA-Kunststofftechnik: BV zur Familienpause v.13.4.94
Winterling Porzellan AG: GBV „Erwerbstätigkeit und Familienaufgaben“ v.11.11.93
Wintershall: BV „Programm Eltern und Kind“ v.8.1.88
Wolff Walsrode AG: BV „Familie und Beruf“ v.28.2.89

2. Metallindustrie

Überbetriebliche Regelungen

Manteltarifverträge (regional) für die Metallindustrie v.1990 (Abschlußdaten unterschiedlich) - *Anspruchsberechtigte: Frauen/Männer; Handlungsfelder: Arbeitszeit (Teilzeit); Vereinbarkeit von Beruf und Familie: Wiedereinstieg (nach Kinderbetreuung), Anpassungsqualifizierung während/nach Unterbrechung*
Manteltarifvertrag für die Stahlindustrie v.16.12.90 - *Anspruchsberechtigte: Frauen/Männer; Handlungsfelder: Arbeitszeit (Teilzeit); Vereinbarkeit von Beruf und Familie: Wiedereinstieg (nach Kinderbetreuung)*

Betriebliche Regelungen

AEG: BV „Familie und Beruf" v.24.10.89

AEG: „Maßnahmen-Empfehlungskatalog zur Frauenförderung" des Vorstands v.26.9.90

AEG Kabel: BV „Familie und Beruf" v.6.2.90

AUDI: BV „Grundsätze der Teilzeitarbeit" v.14.5.86

AUDI: BV „Programm Erziehungsarbeit und Beruf" v.18.6.90

BMW: BV „Familienpause nach Erziehungszeit" v.5.2.90

BMW: „10-Punkte-Programm" Frauenförderung v. März 1990

Bosch: GBV über einen Frauenförderplan v.21.6.88

Daimler Benz AG: BV „Familie und Beruf" v.15.6.89

Daimler Benz AG: Maßnahmenkatalog zur Frauenbeschäftigung, Absichtserklärung v. Juli 1989

DEMAG Mannesmann: GBV zur Verbesserung der Vereinbarkeit von Beruf und Familie v.19.12.89

Dornier: KBV zur „besseren Vereinbarkeit von Kindererziehung und Berufstätigkeit" v.10.10.91

EMI-Electrola GmbH, Köln: BV „Sexuelle Belästigung am Arbeitsplatz" v.6.12.94

EMI-Electrola GmbH, Köln: BV Kindergartenzuschuß v.20.3.95

Grundig: BV zur Familienpause v.28.8.91

Hewlett Packard GmbH: GBV „Familie und Beruf" v.7.10.91

IBM: Programm für Chancengleichheit v. 1976

IBM: GBV „Pflegepause" v.14.11.91

IBM: GBV zur besseren Vereinbarkeit von Familie und Beruf v.20.2.92

Krupp Stahl AG: GBV über die Einführung einer Familienpause v.13.1.92

MBB: Frauenförderplan als Beschluß des GBR v.8.10.85

MBB: GBV „Elternurlaub" v.1.10.89

MBB: BV über Beurlaubung und Wiedereinstellung zum Zweck der Pflege eines nahen Angehörigen v.1.7.90

Opel AG, Werk Bochum: BV „Frauenförderplan" v.27.8.91

Philips GmbH: BV „Berufliche Chancengleichheit von Frauen und Männern" v.27.2.91

Siemens: Zentralabteilung Personal, Absichtserklärung „Berufliche Chancen für Frauen" v. 1988

Siemens: BV „Freistellung zur Betreuung von Kleinkindern und schwer pflegebedürftigen Familienangehörigen" v.27.11.89

Telenorma GmbH: BV Frauenförderplan v.27.10.92

Thyssen: BV über die Gewährung von Elternurlaub v.1.7.90
Thyssen: GBV „Verhinderung sexueller Belästigung am Arbeitsplatz" v.15.4.96
Volkswagen AG: GBV „Grundsätze zur Frauenförderung" v.17.7.89
Volkswagen AG: GBV „Wiedereinstellungszusage zwecks Betreuung und Erziehung von Kindern, Pflege von Kranken und Weiterbildung" v. Juli 1992
Volkswagen AG: GBV „Partnerschaftliches Verhalten am Arbeitsplatz" v.27.6.96
Volkswagen AG: „Persönlicher Entwicklungsplan" Sachstand Juni 1996
Westfalia Separator AG: BV „Familienpause" v.22.5.92

3. Banken/Bausparkassen[2]

Überbetriebliche Regelungen

Manteltarifvertrag für das private Bankgewerbe, Paragraph 9a, Stand 1.7.96
Anspruchsberechtigte: Frauen/Männer; Handlungsfelder: Stellenausschreibung; Einstellung; Fort- und Weiterbildung; Karriereförderung; Arbeitszeit (Teilzeit); Vereinbarkeit von Beruf und Familie: Wiedereinstieg (nach Kinderbetreuung), Anpassungsqualifizierung während/ nach Unterbrechung
Verband der Gemeinwirtschaftlichen Geschäftsbanken: TV über die Wiedereinstellungsrechte von Arbeitnehmerinnen (Babyjahr) v.26.4.78/10.4.86
Anspruchsberechtigte: Frauen; Handlungsfeld: Vereinbarkeit von Beruf und Familie: Wiedereinstieg (nach Kinderbetreuung), betriebliche Sozialpolitik

Betriebliche Regelungen

Aachener Bausparkasse: BV „Chancengleichheit, Familie und Beruf" v.7.8.91
Bausparkasse Schwäbisch Hall: BV zum Erziehungsurlaub v.25.8.88
Bausparkasse Schwäbisch Hall: BV „Teilzeit" v.25.8.88
Bayrische Vereinsbank: GBV „Chancengleichheit, Familie und Beruf" v.23.11.90

---

2 Nicht berücksichtigt sind bei dieser Aufstellung Bausparkassen und Sparkassen, sofern sie gemeinnützig sind und zum öffentlichen Dienst zählen.

BHW Holding GmbH u.a.: TV Gewährung von Freizeit anstelle von Abschluß- und Weihnachtsgratifikation (Sondergehälter) v.31.1.92
BHW Holding GmbH u.a.: TV über die Wiedereinstellung von Arbeitnehmern, die nach der Geburt eines Kindes aus dem Arbeitsverhältnis ausscheiden v.22.5.92
BHW Holding GmbH und BHW Bausparkasse AG, Hameln: BV über ein Sabbatjahr v.19.3.92
BHW Bausparkasse AG, Hameln: GBV Teilzeitarbeit v.2.5.91
Commerzbank: GBV „Comeback" v.5.3.92
Deutsche Bank: BV „Chancengleichheit, Beruf und Familie" v.22.3.90
Dresdner Bank: Einseitige Erklärung des Arbeitgebers zur Förderung der Rückkehr ins Berufsleben
Leonberger Bausparkasse: BV „Förderung der Gleichbehandlung" v.1.1.89
Stadtsparkasse Saarbrücken: BV über Teilzeitarbeit und einen betrieblichen Erziehungsurlaub v.12.6.91
Wüstenrot Gruppe: BV zum Erziehungsurlaub v.3.11.88
Wüstenrot Gruppe: BV „Flexible Teilzeit" v.3.11.88

4. Nahrungs- und Genußmittelindustrie

Überbetriebliche Regelungen

Arbeitgeberverband der Cigarettenindustrie und Gewerkschaft Nahrung-Genuß-Gaststätten: Branchentarifvertrag „Chancengleichheit von Männern und Frauen" v.1.6.90 - *Anspruchsberechtigte: Frauen; Handlungsfelder: Ausbildung; Stellenausschreibung; Einstellung; Fort- und Weiterbildung; Karriereförderung; Vereinbarkeit von Beruf und Familie: Wiedereinstieg (nach Kinderbetreuung, Pflege von Angehörigen), Anpassungsqualifizierung während/nach Unterbrechung, geringfügige Beschäftigung während Unterbrechung; Umsetzungskontrollen: Berichtspflicht, Beratungen zwischen Betriebsrat und Unternehmensleitung*
Arbeitgebervereinigung Nahrung-Genuß und Gewerkschaft Nahrung-Genuß-Gaststätten: „Gemeinsamer Aufruf zu mehr Chancengleichheit von Frauen und Männern in Berufsleben und Familie" v. August 1990 - *Anspruchsberechtigte: Frauen; Handlungsfelder: Ausbildung; Stellenausschreibung; Einstellung; Karriereförderung; Arbeitszeit (Teilzeit); Vereinbarkeit von Beruf und Familie: Wiedereinstieg (nach Kinderbetreuung), Anpassungsqualifizierung während/nach Unterbrechung*

Manteltarifvertrag Brauereien Nordrhein-Westfalen v.8.10.90 - *Anspruchsberechtigte: Frauen/Männer; Handlungsfelder: Arbeitszeit (Teilzeit)*

Betriebliche Regelungen

Lindt & Sprüngli: BV „Frauenförderung“ v.31.5.89
Ludwig Schokolade GmbH: Rahmenvereinbarung „Frauenförderung“ zwischen Unternehmensleitung und GBR in Übereinstimmung mit Gewerkschaft Nahrung-Genuß-Gaststätten v.9.3.88
LVW (früher Co op): TV zur betrieblichen Weiterbildung und Reintegration v.8.9.88
LVW (früher Co op): Manteltarifvertrag (Einzelhandelsbereich) v.13.12.89
Maizena Holding GmbH und Maizena Gesellschaft mbH: Tarifvertrag zur Weiterbildung und Wiedereingliederung v.30.10.90
Nestle Gruppe Deutschland: Durchführungsbestimmungen zur Rahmenvereinbarung Frauenförderung (August 1986) v.24.2.88
Dr. August Oetker: Rahmenvereinbarung Chancengleichheit Oetker/Gewerkschaft Nahrung-Genuß-Gaststätten v.15.2.88
Dr. August Oetker: BV „Beruf und Familie“ v.4.7.91
Reemtsma Cigarettengesellschaft: Rahmenvereinbarung „Frauenförderung“ zwischen Vorstand, GBR und Gewerkschaft Nahrung-Genuß-Gaststätten v.15.3.88
Deutsche Unilever: Beschluß der Geschäftsführung unter Mitarbeit des GBR und Gewerkschaft Nahrung-Genuß-Gaststätten 6/88
Wilhelm Weber GmbH: BV Frauenförderplan v.1.1.94

5. Handel

Überbetriebliche Regelungen

Manteltarifverträge (regional) für den Einzelhandel v.1989/1993 (Abschlußdaten unterschiedlich) - *Anspruchsberechtigte: Frauen/Männer; Handlungsfelder: Fort- und Weiterbildung; Arbeitszeit (Teilzeit); Vereinbarkeit von Beruf und Familie: Wiedereinstieg (nach Kinderbetreuung), Anpassungsqualifizierung während/nach Unterbrechung, geringfügige Beschäftigung während Unterbrechung*
Manteltarifverträge (regional) für den Groß- und Außenhandel v.1990 (Abschlußdaten unterschiedlich) - *Anspruchsberechtigte: Frauen/Männer;*

Handlungsfelder: Ausbildung; Einstellung; Fort- und Weiterbildung; Karriereförderung; Arbeitszeit (Teilzeit); Vereinbarkeit von Beruf und Familie: Wiedereinstieg (nach Kinderbetreuung)

Betriebliche Regelungen

Aldi, Berlin: BV zur Inanspruchnahme der „Berliner Familiengeldleistungen" v.1.3.88
Anzag Pharma: GBV zur Regelung von Kindererziehungsfreistellungen
Bücher-Pustet, Regensburg: BV zum Recht auf Arbeitszeitreduzierung nach Erziehungsurlaub v.4.2.90
Eurospar Warenhandels-GmbH Nord, Schenefeld: BV für Teilzeitbeschäftigte v.1.9.93
Helco Warenhandels GmbH Supermarkt KG: BV zur Regelung von Teilzeitarbeit v.13.12.89
Hertie: Personalkonzept „Frauen in Führungspositionen" 2/90
Hertie: GBV „Elternurlaub" v.11.9.90
Hertie: GBV „Weiterbildung für Teilzeitbeschäftigte" v.1.12.93
Hertie: GBV „Vorübergehende Teilzeitarbeit in Führungspositionen" v.9.12.93
Horten AG: GBV „Elternurlaub und sonstige Freistellung von der Arbeit" von 1990
Horten AG: GBV „Betrieblicher Elternurlaub" v.12.12.91
Kaisers Kaffee Geschäft AG, Berlin: BV zur Regelung der Arbeitszeit im Handelsbereich v.7.11.88
Karstadt AG: GBV „Bessere Vereinbarkeit von Familie und Beruf" von 1993
Möbel Unger: BV „Elternurlaub" v.11.5.90
Rewe-Unternehmensgruppe: Leitfaden „Den Frauen eine Chance" 12/94
SBH Supermarkt bei Horten GmbH: BV Teilzeitarbeit v. Mai 1991
Wilhelm Schmitz, Duisburg: BV zur Regelung der Arbeitszeit von Teilzeitbeschäftigten v.16.5.90

6. Bergbau und Energiewirtschaft

Überbetriebliche Regelung

Tarifvertrag Teilzeitarbeit im Steinkohlenbergbau Ruhr v.3.8.87
Anspruchsberechtigte: Frauen/Männer; Handlungsfeld: Arbeitszeit (Teilzeit)

Betriebliche Regelungen

Aral AG: BV „Förderplan für Mitarbeiterinnen und Mitarbeiter" v.7.2.90
Kali und Salz AG: BV „Programm Eltern und Kind" v.1.1.88
Rheinbraun: BV Eltern- und Weiterbildungsurlaub
Ruhrkohle AG: BV „Chancengleichheit" v.15.12.89
Saarbergwerke AG: GBV über die Unterbrechung des Arbeitsverhältnisses im Anschluß an den Erziehungsurlaub v.1.1.90
Schachtanlage Auguste Victoria: BV „Beurlaubung von Mitarbeitern im Zusammenhang mit der Erziehung von Kindern" v.27.11.86
Steag AG: GBV „Mitarbeiterförderung" v.23.12.91
Treuhandstelle für Bergmannswohnstätten: BV „Familie und Beruf" v.1.2.90

7. Versicherungen

Überbetriebliche Regelungen

Tarifvertragsparteien des privaten Versicherungsgewerbes: Gemeinsame Zielsetzung und Leitlinien zur Schaffung von mehr Chancengleichheit von Frauen und Männern im Beruf v.19.2.91 - *Anspruchsberechtigte: Frauen/Männer; Handlungsfelder: Ausbildung; Stellenausschreibung; Einstellung; Fort- und Weiterbildung; Karriereförderung; Arbeitszeit (Teilzeit); Vereinbarkeit von Beruf und Familie: Wiedereinstieg (nach Kinderbetreuung)*
Manteltarifvertrag für das private Versicherungsgewerbe, Paragraph 9, Stand März 1995 - *Anspruchsberechtigte: Frauen/Männer; Handlungsfelder: Arbeitszeit/Teilzeit (alternativ zum Erziehungsurlaub); Vereinbarkeit von Beruf und Familie: Wiedereinstieg (nach Kinderbetreuung), Anpassungsqualifizierung während/nach Unterbrechung, geringfügige Beschäftigung während Unterbrechung*

Betriebliche Regelungen

Allianz Versicherung: GBV „Förderung der Chancengleichheit für Frauen und Männer“ v.28.6.93

Barmer Ersatzkasse: BV „Elternurlaub/Teilzeit“

Continentale und Europa Versicherung: GBV und BV zur Familienpause von 1992

DBV Holding AG: Tarifvereinbarung Beruf und Familie v.23.11.90

Gothaer Versicherungen: BV Elternurlaub v. März 1992

Hermes Versicherung: GBV „Förderung der Chancengleichheit von Frauen und Männern“ v.20.10.93

Raiffeisen- und Volksbanken (R+V) Versicherungen: BV „Elternurlaub“ v.1.1.89

Volksfürsorge Versicherung: BV über die Förderung der Frauen im Beruf v.1.3.88

Volksfürsorge Versicherung: Tarifvereinbarung zum Babyjahr für Frauen v.12.1.90

Württembergische Feuerversicherung AG: BV „Elternurlaub“ v.1.12.89

Württembergische Feuerversicherung AG: Arbeitskreis „Chancengleichheit“ v.8.11.90

TABELLE 2: UNTERNEHMEN A: FRAUEN UND MÄNNER IM BETRIEBSRAT DES STAMMWERKES

	1987				1994			
	Männer		Frauen		Männer		Frauen	
Betriebsrat und Ausschüsse	gesamt	in %	gesamt	in %	gesamt	in %	gesamt	in %
Mitglieder des Betriebsrates	63	91	6	9	53	87	8	13
Betriebsausschuß	11	92	1	8	12	86	2	14
Personalausschuß Arbeiter	6	86	1	14	3	50	3	50
Personalausschuß Tarif und AT	4	80	1	20	5	83	1	17
Personalausschuß Führungskräfte	-	-	-	-	2	100	-	-
Planungsausschuß	9	90	1	10	6	86	1	14
Bildungsausschuß	9	90	1	10	6	86	1	14
Arbeitssicherheitsausschuß	8	100	-	-	8	100	-	-
Systemausschuß	5	100	-	-	4	100	-	-
Entgeltkommission/AL (1987) bzw. Ausschuß Arbeitsorganisation	8	100	-	-	7	100	-	-
Gehaltskommission	3	100	-	-	-	-	-	-
Personal-/Sozialausschuß	9	90	1	10	5	71	2	29
Betriebliches Vorschlagwesen	7	100	-	-	5	71	2	29
Kommission Gleichstellung	-	-	8	100	-	-	5	100
Büroraumausschuß	-	-	-	-	2	100	-	-

TABELLE 3: UNTERNEHMEN A: FRAUEN UND MÄNNER IN DEN GREMIEN DES STAMMWERKES

	1987				1994			
	Männer		Frauen		Männer		Frauen	
Gremien	gesamt	in %	gesamt	in %	gesamt	in %	gesamt	in %
Mitglieder des Gesamt-betriebsrates	24	100	-	-	24	92,3	2	7,7
Mitglieder des Konzern-betriebsrates	21	100	-	-	22	96	1	4
Mitglieder des Eurokonzern-betriebsrates	-	-	-	-	23	100	-	-
Beschäftigte im Stammwerk	53.128	82,7	11.114	17,3	42.438	84,8	7.619	15,2
Beschäftigte insgesamt in der AG	114.262	7,1	16.914	12,9	93.520	88,3	12.306	11,7

TABELLE 4: UNTERNEHMEN C: DURCHSCHNITTLICHE LAUFZEIT MODELL FAMILIE UND BERUF IN DEN JAHREN 1985 – 1999

Bei Rückkehr aus Modell Familie und Beruf im Jahr	Zahl der Rückkehrerinnen		Durchschnittliche Laufzeit in Jahren		Bemerkungen
	absolut	% aller beendeten Verträge	Modell Familie und Beruf „Echte" Vertragsdauer	Gesetzl. Erziehungsurlaub + Modell Familie und Beruf Gesamtabwesenheit	
1985-1988	11	55	2,0	2,4	1.GBV ab 31.3.87
1989	16	57	1,8	2,5	
1990	34	64	2,1	2,8	
1991	66	74	2,3	3,1	
1992	62	67	2,4	3,4	2.GBV ab 1.1.92
1993	68	47	3,5	4,4	
1994	64	45	4,1	5,1	
1995	68	55	4,5	5,6	3.GBV ab 1.1.95
1996	38	52	4,6	6,0	
1997	118	53	4,6	6,1	
1998	74	54	4,4	6,1	
1999	35	61	3,5	6,0	

Literatur

Aulenbacher, Brigitte 1993: Technologieentwicklung und Geschlechterverhältnis, in: Aulenbacher, Brigitte/Goldmann, Monika (Hg.), Transformationen im Geschlechterverhältnis. Beiträge zur industriellen und gesellschaftlichen Entwicklung, Frankfurt/New York, S. 17-46

Baethge, Martin/Oberbeck, Herbert 1986: Zukunft der Angestellten. Neue Technologien und berufliche Perspektiven in Büro und Verwaltung, Frankfurt/New York

Beck, Ulrich 1986: Risikogesellschaft. Auf dem Weg in eine andere Moderne, Frankfurt a.M.

Beck, Ulrich/Brater, Michael/Daheim, Hansjürgen 1980: Soziologie der Arbeit und der Berufe. Grundlagen, Problemfelder, Forschungsergebnisse, Reinbek

Beck-Gernsheim, Elisabeth 1976: Der geschlechtsspezifische Arbeitsmarkt. Zur Ideologie und Realität von Frauenberufen, Frankfurt a.M.

Beck-Gernsheim, Elisabeth 1980: Das halbierte Leben. Männerwelt Beruf, Frauenwelt Familie, Frankfurt a.M.

Beer, Ursula 1990: Geschlecht, Struktur, Geschichte. Soziale Konstituierung des Geschlechterverhältnisses, Frankfurt/New York

Brenssell, Ariane 1994: Entwicklungsmöglichkeiten durch Rationalisierung? Psychologische Bedeutung neuer Arbeitsformen bei VW-Arbeiterinnen. Unveröffentlichte Diplomarbeit am Psychologischen Institut der Freien Universität Berlin

Brumlop, Eva 1992: Frauen im Management: Innovationspotential der Zukunft? ‚Neue Unternehmenskultur' und Geschlechterpolitik, in: Die Neue Gesellschaft/Frankfurter Hefte, 39. Jg., Heft 1, S. 54-63

Brumlop, Eva 1994: Betriebliche Frauenförderung. Bisherige Konzepte, Umsetzungserfahrungen, notwendige Neuorientierungen, in: Gewerkschaftliche Monatshefte, 45. Jg., Heft 7, S. 458-468
Brumlop, Eva/Hornung, Ursula 1994: Betriebliche Frauenförderung – Aufbrechen von Arbeitsmarktbarrieren oder Verfestigung traditioneller Rollenmuster? In: Beckmann, Petra/Engelbrech, Gerhard (Hg.), Arbeitsmarkt für Frauen 2000 – Ein Schritt vor oder ein Schritt zurück? Beiträge zur Arbeitsmarkt- und Berufsforschung des IAB, Band 179, Nürnberg, S. 836-851
Burrell, Gibson 1992: Sexualität und Organisationsanalyse, in: Krell, Gertraude/Osterloh, Margit (Hg.), Personalpolitik aus der Sicht von Frauen. Was kann die Personalforschung von der Frauenforschung lernen? München und Mering, S. 122-147
Cockburn, Cynthia 1993: Blockierte Frauenwege. Wie Männer Gleichheit in Institutionen und Betrieben verweigern, Hamburg
Collinson, David L./Collinson, Margaret 1989: Sexuality in the Workplace: The Domination of Men's Sexuality, in: Hearn, Jeff u.a. (Hg.), The Sexuality of Organization, London/Newbury Park/New Delhi, S. 91-109
Crozier, Michel/Friedberg, Erhard 1979: Die Zwänge kollektiven Handelns. Über Macht und Organisation, Königstein/Ts.
Dierkes, Meinolf/Hähner, Katrin/Berthoin Antal, Ariane 1997: Das Unternehmen und sein Umfeld. Wahrnehmungsprozesse und Unternehmenskultur am Beispiel eines Chemiekonzerns, Frankfurt/New York
Friedberg, Erhard 1988: Zur Politologie von Organisationen, in: Küpper, Willi/Ortmann, Günther (Hg.), Mikropolitik. Rationalität, Macht und Spiele in Organisationen, Opladen, S. 39-52
Friesen, Juliane v. 1994: Tarifliche und betriebliche Instrumente zur Frauen- und Familienförderung – Erfordernis und Ausgestaltung, in: Arbeit und Recht, Zeitschrift für Arbeitsrechtspraxis, Heft 11, S. 405-409
Geissler, Birgit/Oechsle, Mechtild 1996: Lebensplanung junger Frauen. Zur widersprüchlichen Modernisierung weiblicher Lebensläufe, Weinheim
Giddens, Anthony 1988: Die Konstitution der Gesellschaft, Frankfurt/New York
Gottschall, Karin 1989: Frauen auf dem bundesrepublikanischen Arbeitsmarkt. Integrationsprozesse mit Widersprüchen und Grenzen, in: Müller, Ursula/Schmidt-Waldherr, Hiltraud (Hg.), FrauenSozialKunde. Wandel und Differenzierung von Lebensformen und Bewußtsein, Bielefeld, S. 11-41

Hearn, Jeff/Sheppard, Deborah L./Tancred-Sheriff, Peta/Burrell, Gibson (Hg.) 1989: The Sexuality of Organization, London/ Newbury Park/New Delhi

Hefftner, Susann 1990: Chancengleichheit statt spezifischer Frauenförderung, in: Zeitschrift für Arbeits- und Organisationspsychologie, 34. Jg. (N.F. 8), Heft 1, S. 46-50

Heintz, Bettina/Nadai, Eva/Fischer, Regula/Ummel, Hannes 1997: Ungleich unter Gleichen. Studien zur geschlechtsspezifischen Segregation des Arbeitsmarktes, Frankfurt/New York

Hornung, Ursula 1993: Tarifliche und betriebliche Vereinbarungen zur Frauenförderung: Ein Weg zur beruflichen Gleichstellung der Geschlechter? In: Aulenbacher, Brigitte/Goldmann, Monika (Hg.), Transformationen im Geschlechterverhältnis. Beiträge zur industriellen und gesellschaftlichen Entwicklung, Frankfurt/New York, S. 138-161

Industriegewerkschaft Metall (Hg.) 1985: Anträge zur 12. Frauenkonferenz der Industriegewerkschaft Metall für die Bundesrepublik Deutschland, Frankfurt a.M.

Industriegewerkschaft Metall (Hg.) 1986: Protokolle des 15. ordentlichen Gewerkschaftstags der Industriegewerkschaft Metall für die Bundesrepublik Deutschland, Frankfurt a.M.

Industriegewerkschaft Metall (Hg.) 1989: Eckpunkte der Industriegewerkschaft Metall zur betrieblichen Frauenförderung, Frankfurt a.M.

Jüngling, Christiane 1992: Geschlechterpolitik in Organisationen. Machtspiele um Chancengleichheit bei ungleichen Bedingungen und männlichen Spielregeln, in: Krell, Gertraude/Osterloh, Margit (Hg.), Personalpolitik aus der Sicht von Frauen. Was kann die Personalforschung von der Frauenforschung lernen? München und Mering, S. 173-205

Kädtler, Jürgen 1999: Am Netz oder im Netz? Zu neuen Unternehmenskonfigurationen in der chemischen Industrie, in: Mitteilungen des Soziologischen Forschungsinstituts (SOFI), Nr. 27, Göttingen, S. 23-30

Kanter, Rosabeth M. 1983: The Change Masters. Corporate Entrepreneur at Work, London

Knapp, Ulla 1996: Ökonomische Aspekte betrieblicher Frauenförderung oder: Lohnt sich Frauendiskriminierung? In: WSI-Mitteilungen, 49. Jg., Heft 6, S. 350-360

Krebsbach-Gnath, Camilla/Schmid-Jörg, Ina 1985: Wissenschaftliche Begleituntersuchung zu Frauenfördermaßnahmen. Schriftenreihe des Bundesministers für Jugend, Familie, Frauen und Gesundheit, Band 180, Stuttgart/Berlin/Köln/Mainz

Kreckel, Reinhard 1992: Politische Soziologie der sozialen Ungleichheit, Frankfurt/New York

Kurz-Scherf, Ingrid 1988: Wem gehört die Zeit? Frauen und Arbeitszeiten, Referat zur 13. Frauenkonferenz der IG Metall 1988 „Wir streiten für bessere Zeiten", Frankfurt a.M.

Lange, Ralf 1998: Geschlechterverhältnisse im Management von Organisationen, München und Mering

Lappe, Lothar 1986: Frauenarbeit und Frauenarbeitslosigkeit. Eine empirische Überprüfung geschlechtsspezifischer Arbeitsmarktsegmentation. Arbeitspapier 1986-2 des Arbeitskreises Sozialwissenschaftliche Arbeitsmarktforschung (SAMF)

Müller, Ursula 1993: Sexualität, Organisation und Kontrolle, in: Aulenbacher, Brigitte/Goldmann, Monika (Hg.), Transformationen im Geschlechterverhältnis. Beiträge zur industriellen und gesellschaftlichen Entwicklung, Frankfurt/New York, S. 97-114

Ortmann, Günther/Windeler, Arnold/Becker, Albrecht/Schulz, Hans-Joachim 1990: Computer und Macht in Organisationen. Mikropolitische Analysen, Opladen

Ostner, Ilona 1978: Beruf und Hausarbeit. Die Arbeit der Frau in unserer Gesellschaft, Frankfurt/New York

Pfau-Effinger, Birgit 1990: Geschlechtsspezifische Unterschiede auf dem Arbeitsmarkt, in: Arbeitspapier 1990-1 des Arbeitskreises Sozialwissenschaftliche Arbeitsmarktforschung (SAMF), S. 3-21

Quack, Sigrid 1997: Karrieren im Glaspalast. Weibliche Führungskräfte in Europäischen Banken, in: Wissenschaftszentrum Berlin, Heft FS/97-104

Riegraf, Birgit 1996: Geschlecht und Mikropolitik. Das Beispiel betrieblicher Gleichstellung, Opladen

Schön, Christine 1999: Szenarien betrieblicher Gleichstellungspolitik. Chancengleichheit als Unternehmensleitbild versus Gleichberechtigungsgesetz – eine exemplarische Studie in Banken und Sparkassen, Königstein/Ts.

Steckmeister, Gabriele 1995: Komplizinnen der Männermacht in Unternehmen. Weibliche Mittäterschaft – Das Beispiel Volkswagen AG, in: Beiträge aus dem FB 1 der Fachhochschule für Verwaltung und Rechtspflege Berlin, Heft 38, S. 1-12

Tancred-Sheriff, Peta 1989: Gender, Sexuality and the Labour Process, in: Hearn, Jeff u.a. (Hg.), The Sexuality of Organization, London/Newbury Park/New Delhi, S. 45-55

Total E-Quality Deutschland e. V. (Hg.) 1997: Chancengleichheit in Unternehmen – Paradigmenwechsel in der Personalpolitik, Köln

Volst, Angelika 1989: Betrieb im Umbruch – Chancen für Frauen. Verwaltungsautomation in österreichischen Großbetrieben, in: Aichholzer, Georg/Schienstock, Gerd (Hg.), Arbeitsbeziehungen im technischen Wandel. Neue Konfliktlinien und Konsensstrukturen, Berlin, S. 183-199

Wajcman, Judy 1991: Feminism confronts Technology, Cambridge

Weg, Marianna 1986: Das Ende der Bescheidenheit. Probleme und Perspektiven von Frauenförderplänen, in: WSI-Mitteilungen, 39. Jg., Heft 8, S. 566-575

Eckart, Christel: Der Preis der Zeit. Eine Untersuchung der Interessen von Frauen an Teilzeitarbeit, Campus Verlag, Frankfurt/New York 1990, ISBN 3-593-34264-2

Siegel, Tilla/Freyberg, Thomas v.: Industrielle Rationalisierung unter dem Nationalsozialismus, Campus Verlag, Frankfurt/New York 1991, ISBN 3-593-34354-1

Noller, Peter/Paul, Gerd: Jugendliche Computerfans. Selbstbilder und Lebensentwürfe. Eine empirische Untersuchung, Campus Verlag, Frankfurt/New York 1991, ISBN 3-593-34358-4

Friedeburg, Ludwig von: Bildungsreform in Deutschland. Geschichte und gesellschaftlicher Widerspruch. Mit einem Nachwort zur Taschenbuchausgabe, Suhrkamp Verlag, Frankfurt am Main 1992, ISBN 3-518-28615-3

Institut für Sozialforschung (Hg.): Kritik und Utopie im Werk von Herbert Marcuse, Suhrkamp Verlag, Frankfurt am Main 1992, ISBN 3-518-28637-4

Institut für Sozialforschung (Hg.): Aspekte der Fremdenfeindlichkeit. Beiträge zur aktuellen Diskussion, Campus Verlag, Frankfurt/New York 1992, ISBN 3-593-34683-4

Deppe, Rainer/Bayer, József (Hg.): Schock der Freiheit. Ungarn auf dem Weg zur Demokratie, Suhrkamp Verlag, Frankfurt am Main 1993, ISBN 3-518-11868-4

Ritter, Martina: Computer oder Stöckelschuh? Eine empirische Untersuchung über Mädchen am Computer, Campus Verlag, Frankfurt/New York 1994, ISBN 3-593-35044-0

Noller, Peter/Ronneberger, Klaus/Prigge, Walter (Hg.): Stadt-Welt. Über die Globalisierung städtischer Milieus, Campus Verlag, Frankfurt/New York 1994, ISBN 3-593-35060-2

Institut für Sozialforschung (Hg.): Rechtsextremismus und Fremdenfeindlichkeit. Studien zur aktuellen Entwicklung, Campus Verlag, Frankfurt/New York 1994, ISBN 3-593-35026-2

Institut für Sozialforschung (Hg.): Geschlechterverhältnisse und Politik, Suhrkamp Verlag, Frankfurt am Main 1994, ISBN 3-518-11730-0

Jaschke, Hans-Gerd: Rechtsextremismus und Fremdenfeindlichkeit. Begriffe, Positionen, Praxisfelder, Westdeutscher Verlag, Wiesbaden 1994, ISBN 3-531-12679-2

Friedeburg, Ludwig von: Bildung zwischen Aufklärung und Anpassung. Erfahrungen mit der Bildungsreform in der Bundesrepublik, Verlag für Akademische Schriften, Frankfurt-Bockenheim 1994, ISBN 3-88864-133-0

Noller, Peter/Ronneberger, Klaus: Die neue Dienstleistungsstadt. Berufsmilieus in Frankfurt am Main, Campus Verlag, Frankfurt/New York 1995, ISBN 3-593-35302-4

Jahrbuch Sozialwissenschaftliche Technikberichterstattung '95, Schwerpunkt: Technik und Region, hrsg. v. IfS, Frankfurt a. M., INIFES, Staadtbergen, ISF, München, SOFI, Göttingen, edition sigma, Berlin 1995, ISBN 3-89404-595-7

Demirović, Alex/Paul, Gerd: Demokratisches Selbstverständnis und die Herausforderung von rechts. Student und Politik in den neunziger Jahren, Campus Verlag, Frankfurt/New York 1995, ISBN 3-593-35534-5

Freyberg, Thomas von: Der gespaltene Fortschritt. Zur städtischen Modernisierung am Beispiel Frankfurt am Main, Campus Verlag, Frankfurt/New York 1996, ISBN 3-593-35638-4

Deppe, Rainer/Tatur, Melanie (Hg.): Ökonomische Transformation und gewerkschaftliche Politik. Umbruchprozesse in Polen und Ungarn auf Branchenebene, Westfälisches Dampfboot, Münster 1996, ISBN 3-929586-79-7

Bender, Gerd: Lohnarbeit zwischen Autonomie und Zwang. Neue Entlohnungsformen als Element veränderter Leistungspolitik, Campus Verlag, Frankfurt/New York 1997, ISBN 3-593-35727-5

Jaschke, Hans-Gerd: Öffentliche Sicherheit im Kulturkonflikt. Zur Entwicklung der städtischen Schutzpolizei in der multikulturellen Gesellschaft, Campus Verlag, Frankfurt/New York 1997, ISBN 3-593-35726-7

Konrad, Wilfried: Politik als Technologieentwicklung. Europäische Liberalisierungs- und Integrationsstrategien im Telekommunikationssektor, Campus Verlag, Frankfurt/New York 1997, ISBN 3-593-35895-6

Demirović, Alex: Demokratie und Herrschaft. Aspekte kritischer Gesellschaftstheorie, Westfälisches Dampfboot, Münster 1997, ISBN 3-929586-83-5

Konrad, Wilfried/Paul, Gerd: Innovation in der Softwareindustrie. Organisation und Entwicklungsarbeit, Campus Verlag, Frankfurt/New York 1999 ISBN 3-593-36377-1

Konrad, Wilfried/Schumm, Wilhelm (Hg.): Wissen und Arbeit. Neue Konturen von Wissensarbeit, Westfälisches Dampfboot, Münster 1999, ISBN 3-89691-458-8

Dubiel, Helmut: Niemand ist frei von der Geschichte. Die nationalsozialistische Herrschaft in den Debatten des Deutschen Bundestages, Carl Hanser Verlag, München Wien 1999, ISBN 3-446-19650-1

Demirović, Alex: Der nonkonformistische Intellektuelle. Die Entwicklung der Kritischen Theorie zur Frankfurter Schule, Suhrkamp Verlag, Frankfurt am Main 1999, ISBN 3-518-29040-1

Kocyba, Hermann/Vormbusch, Uwe: Partizipation als Managementstrategie. Gruppenarbeit und flexible Steuerung in Automobilindustrie und Maschinenbau, Campus Verlag, Frankfurt/New York 2000, ISBN 3-593-36489-1